Vergeben und Vergessen?
Pardonner et oublier?

I0138984

Pariser Historische Studien

herausgegeben vom
Deutschen Historischen Institut Paris

Band 94

R. Oldenbourg Verlag München 2009

Vergeben und Vergessen?

Vergangenheitsdiskurse nach Besatzung, Bürgerkrieg und Revolution

Pardonner et oublier?

Les discours sur le passé après l'occupation, la guerre civile et la révolution

herausgegeben von
Reiner Marcowitz und Werner Paravicini

R. Oldenbourg Verlag München 2009

Pariser Historische Studien

Herausgeberin: Prof. Dr. Gudrun GERSMANN

Redaktion: Veronika VOLLMER

Anschrift: Deutsches Historisches Institut (Institut historique allemand)

Hôtel Duret-de-Chevry, 8, rue du Parc-Royal, F-75003 Paris

Bibliografische Information der Deutschen Nationalbibliothek

Die Deutsche Nationalbibliothek verzeichnet diese Publikation in der Deutschen Nationalbibliografie; detaillierte bibliografische Daten sind im Internet über <http://dnb.d-nb.de> abrufbar.

© 2009 Oldenbourg Wissenschaftsverlag GmbH, München
Rosenheimer Straße 145, D-81671 München
Internet: oldenbourg.de

Umschlaggestaltung: Dieter Vollendorf, München
Gedruckt auf säurefreiem, alterungsbeständigem Papier (chlorfrei gebleicht).
Gesamtherstellung. Druckhaus »Thomas Müntzer«, Bad Langensalza

ISBN 978-3-486-59135-4
ISSN 0479-5997

INHALT

REINER MARCOWITZ, WERNER PARAVICINI

EINLEITUNG

Vergeben und Vergessen? Vergangenheitsdiskurse nach Besatzung, Bürgerkrieg und Revolution – ist dies nicht ein typisch deutsches Thema? Man könnte es meinen: Nachdem die Deutschen lange Zeit als ›Meister des Vergessens‹ galten, scheinen sie sich mittlerweile in ›Meister der Erinnerung‹ verwandelt zu haben. Nach der ›Geschichtsvergessenheit‹ hat nun die ›Geschichtsversessenheit‹ Konjunktur[1]. Ein scharfsinniger ausländischer Beobachter Deutschlands, Timothy Garton Ash, hat jüngst sogar von einer neuen DIN gesprochen – einer ›Deutschen Industrie-Norm‹ im Bereich der Geschichtsaufarbeitung[2]. Das war halb anerkennend, halb ironisch-kritisch gemeint: »Deutschland ist beim *past-beating* [...] weltweit führend. Als einziges Land hat es sich mit der Hinterlassenschaft nicht nur einer, sondern zweier Diktaturen auseinandergesetzt – nach 1945 mit der des Nationalsozialismus und nach 1989 mit der des Kommunismus. [...] Besonders erfolgreich ist die deutsche Vergangenheitsbewältigungs-Branche auf den traditionellen Exportmärkten Deutschlands, vor allem in Mittel- und Osteuropa. Es ist bemerkenswert, dass sich die dortigen Staaten viele Instrumente für den Umgang mit ihrer eigenen schwierigen Vergangenheit nach deutschem Vorbild geschaffen haben«[3].

Sicher ist, dass auch die Idee zu der Tagung, die am 14. und 15. Mai 2007 im Deutschen Historischen Institut in Paris stattfand und deren Beiträge hier nun vorgelegt werden, vor dem Hintergrund der deutschen Vereinigung und der andauernden Diskussion über den Umgang vor allem mit der DDR-Vergangenheit geboren wurde[4]. Vieles mag mittlerweile gerichtlich geklärt, historisch aufgearbeitet oder verwaltungstechnisch geregelt sein, von justiziabler Schuld bis zu strittigen Eigentumsverhältnissen. Dennoch harren etliche Fragen weiterhin einer Antwort: Wer verantwortet die zweite deutsche Diktatur? Wer kann, wer muss noch moralisch oder sogar strafrechtlich zur Rechenschaft gezogen werden? Wie kann das rechtsstaatlich gelingen? Wann sollen die Akten geschlossen werden? Welches ideelle wie materielle Erbe

---

1 Aleida ASSMANN, Ute FREVERT, Geschichtsvergessenheit – Geschichtsversessenheit. Vom Umgang mit deutschen Vergangenheiten, Stuttgart 1999.
2 Timothy GARTON ASH, Mesomnesie, in: Transit 22 (2001/02), S. 32–48, hier S. 33.
3 Ibid., S. 32f. (Hervorhebung im Original).
4 Vgl. den Tagungsbericht von Sebastian BRANDT, Eric BURKART, Enrico WAGNER in H-Soz-u-Kult: http://hsozkult.geschichte.hu-berlin.de/tagungsberichte/id=1616.

hat der ostdeutsche Teilstaat dem wiedervereinigten Deutschland hinterlassen? Wie viel davon muss gepflegt, was hingegen ist zu Recht abgewickelt
worden, ja kann getrost vergessen werden? Wie ist demokratisches Gedankengut in der ostdeutschen Gesellschaft zu verankern, die doch zum großen
Teil von mindestens einer, wenn nicht sogar zwei jahrzehntelangen Diktaturen geprägt wurde – und deren Angehörige politische Freiheit oft nur mit
ökonomischer Krise assoziieren?

Immerhin: Anders als nach 1945 werden diese Fragen laut gestellt, auch
blüht die historische Forschung dank dem freien Zugang zu einem großen
Teil der archivalischen DDR-Überlieferung – kurzum: Das Nachdenken über
die DDR-Vergangenheit ist heute im öffentlichen Diskurs der Bundesrepublik
Deutschland überaus präsent: »Das Pathos der Erinnerung hat spätestens seit
den achtziger Jahren des vorigen Jahrhunderts die Rolle übernommen, die in
den fünfziger und sechziger Jahren das Pathos des Fortschritts in der geteilten
deutschen Gesellschaft spielte, und der Schweigekonsens der Nachkriegszeit
ist einem Aufarbeitungskonsens in der Gegenwart gewichen, der die Auseinandersetzung mit der SED-Diktatur nach 1989 signifikant von der mit der
NS-Diktatur nach 1945 unterscheidet«[5].

Tatsache ist aber auch, dass nicht nur die Deutschen die Frage nach ihrer
Vergangenheit umtreibt. In vielen anderen Staaten ist es nicht anders: im
gesamten ehemaligen Ostblock, ebenso in Südafrika, in Ruanda, in Lateinamerika – Erinnerung und Suche nach Gerechtigkeit, ja Wahrheit allenthalben und überall dieselben Fragen[6]: Wie geht man mit der Geschichte um?
Wie wird sie aufgearbeitet? Wie verarbeitet? Henry Rousso hat auf die –
bemerkenswerte – »positive Wertschätzung, die heutzutage der Erinnerung
beigemessen wird, und im Gegensatz dazu die negative Wertschätzung des
Vergessens« hingewiesen[7]. In diesem Zusammenhang hat er in jüngster Zeit
geradezu ein ›Historizitätsregime‹ festgestellt, das an der Wende vom 20.
zum 21. Jahrhundert weltweit die Einstellung zur Vergangenheit und deren

---

[5] Martin SABROW, Die Entstehungsgeschichte des Expertenvotums, in: DERS. u.a.,
Wohin treibt die DDR-Erinnerung? Dokumentation einer Debatte, Göttingen 2007,
S. 7–16, hier S. 15.

[6] Vgl. pars pro toto das Schwerpunktthema Diktaturbewältigung, Erinnerungspolitik
und Geschichtskultur in Polen und Spanien, in: Jahrbuch für Europäische Geschichte
4 (2003), S. 1–188; Volkhard KNIGGE, Norbert FREI (Hg.), Verbrechen erinnern. Die
Auseinandersetzung mit Holocaust und Völkermord, München 2002; das Sonderheft
Vergangenheitspolitik, in: Aus Politik und Zeitgeschichte 42/2006 vom 16. Oktober
2006; Jon ELSTER, Die Akten schließen. Nach dem Ende von Diktaturen, Frankfurt
a.M. 2005.

[7] Henry ROUSSO, La hantise du passé, Paris 1998, S. 17; vgl. Claire GANTET, La
mémoire, objet et sujet d'histoire. Enquête sur l'historicité et sur l'écriture de l'histoire,
in: Francia. Forschungen zur westeuropäischen Geschichte 28/2 (2001), S. 109–128, hier
S. 109–112.

Aufarbeitung präge[8]. Vergessen – oder zumindest obsolet geworden – scheint Friedrich Nietzsches emphatisches Lob des Vergessens:»Bei dem kleinsten und bei dem größten Glücke ist es immer eins, wodurch Glück zum Glücke wird: Das Vergessenkönnen oder, gelehrter ausgedrückt, das Vermögen, während seiner Dauer ›unhistorisch‹ zu empfinden. Wer sich nicht auf der Schwelle des Augenblicks, alle Vergangenheiten vergessend, niederlassen kann, wer nicht auf einem Punkte wie eine Siegesgöttin ohne Schwindel und Furcht zu stehen vermag, der wird nie wissen, was Glück ist, und noch schlimmer: er wird nie etwas tun, was andre glücklich macht«[9].

In der Geschichtswissenschaft sind Erinnerung und Gedenken in den letzten Jahren ebenfalls zentrale Themen geworden. Die Erforschung der französischen»lieux de mémoire« unter der Leitung von Pierre Nora hat diesem Forschungszweig vor mittlerweile gut zwei Jahrzehnten den Boden bereitet und damit ein Vorbild für zahlreiche ähnliche Unternehmen in anderen Ländern gegeben – im Übrigen ein weiterer Beleg dafür, dass Vergangenheit und, wo notwendig, deren Bewältigung längst nicht nur in Deutschland Konjunktur hat[10]. Einem anderen französischen Gelehrten – Maurice Halbwachs – verdankt die Forschung schon seit vielen Jahrzehnten die Unterscheidung von individuellem und kollektivem Gedächtnis, die gerade in den letzten Jahren in vielfältiger Weise aufgegriffen, aufgefächert und ausdifferenziert worden ist[11]. Schließlich ist einer der Mitwirkenden an der Pariser Tagung und dem vorliegenden Band – Étienne François – gleich doppelt involviert in dieses Thema: als Mitherausgeber dreier Bände über »Deutsche Erinnerungsorte«[12] ebenso wie als *spiritus rector* eines großen

---

8 Henry ROUSSO, Das Dilemma eines europäischen Gedächtnisses, in: Zeithistorische Forschungen/Studies in Contemporary History, Online-Ausgabe 1 (2004), H. 3, http://www.zeithistorische-forschungen.de/16126041-Rousso-3-2004.

9 Friedrich NIETZSCHE, Vom Nutzen und Nachteil der Historie für das Leben, Stuttgart 1982, S. 9.

10 Pierre NORA (Hg.), Les lieux de mémoire, 3 Bde., Paris 1986–1992; DERS., Nachwort, in: Étienne FRANÇOIS, Hagen SCHULZE (Hg.), Deutsche Erinnerungsorte, 3 Bde., München 2001, Bd. 3, S. 682–686.

11 Maurice HALBWACHS, Les cadres sociaux de la mémoire, Paris 1925 (dt.: Das Gedächtnis und seine sozialen Bedingungen, Frankfurt a.M. 1985). Halbwachs' Begriff des»Gruppengedächtnisses« (ibid., S. 200) ist vielfach rezipiert und differenziert worden: vgl. ASSMANN, FREVERT, Geschichtsvergessenheit (wie Anm. 1), S. 35–52; Hans Günther HOCKERTS, Zugänge zur Zeitgeschichte: Primärerfahrung, Erinnerungskultur, Geschichtswissenschaft, in: Konrad H. JARAUSCH, Martin SABROW (Hg.), Verletztes Gedächtnis. Erinnerungskultur und Zeitgeschichte, Frankfurt a.M. 2002, S. 39–73; Christoph CORNELISSEN, Was heißt Erinnerungskultur? Begriff – Methoden – Perspektiven, in: GWU 54 (2003), S. 548–563.

12 FRANÇOIS, SCHULZE (Hg.), Erinnerungsorte (wie Anm. 10).

Projekts über die Erinnerung an die Revolutionskriege in Europa[13]. Ihm und vielen andere Kolleginnen und Kollegen, die sich seit Jahren, wenn nicht Jahrzehnten mit dem Thema Erinnerung beschäftigen – und die teilweise auf der Pariser Tagung referiert haben –, verdanken wir die Erkenntnis, dass der jeweilige Umgang mit der Vergangenheit seit der Antike der kollektiven Standortbeschreibung dient, Geschichtsbilder Identität stiften oder aber die innere Kohäsion einer Gesellschaft belasten können, sie also gleichermaßen destabilisierend wie auch sozialintegrativ zu wirken vermögen[14]. Dabei erweisen sich Kontinuitäts- und Traditionsbrüche als besonders wirksame Katalysatoren, wie die Nachwirkungen des Zusammenbruchs des Kommunismus und der Auflösung des Ostblocks in den Jahren 1989–1991 bis heute eindrucksvoll illustrieren: Die betroffenen Gesellschaften einschließlich der deutschen durchleben nicht nur einen schwierigen sozioökonomischen Transformationsprozess, sondern auch eine teilweise äußerst schmerzhafte und verstörende Diskussion über die Vergangenheit.

Ob nach Besatzung, Krieg oder Revolution, stets spielt die nachfolgende Auseinandersetzung mit der Vergangenheit eine wichtige Rolle[15]. Vor diesem Hintergrund kann ein Blick in die Geschichte lehrreich sein, denn unsere aktuelle Situation ist so neu nicht: Immer wieder mussten Länder nach politisch-gesellschaftlichen Umstürzen unterschiedlichster Art Ausgleich und inneren Frieden finden. Wie haben sie das bewerkstelligt, wo gelang der Versuch, wo scheiterte er, und wie erklärt sich das jeweilige Ergebnis? Dabei knüpft die hier erörterte Frage nach »pardonner et oublier« an eine jahrhundertealte, ja bereits in der Antike bekannte Formel an[16]: Schon im alten Griechenland wurden zwischenstaatliche, vor allem aber die zahlreichen inneren Konflikte – die *staseis*, also die Bürgerkriege innerhalb einer Polis, – mit dem Gebot zum Beschweigen und Verzeihen der vergangenen Taten auf allen Seiten beendet. In mittelalterlichen und frühneuzeitlichen Friedensver-

---

[13] Nations, Borders, Identities. The Revolutionary and Napoleonic Wars in European Experiences and Memories: www.nbi.tu-berlin.de.

[14] Pars pro toto Jan ASSMANN, Das kulturelle Gedächtnis. Schrift, Erinnerung und politische Identität in frühen Hochkulturen, München 1999; Petra BOCK, Edgar WOLFRUM (Hg.), Umkämpfte Vergangenheit. Geschichtsbilder, Erinnerung und Vergangenheitspolitik im internationalen Vergleich, Göttingen 1999; ASSMANN, FREVERT, Geschichtsvergessenheit (wie Anm. 1); Edgar WOLFRUM, Geschichte als Waffe. Vom Kaiserreich bis zur Wiedervereinigung, Göttingen ²2002.

[15] Helmut BERDING u.a. (Hg.), Krieg und Erinnerung. Fallstudien zum 19. und 20. Jahrhundert, Göttingen 2000; Günther KRONENBITTER u.a. (Hg.), Besatzung. Funktion und Gestalt militärischer Fremdherrschaft von der Antike bis zum 20. Jahrhundert, Paderborn u.a. 2006.

[16] Christian MEIER, Erinnern – Verdrängen – Vergessen, in: DERS., Das Verschwinden der Gegenwart. Über Geschichte und Politik, München 2001, S. 70–95; ELSTER, Akten (wie Anm. 6), S. 19–38.

trägen waren dann *abolitio, oblivio* oder *remissio* des Geschehenen feste Topoi[17]. Alle diese Beschwörungen entwickelten offensichtlich meistens heilsame, weil aussöhnende Wirkung. Natürlich konnte Vergessen nicht dekretiert, gleichwohl aber das öffentliche Erinnern sanktioniert werden: Es macht eben doch einen Unterschied, ob die öffentliche Erinnerung gefördert oder unterdrückt wird und ob man den Bezug auf die Vergangenheit im aktuellen gesellschaftlichen Diskurs für legitim oder verpönt erachtet.

Aus der Fülle relevanter Aspekte dieser Fragestellung wurde für die Pariser Tagung und den vorliegenden Sammelband einer von zentraler Bedeutung ausgewählt – jener des Vergangenheitsdiskurses nach Besatzung, Bürgerkrieg und Revolution, also von Ereignissen, die Gesellschaften besonders nachhaltig mental, politisch und sozial spalten. Die erkenntnisleitenden Fragen lauten: Wurde überhaupt und wenn ja wie im Anschluss an diese Geschehnisse von der Vergangenheit gesprochen? Gab es dabei bezeichnende Unterschiede zwischen unterschiedlichen Gruppen der Gesellschaft? Inwiefern trug die Art dieser Auseinandersetzung, die in der Regel nicht nur in Wort und Schrift, sondern auch im Kampf um Bilder und Symbole ausgetragen wurde, also die spezifische Erinnerungskultur bzw. das Spannungsverhältnis unterschiedlicher Kommemorationen, zur inneren Aussöhnung oder aber zur andauernden Spaltung der Gesellschaft bei? Schließlich soll die kurzfristige Vergegenwärtigung des Vergangenen von jener mit größerem historischen Abstand zu den Ereignissen unterschieden und damit die Beharrung oder der Wandel unterschiedlicher Erinnerungskulturen analysiert werden.

Historische Beispiele gibt es in großer Zahl. Die getroffene Auswahl greift besonders charakteristische aus verschiedenen Epochen vom ausgehenden 15. Jahrhundert bis in die zweite Hälfte des 20. Jahrhunderts heraus; sie berücksichtigt neben West- und Mitteleuropa auch den östlichen Teil des Kontinents und verdeutlicht durch diesen breiten historischen Längsschnitt die raumlich-zeitlich-kulturelle Kontextabhängigkeit von Vergangenheitsdiskursen: Frankreich nach dem Hundertjährigen Krieg, die Folgen der Religionskriege in Deutschland und Frankreich, England nach dem Bürgerkrieg, die Restauration in Frankreich und Spanien, Frankreich nach der Libération, Spanien im Anschluss an die Franco-Diktatur. Bewusst ausgeblendet werden antike, früh- und hochmittelalterliche Vergangenheitsdiskurse, weil sie zu entrückt und verschieden erscheinen, um noch als Vergleichsmaßstab für die Gegenwart dienen zu können. Ebenso unberücksichtigt bleiben jene jüngeren Beispiele, die durch die Ereignisse seit 1989 wieder eine neue Dynamik bekommen haben, wie im Falle der nationalsozialistischen Vergangenheit

---

[17] Jörg FISCH, Krieg und Frieden im Friedensvertrag. Eine universalgeschichtliche Studie über Grundlagen und Formelemente des Friedensschlusses, Stuttgart 1979, S. 35–278.

Deutschlands, oder auch aktuelle Fälle wie die Entwicklung in den Staaten des ehemaligen Ostblocks, weil sie noch nicht abgeschlossen sind und der Historiker hier mehr Zeitgenosse, ja sogar unmittelbar Beteiligter, als distanzierter Wissenschaftler ist. Allerdings werden in einem Ausblick die Ergebnisse der Konferenz resümiert und auf ihren prognostischen Wert für laufende Vergangenheitsdiskurse befragt werden.

Eingeleitet wird der Band von Étienne François, der zunächst das weite Forschungsfeld ›Erinnerung und Gedächtnis‹ strukturiert und erste Einblicke in die Thematik gibt. Im Hinblick auf Vergangenheitsdiskurse identifiziert er drei mögliche Verarbeitungsformen: die *damnatio memoriae*, also die physische Vernichtung des unterlegenen Gegners bis hin zum Verbot seiner Erwähnung in einem Vergangenheitsdiskurs, der allein vom Sieger dominiert wird; das Modell der »transitional justice«, d.h. eine Abrechnung mit der Vergangenheit durch juristische Prozesse gegen die Besiegten, schließlich die Aushandlung von Kompromissen nach der Beendigung von Konflikten ohne klaren Sieger – dieses eine Form der Bewältigung, die häufig auf Beschweigen und bewusstes Vergessen hinausläuft. Da sich dies in der Regel aber nicht dekretieren lasse, biete sich, so François' Schlussfolgerung, letztlich nur das Vergeben an, um Gegenwart und Zukunft vom schweren Erbe der Vergangenheit zu befreien.

Im Anschluss hieran schildert zunächst Claude Gauvard in ihrem Beitrag die Situation in Frankreich nach dem Hundertjährigen Krieg. Sehr anschaulich verdeutlicht sie, wie König Karl VII. nach Ende des Krieges mit so genannten »lettres d'abolition« systematisch individuelle und kollektive Amnestien gewährte, um sich so in erster Linie die Treue seiner Untertanen zu sichern und damit die eigene Machtposition zu stärken. Durch politische Unterwerfung, so Gauvard, gewann der Gehorsam wieder an Macht und wurde zur unerlässlichen Kehrseite der Vergebung und des Vergessens. Claire Gantet analysiert danach die Erinnerungspolitik nach dem Dreißigjährigen Krieg, der bereits von den Zeitgenossen gleichermaßen als Bürgerkrieg wie als Religionskrieg, also gleich doppelt emotional und ideologisch aufgeladen, empfunden wurde. Dementsprechend kollidierten die gängigen Bestimmungen der Friedensverträge bezüglich des Schweigens über die Vergangenheit auch mit einem andauernden konfliktreichen Feiern und Gedenken des Friedens von 1648. Anschließend analysiert Olivier Christin die Entwicklung in Frankreich nach den Religionskriegen: Damals wurden (Kriegs-)Verbrechen durch Heinrich IV. mittels des Gnadenrechts relativ schnell amnestiert. Seine Milde funktionalisierte der französische König indes durchaus zu politischen Zwecken, indem er mittels Gnadenerweis ein neues System der Abhängigkeit und der Klientelbindung schuf und sich gleichzeitig die Möglichkeit offenhielt, Verbrechen derer zu benennen und zu bestrafen, die nicht bereit waren, sich in sein Herrschaftssystem einzufügen.

Im Folgenden beschäftigen sich drei Beiträge mit dem Phänomen der Restauration in verschiedenen europäischen Ländern sowohl Ende des 17./Anfang des 18. als auch in der ersten Hälfte des 19. Jahrhunderts. Den Anfang macht der Aufsatz von Bernard Cottret zur englischen Restauration 1660–1689. Anders als es manche erhofft hatten, entwickelte sich nach dem Bürgerkrieg, der Diktatur Cromwells und der Wiedereinführung der Stuart-Monarchie trotz der prinzipiellen Aussöhnungsbereitschaft von Karl II. eine gespaltene Gesellschaft in England, die sich vor allem an Religionsfragen entzweite. Neben die klassische Bruchlinie zwischen Anglikanern und Katholiken trat nun auch noch die Rivalität zwischen Anglikanern und so genannten »dissenters«. Reiner Marcowitz relativiert in seinem Beitrag zur französischen Restauration die weit verbreitete Ansicht, Ludwig XVIII. habe 1814/15–1824 eine erfolgreiche Vergangenheitspolitik betrieben: Der zunächst ausgesprochene Generalpardon wurde bereits frühzeitig durch verschiedene andere Maßnahmen konterkariert, wie beispielsweise den ›weißen Terror‹ und die Säuberung der Verwaltung nach der Hundert-Tage-Herrschaft Napoleons I. Daher gelang es Ludwig XVIII. nicht, Frankreich im Umgang mit der Vergangenheit zu einen, was allerdings weniger auf ein persönliches Versagen des Monarchen als vielmehr auf strukturelle Gründe zurückzuführen war: Seit der Französischen Revolution war nämlich eine rege, kontrovers debattierende politische Öffentlichkeit entstanden, die ein Beschweigen der Vergangenheit zum Zwecke der inneren Aussöhnung unmöglich machte. Insofern belegt bereits das Frankreich des frühen 19. Jahrhunderts mit seiner aktiven politischen Öffentlichkeit – im Vorgriff auf die pluralistischen Gesellschaften des 20. und beginnenden 21. Jahrhunderts –, dass Erinnerungsvorgaben ›von oben‹ nicht mehr durchsetzbar waren.

Volker Sellin behandelt im Kontrast hierzu die italienische Restauration im 19. Jahrhundert. Dabei kommt er gleich in zweifacher Hinsicht zu einem überraschenden Ergebnis: Zum einen wird diese Epoche auf der faktischen Ebene lediglich durch die Ersetzung der napoleonischen Militärdiktatur durch den Absolutismus der vormaligen Herrscher gekennzeichnet – ein Prozess, der weitgehend unblutig verlief und auch keine Säuberungswelle zur Folge hatte. Vielmehr wurde die bisherige Verwaltungselite überwiegend übernommen. Zum anderen interessierte die Vergangenheit in der Zeit der italienischen Restauration nicht. Vielmehr dominierte im regimekritischen Diskurs die Frage, wie Italien Freiheit, Einheit und nationale Unabhängigkeit erlangen könne. Gegenstand dieser Debatte war folglich die Suche nach Mitteln und Wegen, ein Zukunftsprogramm zu verwirklichen, und nicht die ideelle oder juristische Bewältigung von Unrecht, das Italien in der Vergangenheit erlitten hatte.

Die Beiträge mit dem Schwerpunkt im 20. Jahrhundert eröffnet Marc Olivier Baruch mit einer Abhandlung über Frankreich nach der Libération. Er geht zunächst auf den gaullistischen Mythos ein, der den Widerstandskampf der Franzosen universalisierte und die gesamte Nation – mit Ausnahme der vermeintlich wenigen Schuldigen – in die Résistance einschloss. Dann behandelt er insbesondere das Bemühen in Frankreich, unkontrollierte Säuberungen zu vermeiden, staatliche Autorität wiederherzustellen und etwaige Kollaborateure vor ordentliche Gerichte zu stellen, um so die Befriedung der Gesellschaft herbeizuführen und die verletzte nationale Identität zu heilen. Abschließend betont er angesichts aktueller politisch motivierter Schlussstrichappelle die Notwendigkeit der Erinnerung an die Vichy-Zeit, um die französische Gesellschaft auszusöhnen. Walther L. Bernecker wiederum untersucht den Vergangenheitsdiskurs in Spanien nach dem Bürgerkrieg und der jahrzehntelangen Franco-Diktatur: Während unter dem Franco-Regime die Sieger des Bürgerkriegs die Szenerie beherrschten, wurde nach dem Ende der Diktatur 1975 zumindest von offizieller politischer Seite – ungeachtet einer andauernden zivilgesellschaftlichen und vor allem fachhistorischen Debatte – die Forderung nach einem Schlussstrich und der Versöhnung laut. Erst seit Beginn des neuen Jahrtausends, also rund ein Vierteljahrhundert nach dem Ende der Diktatur, entwickle sich in Spanien, so Bernecker, eine neue Popularität des Erinnerns sowie dessen von den Konservativen wie den Sozialisten betriebene Repolitisierung – ein Befund, der an die in der Erinnerungsforschung häufig thematisierte Frage anknüpft, ob ein solcher Generationenabstand nötig ist, um schmerzhafte Ereignisse der Vergangenheit offen behandeln zu können. Alfred Grosser problematisiert in seiner Schlussbetrachtung noch einmal den Begriff des »Vergebens« und relativiert das Konzept der »kollektiven Erinnerung«. Er schließt mit einem emphatischen Bekenntnis zur Rolle des Historikers als Aufklärer und Moralpädagoge gerade angesichts aktueller Vergangenheitsdiskurse.

Als Erkenntnis bleibt am Ende: Der Königsweg zwischen Erinnerung und Vergessen gleicht dem Segeln zwischen Scylla und Charybdis – zu viel Erinnerung lähmt, ja kann zur Selbstzerstörung führen, zu wenig vermag vordergründig heilsam zu wirken, produziert jedoch neue Ungerechtigkeit und bleibt deshalb moralisch unbefriedigend. Gefragt ist also »eine subtile Mischung aus Erinnern und Vergessen«[18]. Mag das Gedenken an einen gemeinsam durchgestandenen und vielleicht sogar siegreich beendeten Krieg gegen einen äußeren Feind noch zum »Ausdruck und Medium nationaler Homogenisierung« taugen[19], so gilt dies für die Vergangenheitsdiskurse nach Besatzung, Bürgerkrieg und auch Revolution mitnichten. Hier steht die quälende und das öffentliche Klima oft genug vergiftende Frage nach dem

---

[18] GARTON ASH, Mesomnesie (wie Anm. 2), S. 42.
[19] Winfried SPEITKAMP, Einleitung, in: BERDING u.a. (Hg.), Krieg (wie Anm. 15), S. 9–13, hier S. 13.

Heroismus des Einzelnen wie der Gemeinschaft sowie im Umkehrschluss auch jene nach dem oft überwiegenden individuellen wie kollektiven Versagen im Vordergrund. Es bedarf in der Regel mehrerer Generationen, bis sich ein Konsens etabliert hat oder zumindest eine offene und unvoreingenommene Diskussion möglich ist, die schließlich zur innergesellschaftlichen Aussöhnung führt. »Oubli« und »pardon«, so viel scheint indes auch sicher, stellen hierfür kein Patentrezept mehr da. Unter den Bedingungen von seit 1789 zunehmend offeneren und pluralistischeren Gesellschaften greifen diese bis dahin oft funktionierenden vormodernen Mechanismen der Vergangenheitsbewältigung zumindest dauerhaft nicht mehr, weil ein dekretiertes Vergessen sich auf keinen Fall mehr unbegrenzt durchsetzen lässt. Insofern kann eine Geschichte des Diskurses über die Vergangenheit, wie sie hier an exemplarischen Fallbeispielen versucht wird nachzuzeichnen, auch nur bedingt ein Vorbild für die Gegenwart abgeben. Immerhin belegt sie, dass für die betroffenen Gesellschaften die ebenso schwierige wie belastende und nie gänzlich befriedigende Gratwanderung zwischen notwendigem Erinnern und legitimem Vergessen unvermeidlich ist.

Jede Tagung – und jedes Buch – lebt vom Engagement vieler Mitwirkender. Ihnen danken die Herausgeber an dieser Stelle: Zunächst allen Referenten der Pariser Konferenz, die mit wenigen Ausnahmen auch zu Autoren dieses Bandes geworden sind[20]; sodann den *présidents* der verschiedenen Sektionen: Yves-Marie Bercé, Étienne François und Hans-Ulrich Thamer. Natürlich gilt unser Dank auch der *équipe* des DHI Paris, die im Mai 2007 durch ihren Einsatz zur reibungslosen Organisation und damit zum Gelingen der Konferenz beigetragen hat. Margarete Martaguet sei namentlich erwähnt, denn sie hat alle Phasen dieses Projekts von der ersten Idee über die Durchführung der Tagung bis hin zur Entstehung des daraus erwachsenen Buches ebenso charmant wie kompetent unterstützt. Nicht zuletzt danken wir Veronika Vollmer für ihre bewährte und engagierte Hilfe bei der Manuskriptherstellung und der Drucklegung dieses Bandes.

---

[20] Jean-Noël Jeanneney und Jörg Nagler verzichteten wegen anderer Verpflichtungen auf eine Drucklegung ihrer Konferenzbeiträge.

ÉTIENNE FRANÇOIS

L'HISTOIRE ET LA MÉMOIRE

L'importance des discours sur le passé

I

Que la question qui nous réunit aujourd'hui soit une question d'une brûlante actualité, un bref regard porté sur quelques événements récents du printemps 2007 suffit à s'en convaincre. En France, les observateurs ont en mémoire les derniers échos d'une campagne électorale dans laquelle Nicolas Sarkozy, encore candidat, affirmait avec force que »la France n'a pas à rougir de son histoire; elle n'a pas commis de génocide«, faisait part de sa volonté de »remettre la France à l'honneur« et dénonçait »la repentance, mode exécrable à laquelle je vous demande de tourner le dos«. Mais pour tranchées qu'elles aient été, ces prises de position ne se comprennent que replacées dans le contexte plus général du débat autour des »lois mémorielles« suscité par la loi du 23 février 2005 établissant que les programmes de recherches devaient accorder la place qu'elle méritait à l'histoire de la présence française outre-mer et que les programmes scolaires devraient en reconnaître le rôle positif[1].

En Allemagne, par-delà le débat permanent autour du nazisme et du génocide, d'une part, et de la Seconde Guerre mondiale et des souffrances vécues par les Allemands d'autre part (avec en particulier les controverses récurrentes sur la mémoire de l'exode et de l'exil – »Flucht und Vertreibung«)[2], un nouveau débat prend une importance croissante, le débat autour de 1968. Celui-ci, qui a pour point de départ l'éventuelle grâce à accorder aux derniers membres de la Rote Armee Fraktion, renvoie lui-même à une double interrogation qui divise l'opinion comme la classe politique: d'un côté la question de savoir ce qui, de la grâce ou de la justice, doit l'emporter, et de l'autre la question de savoir si 1968 et la dérive terroriste qui l'a suivi appartiennent au passé et peuvent de ce fait être historisés, ou au contraire s'ils représentent toujours un passé présent[3].

---

[1] Voir à titre d'introduction le numéro spécial de la revue de la Documentation française: Regards sur l'actualité. L'État et les mémoires, n° 325, novembre 2006; René RÉMOND, Quand l'État se mêle d'histoire, Paris 2006.
[2] Marie-Bénédicte VINCENT (dir.), La dénazification, Paris 2008.
[3] Ces débats ont servi de point de départ au dernier roman de Bernhard SCHLINK, Das Wochenende, Zurich 2008. Si l'on en croit par ailleurs les parutions récentes, tout laisse à penser que la quête allemande de la »Vergangenheitsbewältigung« en est arrivée à 1968, comme le remarquait Franziska Augstein. Voir à cet égard Götz ALY, Unser Kampf 1968, Francfort/M. 2008; Norbert FREI, 1968, Munich 2008.

En Pologne, deux débats sont au premier plan de l'actualité: d'un côté l'irritation de larges secteurs de l'opinion publique face aux projets de construction en Allemagne d'un »centre contre les expulsions«, et surtout, de l'autre, l'initiative prise par la majorité au pouvoir, représentée par les frères Kaczinski, de promouvoir une rupture en profondeur avec le passé communiste du pays par l'intermédiaire d'une »lustration« qui concernerait entre 400 000 et 700 000 personnes. Or cette initiative, loin de réunir derrière elle la majorité de l'opinion publique, débouche au contraire sur une discussion d'une rare intensité impliquant jusqu'aux plus hautes autorités du pays – jusqu'à la prise de position du tribunal constitutionnel, qui invalide la majorité des articles de la loi de »lustration«.

En Estonie, la décision prise par les autorités municipales de Tallin de déplacer la statue monumentale érigée au centre de la ville à la mémoire des soldats soviétiques oppose en un conflit insoluble et lui aussi passionné Russes et Baltes, avec leurs mémoires antagonistes et inconciliables. Et ce même conflit n'est qu'un des multiples exemples des débats divisant les opinions publiques des pays d'Europe centrale et orientale autour de la question de la mémoire du communisme et du nazisme[4].

En Espagne, enfin, le pacte d'oubli conclu après la mort de Franco en 1975 est remis progressivement en cause par l'expression publique de plus en plus affirmée d'une mémoire républicaine de la guerre civile tandis que la nouvelle majorité socialiste, conduite par José Luis Zapatero, élabore un projet de »loi sur la mémoire«, qui, loin de conduire à un nouveau consensus, semble plutôt aviver l'intensité du débat et radicaliser les positions en présence.

Un double constat ressort de ce rapide survol de l'actualité du printemps 2007. D'un côté, il met en évidence la très forte présence du passé dans nos sociétés; l'actualité de la thématique de l'oubli et du pardon, mais aussi le potentiel explosif des débats liés à ces questions. Car les enjeux en profondeur de ces débats sont avant tout politiques, éthiques et philosophiques; engageant les subjectivités personnelles et collectives, ils mobilisent de larges secteurs des opinions publiques et sont marqués par une dimension affective très forte. À chaque fois, on sent bien qu'en abordant ces thèmes on touche à des représentations, des valeurs et des affects fondateurs de communauté et d'identité – qu'il s'agisse de l'identité d'un groupe, d'une collectivité, d'une nation ou d'une famille idéologique et religieuse. D'un autre côté, ce survol permet de constater l'extrême variété des protagonistes prenant part au débat – politiques, publicistes, juges, journalistes, porte-parole de groupes ou de communautés, témoins[5] –, mais aussi des lieux où l'on débat – parlements,

---

[4] Emmanuel DROIT, Le Goulag contre la Shoah. Mémoires officielles et cultures mémorielles dans l'Europe élargie, dans: Vingtième Siècle. Revue d'histoire 94 (avril–juin 2007), p. 101–120; Georges MINK, Laure NEUMAYER (dir.), L'Europe et ses passés douloureux, Paris 2007.

[5] Annette WIEVIORKA, L'ère du témoin, Paris 1998.

tribunaux, presse, télévision, rue, salles de meeting, etc. Dans ces débats, qui plus est, la place des historiens de métier est au total marginale. Sollicités par les uns et les autres pour dire »la« vérité, ils ne sont que des protagonistes parmi d'autres, et s'il arrive que certains – tel Bronislaw Geremek en Pologne – jouent un rôle de premier plan, cela tient moins à leur compétence scientifique et universitaire qu'au fait qu'ils sont également des hommes politiques et des autorités morales reconnues[6].

Dans de telles conditions, le présent exposé ne saurait avoir d'autre ambition que d'aider à comprendre la complexité des enjeux, en recourant pour cela à quelques exemples contextualisés, mais sans aucune prétention à apporter de réponse à des questions qui sont par définition ouvertes et controversées. Une fois de plus, en effet, se vérifie l'adage selon lequel la seule leçon que l'on puisse tirer de l'histoire est précisément le fait qu'il n'y a pas de leçons de l'histoire[7].

II

D'où la nécessité, avant de rentrer plus avant dans le sujet, de commencer par essayer de prendre la mesure des réalités de notre temps en observant comment nos sociétés se situent aujourd'hui face à leurs passés. Trois rapides observations aideront à cet égard à planter le décor.

La première observation a trait à l'extraordinaire valorisation de la mémoire, que l'on constate un peu partout. Érigée au rang d'impératif catégorique de nos sociétés sécularisées, la devise du Québec »Je me souviens«[8] a fait place à un autre impératif: »N'oublions pas«. Il s'agit là d'un fait transnational de grande ampleur que tous les observateurs s'accordent à reconnaître, qu'ils parlent comme Pierre Nora de l'entrée dans »L'ère de la commémoration«[9], comme Henry Rousso de la »hantise du passé«[10] – ou comme Aleida Assmann et Ute Frevert de la »Vergangenheitsbesessenheit«[11].

[6] Pour plus de précisions, je me permets de renvoyer à mon article, Die späte Debatte um das Vichy-Regime und den Algerienkrieg in Frankreich, dans: Martin SABROW, Ralph JESSEN, Klaus GROSSE-KRACHT (dir.), Zeitgeschichte als Streitgeschichte. Große Kontroversen seit 1945, Munich 2003, p. 264–287.

[7] François HARTOG, Jacques REVEL (dir.), Les usages politiques du passé, Paris 2001.

[8] Jocelyn LETOURNEAU, Passer à l'avenir. Histoire, mémoire, identité dans le Québec d'aujourd'hui, Montréal 2000.

[9] Pierre NORA, L'ère de la commémoration, dans: ID. (dir.), Les lieux de mémoire, t. III, Les France, vol. 3: De l'archive à l'emblème, Paris 1992, p. 976–1012.

[10] Henry ROUSSO, La hantise du passé, entretien avec Philippe Petit, Paris 1998.

[11] Aleida ASSMANN, Ute FREVERT, Geschichtsvergessenheit – Geschichtsversessenheit. Vom Umgang mit deutschen Vergangenheiten nach 1945, Stuttgart 1999.

La seconde observation, qui n'est rien d'autre que le symétrique inversé de
la précédente, est le discrédit porté sur l'oubli. Connoté négativement, l'oubli
est présenté comme un danger et un adversaire contre lequel on ne saurait
assez lutter. Ce refus décidé est au reste d'autant plus significatif qu'il est à
l'opposé de la dialectique du souvenir et de l'oubli – tous les spécialistes
s'accordent à reconnaître que l'oubli est constitutif de la mémoire. Plus généralement, ce refus prend le contrepied de la nouvelle de Jorge Luis Borges sur
le »mnémopathe« Funes (»Il memorioso«), qui souffre de l'impossibilité
d'oublier et de ce fait n'arrive pas à vivre[12], de l'éloge de l'oubli proclamé
par Nietzsche comme marque des forts, mais aussi de l'observation de Renan
disant dans son discours à la Sorbonne de 1882 que ce qui fonde une nation,
ce ne sont pas seulement des souvenirs partagés en commun, mais aussi des
oublis partagés. Parmi les nombreuses raisons qui peuvent rendre compte de
ce discrédit aussi profond que récent porté sur l'oubli, deux me paraissent
l'emporter: d'une part la formulation juridique, depuis les procès de Nuremberg, de l'imprescriptibilité des crimes contre l'humanité, notion depuis lors
universellement reconnue et acceptée comme un impératif; et d'autre part la
modification du rapport au temps de nos sociétés et l'importance croissante
prise par ce que François Hartog a proposé d'appeler le »présentisme«[13].

La troisième observation, enfin, est celle de la priorité donnée à la mémoire
douloureuse au détriment de la mémoire glorieuse (journées du patrimoine) –
et d'abord à la mémoire douloureuse du XXᵉ siècle. Plus que jamais se vérifie
de ce point de vue ce que Renan constatait dans son discours de 1882, à savoir que le tragique est constitutif de la mémoire. Une des conséquences les
plus importantes de cette évolution, elle-même liée au traumatisme de la
Shoah, est la constitution de la victime en figure centrale de la mémoire. Par
contraste avec les périodes dans lesquelles la figure centrale de la mémoire
était le héros et le combattant – et donc la personne qui s'est volontairement
offerte en sacrifice, acceptant par avance le risque de la mort et lui donnant
de ce fait un sens –, de nos jours, la victime est identifiée à l'innocence.
Transfigurée par l'injustice et la persécution dont elle a fait l'objet, elle ac-
quiert par là même une aura particulière et des droits imprescriptibles – reconnaissance, statut spécifique, voire indemnisation[14]. Mais par un effet per-
vers, cette valorisation de la victime entraîne par contrecoup une dynamique
de ›concurrence des victimes‹ accentuée à la fois par la parcellarisation des

---

[12] Jorge Luis BORGES, Funes qui n'oubliait pas, dans: ID., Fictions, Paris 1957.
[13] François HARTOG, Régimes d'historicité. Présentisme et expérience du temps,
Paris 2003.
[14] Enzo TRAVERSO, Le passé, modes d'emploi, histoire, mémoire, politique, Paris
2005; Aleida ASSMANN, Der lange Schatten der Vergangenheit. Erinnerungskultur
und Geschichtspolitik, Munich 2006.

cultures mémorielles et l'internationalisation de la mémoire[15]. D'où l'insoluble conflit des mémoires que l'on peut observer un peu partout et que les politologues ont proposé d'appeler les »competing narratives«[16].

III

Par derrière ces débats et évolutions, une question plus fondamentale se pose, celle, pour reprendre l'expression de Paul Ricœur, de savoir s'il peut exister une »juste mémoire«, juste au triple sens du terme, c'est-à-dire une mémoire qui soit équitable, qui restaure la justice et rende en même temps justice aux personnes et aux communautés impliquées. Dans des situations nécessairement asymétriques, quelle justice, quelle mémoire et quel oubli faut-il pour sortir du conflit et trouver la voie de l'apaisement, de la réconciliation et du redémarrage?

Au sortir d'une situation de guerre, d'occupation étrangère, de guerre civile ou de révolution, les choses sont à première vue simples dans la mesure où les solutions offertes par le répertoire politique se ramènent à trois issues.

La première est celle de la logique du vainqueur, dans un affrontement binaire à la Carl Schmitt entre adversaires irréconciliables, que tout oppose et entre qui aucun langage commun ne peut être trouvé. Dans un tel contexte, la logique du vainqueur tient lieu de justice, et l'issue se réduit à l'écrasement, voire à l'élimination du vaincu, dans la mesure où ce dernier est identifié non seulement à l'injustice, mais plus profondément au mal. Toujours brutal, cet écrasement du vaincu, dans lequel les aspects de vengeance jouent un rôle non négligeable, s'exprime par les exécutions sommaires et les mises à mort après des simulacres de jugement, par des emprisonnements et des bannissements, des mises hors la loi, des privations de droit et des réductions au silence. C'est la logique que l'on a vu, par exemple, fonctionner dans l'Espagne de Franco, de 1939 à 1975[17]. Dans un tel contexte, le discours sur le passé est lui aussi binaire, avec d'un côté l'exaltation du vainqueur identifié au bien et à la justice et de l'autre une délégitimisation complète du vaincu, qui va jusqu'à la damnatio memoriae. Le nom même du vaincu devient interdit, et tout est mis en œuvre, par l'intermédiaire d'une destruction matérielle, symbolique et mémorielle, pour effacer jusqu'aux dernières traces de son existence en le rayant des annales de l'histoire et en le bannissant de la mémoire collective.

[15] Jean-Michel CHAUMONT, La concurrence des victimes. Génocide, identité, reconnaissance, Paris 1997.

[16] Pour la France, voir le stimulant essai de Jean-Pierre RIOUX, La France perd la mémoire. Comment un pays démissionne de son histoire, Paris 2006.

[17] Guy HERMET, L'Espagne de Franco, Paris 1974.

La deuxième issue – moins différente de la première qu'il n'y paraît – est celle de l'exercice de la justice dans une perspective de restauration du droit. C'est l'issue qui a été utilisée à Nuremberg, dans la France d'après la Libération[18], mais aussi dans la majorité des pays sortis récemment d'une situation de dictature, qu'il s'agisse des pays d'Europe centrale et orientale au sortir du communisme ou des pays d'Amérique latine après les différentes expériences de dictature militaire[19]. Dans un tel processus, auquel les politologues donnent le nom de »transitional justice«, l'instance déterminante est celle du droit et de l'autorité judiciaire[20]. Sur la base du droit restauré, il s'agit de condamner ceux qui se sont rendus coupables de violation. Ces condamnations prennent le plus souvent la forme de privation de liberté, d'amende ou de privation de droits. Mais outre le fait qu'elles excluent le plus souvent la peine de mort, elles sont rendues en fonction de critères normatifs et universels qui sont ceux mêmes sur la base desquels l'ordre civil et l'État de droit sont rétablis. Lorsque les condamnés ont purgé leur peine, ils sont réintégrés dans la collectivité publique et civique. L'État de droit rétabli a par ailleurs toujours la possibilité d'avoir recours à la grâce, soit en faveur d'un individu (condamnation à mort de Pétain commuée en détention à perpétuité), soit en faveur d'un groupe de condamnés (amnistie). À la différence du modèle précédent, ce second modèle n'implique pas la négation totale de l'adversaire ni la *damnatio memoriae*. La procédure à laquelle il a recours de préférence est celle de la délégitimisation et de la criminalisation du régime précédent, de ses fondements et de ses décisions – qu'il s'agisse de la décision prise au lendemain de la Libération de déclarer le régime de Vichy »nul et non avenu« ou de celle prise au moment de la réunification allemande de qualifier le régime déchu de la RDA de »SED- ou DDR-Unrechtsstaat«. Un tel contexte n'est pas exclusif de la présence de plusieurs discours sur le passé, mais les règles de la ›compétition‹ qu'ils se livrent entre eux relèvent d'un ordre qui a été fixé par le parti vainqueur et qui de fait et de droit le place dans une situation avantageuse.

La troisième, enfin, est celle du compromis passé entre les anciens adversaires sur la base d'une fiction, à savoir le retour à la situation antérieure au conflit. Ces compromis, plus nombreux qu'on ne le croit, sont généralement passés soit dans une situation d'impasse, au terme d'un long conflit où chacun des deux adversaires est épuisé et hors d'état de l'emporter, soit dans une

---

[18] Henry ROUSSO, Vichy. L'événement, la mémoire, l'histoire, Paris 2001; Marc-Olivier BARUCH (dir.), Une poignée de misérables. L'épuration de la société française après la Seconde Guerre mondiale, Paris 2003.
[19] Pour le cas de l'Allemagne après 1989/1990, voir avant tout l'excellente étude de Guillaume MOURALIS, Une épuration allemande. La RDA en procès, 1949–2004, Paris 2008.
[20] Neil J. KRATZ (dir.), Transitional Justice. How Emerging Democracies Reckon with Former Regimes, 3 vol., Washington 1995; Petra BOCK, Vergangenheitspolitik im Systemwechsel, Berlin 2000.

situation de transition où les anciens détenteurs du pouvoir ne sont plus en état de l'exercer seuls, mais gardent néanmoins une position assez forte pour pouvoir imposer leurs conditions. Dans une telle issue, les deux règles d'or sont celles du silence et de l'amnistie. C'est la formule qui a prévalu aussi bien au sortir des guerres de religion en France, avec l'édit de Nantes en 1598[21], que lors des traités de Westphalie qui en 1648 mettent fin à la guerre de Trente Ans et prévoient dans l'article II »l'oubli et l'amnistie perpétuels«[22]. Mais c'est également la formule qui a été pratiquée en Espagne après la mort de Franco pour assurer une transition pacifique vers la démocratie: le »pacte de silence« conclu alors entre les acteurs de la transition prévoit un effacement consensuel du passé au nom de la réconciliation nationale et accorde à tous les acteurs de la guerre civile et de l'après-guerre par la loi du 14 octobre 1977 une amnistie générale sans procès d'épuration ni commission de vérité et de justice[23]. C'est enfin la formule qui été appliquée en Pologne, dans le prolongement de la déclaration de Lech Walesa proclamant dès 1988: »Nous sommes prêts à tout oublier«. Dans son discours d'investiture à la Chambre des députés le 24 août 1989, Tadeusz Mazowiecki précise ainsi la politique qu'il entend mener: »Le gouvernement que je viens de former n'est aucunement responsable des événements passés. Ceux-ci pèseront bien entendu sur notre action. Mais il nous faudra tirer un gros trait sur le passé. Nous ne serons pas responsables de ce que nous aurons fait pour sortir la Pologne de l'état de crise actuel. Je suis conscient que, pour mes compatriotes, la question la plus importante est aujourd'hui de savoir si l'avenir peut être meilleur«[24]. Cette politique du trait tiré sur le passé, que l'on retrouve également dans le cas de l'Argentine, du Chili ou de l'Uruguay, n'est finalement rien d'autre qu'une politique d'amnistie et de silence sans justice.

IV

Dans chacune de ces trois issues, le silence tient une place essentielle, et cette place elle-même est liée à l'espoir que le silence – imposé ou consenti –

[21] Olivier CHRISTIN, La paix de religion. L'autonomisation de la raison politique au XVIe siècle, Paris 1997; Bernard COTTRET, 1598. L'édit de Nantes, Paris 1997; Michel GRANDJEAN, Bernard ROUSSEL (dir.), Coexister dans l'intolérance. L'édit de Nantes (1598), Genève 1998.

[22] Claire GANTET, La paix de Westphalie. Une histoire sociale, XVIIe–XVIIIe siècles, Paris 2001; David EL KENZ, Claire GANTET, Guerres et paix de religion en Europe, XVIe–XVIIe siècles, Paris 2003.

[23] Paloma AGUILAR, Memoria y olvido de la guerra civil española, Madrid 1996.

[24] Déclaration de politique générale citée dans: MOURALIS, Une épuration allemande (voir n. 19), p. 12.

puisse à moyen terme se transformer en un oubli authentique et salutaire[25]. Contrairement cependant à cet espoir, les exemples ne manquent pas de silences refusant de se transformer en oubli et débouchant à terme sur de nouvelles revendications, voire sur de nouveaux conflits. Car si le silence peut être imposé, voire consenti, l'oubli, lui, ne se décrète pas, et plus il est invoqué, moins il a de chances de se réaliser. D'autant que ce silence, surtout lorsqu'il est imposé, n'est rien d'autre qu'un déni de mémoire pour les vaincus. Comme le disait Walter Benjamin: »si les ennemis des morts sont victorieux, alors les morts eux-mêmes ne seront plus à l'abri de ces vainqueurs qui ne cessent de remporter des victoires«[26]. Or cette mémoire empêchée (Paul Ricœur) ou interdite est elle-même souvent une mémoire de type traumatique, correspondant à ce que Marie-Claire Lavabre a proposé d'appeler le »poids du passé«[27], une mémoire menaçante, à la présence obsessionnelle et rétive à toute forme de réduction. Et comme le constatent aussi bien les politologues que les psychanalystes, si le passé ne passe pas, alors il n'y a ni présent ni avenir autres que la répétition du même passé et le »retour du refoulé«. Certes, comme le reconnaît Paul Ricœur, »une société ne peut être indéfiniment en colère avec elle-même« et »une politique sensée n'est guère possible sans quelque chose comme une censure de la mémoire«[28]. Mais d'un autre côté, rien n'est plus difficile, Harald Weinrich l'a bien montré, que l'»art de l'oubli«[29].

À l'impasse souvent représentée par le conflit entre l'impossible justice et l'impossible oubli le pardon peut offrir une issue. À la différence de la justice ou de l'oubli, le pardon relève d'un autre registre ou, pour parler comme Pascal, d'un autre »ordre«, celui de la reconnaissance mutuelle et de l'amour. À ce titre, il représente, comme le faisait remarquer Hannah Arendt, un phénomène très rare dans la vie humaine. Concept avant tout religieux et moral, il est a priori étranger aux relations politiques[30]. »Acte fou« qui interrompt le cours ordinaire de la temporalité, le pardon, à l'opposé de la justice, qui repose sur la réciprocité, repose, lui, sur le don gratuit. Il est de ce fait, pour reprendre une expression de Jacques Derrida, qui a consacré au pardon ses derniers écrits, un »acte hors norme sociale, hors finalité réconciliatrice, hors

[25] Nicole LORAUX, La cité divisée. L'oubli dans la mémoire d'Athènes, Paris 1997.
[26] Cité d'après Jacques EHRENFREUND, Mémoire juive et nationalité allemande, Paris 2000, p. 253.
[27] Marie-Claire LAVABRE, Du poids et du choix du passé, dans: Denis PESCHANSKI, Michael POLLAK, Henry ROUSSO (dir.), Histoire politique et sciences sociales, Paris 1991, p. 265–278.
[28] Paul RICŒUR, La mémoire, l'histoire, l'oubli, Paris 2000, p. 651.
[29] Harald WEINRICH, Lethe – Kunst und Kritik des Vergessens, Munich 1997; Emmanuel TERRAY, Face aux abus de mémoire, Paris 2006.
[30] Sandrine LEFRANC, Politiques du pardon, Paris 2002.

quotidienneté, et donc étranger à la politique«[31]. Un tel concept est aux antipodes de la notion juridique d'imprescriptibilité, et de ce fait pour beaucoup impossible à accepter: pour Vladimir Jankélévitch, »le pardon est mort dans les camps de la mort«[32]. Il repose en effet non seulement sur une reconnaissance réciproque, mais aussi sur la reconnaissance des souffrances de l'autre et l'acceptation d'une responsabilité partagée. Cette reconnaissance passe à son tour par un dépassement de l'opposition entre »ami« et »ennemi«, par la mise en évidence d'une dépendance réciproque et finalement par la »mise en intrigue« d'un récit faisant place à l'ancien adversaire. Dans un tel récit, le passé n'est ni nié ni oublié, mais il cesse d'être un horizon indépassable pour devenir un passé partagé. Véritable pari sur l'avenir, il laisse »les morts enterrer les morts« et fait en sorte qu'Antigone puisse enterrer son frère avec le soutien de Créon[33]. C'est le chemin qu'avaient proposé les évêques polonais aux évêques allemands en 1965 en leur offrant et en leur demandant en même temps le pardon[34]. Mais c'est également la voie dans laquelle s'est engagée l'Afrique du Sud au sortir de l'apartheid avec la mise en place de la commission »Vérité et réconciliation«, qui, en se proposant de dire et de faire la vérité, cherche une voie médiane entre l'impossible oubli et le strict exercice de la justice[35].

V

Qu'il s'agisse là d'un défi et d'une utopie est trop évident pour qu'il soit besoin de le souligner davantage. Mais pour utopique que soit ce défi, sa force n'en est pas moins de proposer une issue de vie et non une issue de mort, dans la mesure où, à l'opposé de la majorité des cas où le silence voire l'oubli ne vont pas de pair avec le pardon et ne sont rien d'autre qu'une seconde condamnation, ici l'oubli est la conséquence du pardon, d'un pardon offert gratuitement par celui qui a été lésé et qui, en décidant que l'offense subie appartient au passé, libère le présent et l'avenir du poids qu'elle faisait

---

[31] Jacques DERRIDA, Pardonner, l'impardonnable et l'imprescriptible, Paris 2005; ID., Le pardon, Paris 2006.
[32] Vladimir JANKELEVITCH, L'imprescriptible, Paris 1956; ID., Le Pardon, Paris 1967; ID., Pardonner?, Paris 1986. Voir également à ce sujet les remarques éclairantes de Paul RICŒUR dans: La mémoire, l'histoire, l'oubli (voir n. 28), p. 613, n. 19.
[33] Ces remarques s'appuient sur les recherches de Valérie-Barbara ROSOUX, Les usages de la mémoire dans les relations internationales, Bruxelles 2001.
[34] Friedhelm BOLL (dir.), »Wir gewähren Vergebung und bitten um Vergebung«: 40 Jahre deutsch-polnische Verständigung, Bonn 2006.
[35] Stephen ELLIS, Vérité sans réconciliation en Afrique du Sud, dans: Critique internationale 5 (automne 1999), p. 125–137, et plus généralement: Sandrine LEFRANC, Après le conflit, la réconciliation?, Paris 2006.

peser sur eux. Certes le pardon est une catégorie avant tout morale et religieuse, mais, comme le remarque à juste titre Hannah Arendt, »le fait que cette catégorie ait d'abord été forgée dans un contexte religieux n'est pas une raison de ne pas la prendre au sérieux dans un contexte séculier«. En particulier lorsque la justice, qui, elle, est une catégorie bien plus clairement politique, ne parvient plus à instaurer une solution politique viable.

C'est le message que l'on retrouve tout au long de l'Écriture. On le retrouve dans nombre des psaumes, en particulier dans ceux où le croyant s'adresse à Dieu pour le prier de ne pas l'oublier (ce qui serait la pire des condamnations), reconnaît sa faute, implore le pardon et forme le vœu que Dieu qui lui pardonne – passant ainsi de l'ordre de la justice à celui du pardon – oublie ensuite l'offense qui lui a été faite[36]. Mais on le retrouve aussi dans de très nombreux passages des Évangiles, le plus connu étant celui relatant l'attitude de Jésus face à la femme adultère, où Jésus sauve cette dernière de la mort en disant à ceux qui, conformément à la justice, voulaient la lapider: »que celui qui n'a jamais péché lui jette la première pierre«; il nie d'autant moins la culpabilité de cette femme que cette dernière la reconnaît, mais pour autant il refuse de la condamner et lui donne, en l'incitant à ne plus pécher, la possibilité de commencer une nouvelle vie[37].

Dans sa pièce »Michael Kohlhaas«, Heinrich von Kleist a proposé une des meilleures formulations de l'utopie à la fois inaccessible et indispensable représentée par le pardon. Faisant dialoguer ensemble Michael Kohlhaas, tellement obsédé par la poursuite de la justice qu'il s'enfonce dans une impasse, et Luther, à qui Kohlhaas avait demandé conseil, il met dans la bouche du Réformateur cette phrase par laquelle j'aimerais conclure ces remarques introductives: »Doch hättest Du nicht, alles wohl erwogen, besser getan, Du hättest, um Deines Erlösers willen, dem Junker vergeben?« (N'aurais-tu pas, tout bien pesé, mieux fait, en raison de ton Sauveur, de pardonner au Junker?)

---

[36] Pour ne citer que deux exemples: Psaume 24, »Souviens-toi de ta tendresse, Seigneur, de ton amour, car ils sont de toujours. Ne te souviens pas des égarements de ma jeunesse, mais de moi, en ton amour, souviens-toi. [...] À cause de ton nom, Seigneur, pardonne mes torts, car ils sont grands«. Psaume 31: »Ma faute, je te l'ai fait connaître; je n'ai point caché mon tort; j'ai dit: j'irai au Seigneur confesser ma faute. Et toi, tu as absous mon tort, pardonné mon péché«.

[37] Évangile selon saint Jean, VIII, 1–12. Sur la signification du pardon, voir en particulier les travaux de René GIRARD, Je vois Satan tomber comme l'éclair, Paris 1999; ID., Le sacrifice, Paris 2003.

CLAUDE GAUVARD

PARDONNER ET OUBLIER
APRÈS LA GUERRE DE CENT ANS

Le rôle des lettres d'abolition de la chancellerie royale française

À la suite des victoires militaires de Formigny, le 15 avril 1450, et de Castillon, le 17 juillet 1453, aucun traité de paix ne vient clore la guerre de Cent Ans et résoudre le problème que pose dans le royaume la coexistence entre les vainqueurs, les vaincus et les anciens partisans des vaincus. Comment conquérir la fidélité de ceux qui avaient suivi si longtemps le parti des Anglais ou des Bourguignons? Comment éviter les représailles de leurs adversaires dans une société où la pratique de la vengeance est extrêmement répandue? Comment vivre en paix?

Charles VII n'a pas esquivé ces problèmes. Sa politique de reconquête du royaume entre 1440 et 1453 ne se résume pas à un irrésistible enchaînement de victoires. Certes, les armes parlent, mais elles ne monopolisent pas à elles seules le devant de la scène. Les contemporains le reconnaissent qui, tel Jean Germain, conseiller du duc de Bourgogne et évêque de Chalon-sur-Saône, dans son »Discours du voyage d'outremer«, écrit en 1452: »Et n'avez souffert mettre villes a feu et a sang, ne a sacquement, ains chascun demeure en son lieu, non mye a peine comme conquis, ains comme benignement reduiz«[1]. Pour ce faire, Charles VII a construit la paix dans le royaume au fur et à mesure que ses victoires militaires se sont imposées. Négociations, accords, octrois ou confirmations de privilèges ont effectivement contribué à cette construction en grande partie politique. Mais il a surtout fallu gérer l'oubli et abolir le passé. Dès 1435, le mandement de publication de la paix d'Arras accorde une abolition générale de tous les cas survenus entre les deux partis, excepté le meurtre de Montereau du 10 septembre 1419, et précise que »toutes injures, haines ou offences« seront oubliées ou délaissées[2]. À Paris, suite à la reconquête de la ville et à l'entrée royale du 12 novembre 1437, Charles VII n'exerce pas de vengeance contre la capitale du royaume qui l'a pourtant

---

[1] Le discours du voyage d'oultremer au très victorieux roi Charles VII prononcé, en 1452, par Jean Germain, évêque de Chalon, éd. Charles SCHEFER, dans: Revue de l'Orient latin 3 (1895), p. 303–342, cité par Philippe CONTAMINE, Charles VII et l'art de la négociation, dans: María Teresa FERRER MALLOL, Jean-Marie MOEGLIN, Stéphane PEQUIGNOT et al. (dir.), Négocier au Moyen Âge, Barcelone 2005, p. 321–348, ici p. 324.

[2] Sur le développement général de la paix à la fin du Moyen Âge et ses implications politiques, voir Nicolas OFFENSTADT, Faire la paix au Moyen Âge, Paris 2007, en particulier chap. 1 sur les liens entre la paix et l'oubli.

trahi et même moqué. Au contraire, des mesures sont prises pour que fusionnent les différents organes de gouvernement et que les partisans du roi d'Angleterre ne soient pas inquiétés ou poursuivis, voire conservent leurs fonctions. Pourtant, le roi était d'abord intervenu fermement par le biais de son pouvoir législatif pour gérer le délicat problème des biens confisqués aux rebelles, qui était une source de procès: en 1429, dans l'édit de Compiègne, il avait fait preuve de la plus grande rigueur. Mais, à partir de 1436, lorsque les parlements de Paris et de Poitiers ont été réunifiés, il laisse la justice gérer le problème de façon pragmatique. Il en est de même pour les mariages mixtes. Globalement, comme l'ont montré les travaux d'André Bossuat, la chasse aux sorcières a pu être évitée[3].

Si ces formes de réconciliation sont maintenant bien connues et si les négociations diplomatiques ont aussi leurs historiens, la politique de la grâce, menée systématiquement par Charles VII à l'égard des villes reconquises et en faveur de ceux dont le comportement était jugé illicite ou qui s'étaient rebellés contre lui, n'a pas fait l'objet d'une étude spécifique[4]. Les villes soumises ont pourtant reçu des lettres d'abolition au fur et à mesure de leur reconquête, de Troyes en 1429 jusqu'aux villes de Normandie auxquelles la lettre de Rouen en 1449 a servi de modèle, en passant par Paris en 1436. Bordeaux a ensuite reçu les siennes. Le Trésor des chartes conserve près de 140 lettres d'abolition pour la période comprise entre 1436 et 1461[5]. Pour la seule région du Poitou, là où ont sévi plusieurs membres de la Praguerie, le roi a pratiqué une politique de pardon qui correspond très précisément à la période de reconquête: entre 1440 et 1453, le Trésor des chartes conserve près de quarante lettres d'abolition[6]. Elles sont surtout adressées à des hommes de guerre, capitaines ou simples hommes d'armes[7]. On sait par ailleurs

---

[3] Parmi ses travaux, citons les plus importants pour notre propos: André BOSSUAT, L'idée de nation et la jurisprudence du parlement de Paris au XVe siècle, dans: Revue historique 204 (1950), p. 54–61; ID., Le rétablissement de la paix sociale sous le règne de Charles VII, dans: Le Moyen Âge 60 (1954), p. 137–152; ID., Le règlement des confiscations sous le règne de Charles VII, dans: Comptes rendus de l'Académie des inscriptions et belles lettres, 1947, p. 6–16.

[4] Sur les négociations menées par Charles VII, voir les travaux de Philippe CONTAMINE et de façon générale le colloque cité n. 1. Sur la fonction politique de l'abolition, voir les remarques de Jacques FOVIAUX, La rémission des peines et des condamnations, droit monarchique et droit moderne, Paris 1970, en particulier p. 41.

[5] Chiffre obtenu par Hélène LARCHER, Tam Parisius quam alibi. Unité et pluralité de la chancellerie royale au temps de Charles VII, 1418–1461, thèse pour le diplôme d'archiviste paléographe, dactylographiée, 2 vol., Paris 2008.

[6] Archives historiques du Poitou, Recueil des documents concernant le Poitou contenus dans les registres de la chancellerie de France: Poitiers, 1881–1958, t. 11–56, éd. Léonce CELIER, Paul GUERIN, t. 56 (tables), désormais abrégé Archives historiques du Poitou.

[7] Résultats obtenus par Fabienne MOULE-ARGIEWICZ, L'abolition, une politique du pardon, de la Praguerie (1440) à la reconquête du royaume (1453), master 1, université

que plusieurs mesures d'abolition générale ont été prises par le roi pour les gens de guerre au moins à partir de 1445, mais leurs textes n'ont pas toujours été retrouvés[8]. Une lettre d'abolition générale, octroyée en 1448 aux »gens de Bourgogne«, est évoquée dans une plaidoirie du parlement du 24 juillet 1452, où il est dit que le roi »quicte, remet et pardonne tous les maulx et delitz par euls perpetrez depuis le traictié fait a Arras jusques a la date des dictes lectres contre toutes personnes et adnulle et mect au neant tous proces qui par raison de ce estoient ou pourroient estre intentez«[9]. Partout, et surtout dans les zones sensibles, la grâce royale a géré l'oubli de façon systématique, en éloignant les exécutions fracassantes ou nombreuses, car tout a été prévu pour que les sujets puissent revenir sans crainte vers leur seigneur naturel.

Quelles ont été les raisons de ce succès? La question revient en fait à se demander par quelle alchimie s'est construite la paix. On attendait des punitions, il y eut des pardons scellés par des lettres royales: comment s'est développé ce procédé qui a imposé l'oubli? La volonté royale passe par un type d'acte de la chancellerie, la lettre d'abolition, qui est l'une des formes de la grâce royale. La nature de l'acte et l'analyse du vocabulaire devront donc retenir en premier lieu l'attention. Puis il conviendra de comprendre comment cet acte de grâce, individuel ou collectif, est devenu un ordre d'oublier. Quels en sont les usages sociaux? Quelle contrepartie est imposée aux sujets? La question est alors de savoir comment l'obéissance a pu devenir le revers indispensable du pardon et de l'oubli.

La chancellerie royale n'invente pas la lettre d'abolition au milieu du XVe siècle. Pour ne prendre que des exemples célèbres, Philippe le Bel en accorde une à Édouard II en 1313, Jean le Bon au roi de Navarre, Charles, en 1353, et au duc de Normandie, le futur Charles V, en 1355[10]. Charles VI adresse une lettre d'abolition aux nobles poitevins révoltés en 1416[11]. Mais le nombre des abolitions augmente considérablement sous le règne de Charles VII. La lettre d'abolition n'est pas non plus la seule manifestation écrite de la grâce royale. Celle-ci prend des formes extrêmement diverses, si bien

Paris 1 Panthéon-Sorbonne, 2003, dactylographié: qu'elle soit ici remerciée, car la présente recherche doit beaucoup à son travail novateur.

[8] De nombreuses lettres d'abolition du Poitou mentionnent une abolition générale, par exemple celle de Jean Marsillac en août 1445, qui avait servi sous Jean de La Roche: »Et d'iceulx cas icellui suppliant dit par nous avoir esté octroyé abolicion generale aus diz gens de guerre«, dans: Archives historiques du Poitou, t. 29 (1898), p. 209. La lettre d'abolition générale serait antérieure au 20 avril 1445, ibid., n. 1. Autre référence à une abolition générale, qui est sans doute postérieure, dans un procès au parlement: l'avocat Rapiout pour les frères Pluscalec, arguant du fait que le roi »a donné abolicion generale a tous gens de guerre soubz laquele ils sont compris«, Archives nationales (désormais abrégées AN), X2a 24, fol. 224r, 26 février 1448.

[9] AN, X2a 25, fol. 194r, 24 juillet 1452.

[10] Nombreux exemples dans le manuscrit conservé à la Bibliothèque nationale de France (désormais abrégée BnF), français 18 433, fol. 60r–63r, 68r–70r, 72r–75r, etc.

[11] Citée dans: Archives historiques du Poitou, t. 26 (1896), p. 306–311.

que les spécialistes de la diplomatique comme ceux de la grâce ont décrit une »typologie foisonnante«[12]. En matière criminelle, les deux formes principales sont la rémission et l'abolition. La rémission est octroyée par les rois de France à partir de 1304, et on peut dire que l'apparition des deux formes d'actes est sensiblement concomitante. La définition de la rémission est maintenant bien connue, et il est possible de reprendre celle que j'ai donnée en 1991, que je me permets de rappeler ici:»La lettre de rémission est un acte de la chancellerie par lequel le roi octroie son pardon à la suite d'un crime ou d'un délit, arrêtant ainsi le cours ordinaire de la justice, qu'elle soit royale, seigneuriale, urbaine ou ecclésiastique«[13]. Il n'existe pas de définition équivalente pour l'abolition, qui a été finalement peu traitée en tant que telle par les historiens comme par les historiens du droit. Concernant le règne de Charles VI et pour avoir une vue globale de la grâce, j'avais moi-même choisi de ne pas la distinguer de la rémission[14]. Mais, pour traiter des formes du pardon politique et de l'oubli royal, il faut tenter de les différencier et savoir si l'abolition constitue un type d'acte clairement défini.

D'un point de vue diplomatique, rémissions et abolitions sont des lettres patentes rédigées indifféremment en latin ou en français, et pour la plupart en français, selon la langue administrative devenue usuelle à cette époque[15]. Le choix de la langue n'interfère donc pas pour définir le type d'acte et son degré de solennité, comme le montrent d'ailleurs les exemples retenus dans le formulaire d'Odard Morchesne, qui donne comme seul exemple de lettre d'abolition un texte rédigé en français, alors qu'il comporte un exemple de lettre de rémission rédigée en latin aux côtés d'exemplaires en français[16]. Quant aux lettres d'abolition conservées pour le Poitou, elles sont toutes rédigées en français.

En ce qui concerne l'enregistrement, la lettre d'abolition doit être enregistrée pour être valide, tout comme la lettre de rémission. La spécificité de l'abolition est-elle cependant visible dans les formes que suit l'enregistrement en chancellerie, en particulier par le type de sceau que le roi appose au

---

[12] Olivier GUYOTJEANNIN, Jacques PYCKE, Benoît-Michel TOCK, Diplomatique médiévale, Turnhout 1993, p. 108. De façon générale, voir Georges TESSIER, Diplomatique royale française, Paris 1962, et sur les différentes formes de la grâce: Pierre DUPARC, Les origines de la grâce dans le droit pénal romain et français du Bas-Empire à la Renaissance, Paris 1951, en particulier p. 129. À compléter par Yves-Bernard BRISSAUD, Le droit de grâce à la fin du Moyen Âge (XIVe–XVe siècles). Contribution à l'étude de la restauration de la souveraineté monarchique, thèse de droit dactylographiée, université de Poitiers 1971.

[13] Claude GAUVARD, De grace especial. Crime, État et société en France à la fin du Moyen Âge, 2 vol., Paris 1991, t. 1, p. 63.

[14] Ibid., chap. 2.

[15] Serge LUSIGNAN, La langue des rois au Moyen Âge. Le français en France et en Angleterre, Paris 2004.

[16] Olivier GUYOTJEANNIN, Serge LUSIGNAN et al. (éd.), Le formulaire d'Odart Morchesne dans la version du ms BnF fr. 5024, Paris 2005, p. 423–429.

bas de la lettre et par la couleur de la cire qui le retient? Il reste difficile de répondre de façon catégorique, mais il faut certainement nuancer considérablement les éléments d'opposition entre les deux actes. Rémissions et abolitions mentionnent le plus souvent le sceau sans autre précision. »Ut firma stabiliaque perpetuis durent temporibus, nostrum presentibus jussimus apponi sigillum« ou »Et afin que ce soit chose ferme et estable a tousjours, nous avons fait mettre nostre seel a ces presentes« constituent les formules les plus fréquentes[17]. Il s'agit donc certainement et le plus souvent d'un sceau simple. Surtout, les abolitions, comme les rémissions du règne de Charles VII, comportent des formules finales réduites, introduites en abrégé par »etc.«, sur le modèle de celle qui a été accordée en mai 1447 à Pierre Quissarme, homme de guerre qui avait servi sous Jean de La Roche: »Et afin, etc., nous avons, etc. Sauf, etc.«[18]. C'est dire que l'attention au sceau ne retient pas la mémoire des notaires de la chancellerie chargés de conserver l'acte au Trésor des chartes. Qu'en est-il de la couleur de ce sceau quand elle est connue? On sait que la plupart des lettres de rémission sont scellées de cire verte pour affirmer leur pérennité, mais elles le sont également de cire jaune ou blanche, voire expédiées sous le sceau du secret[19]. Pour certaines, le petit sceau semble suffisant. Il s'agit donc d'actes qui peuvent être banalisés. Il n'existe malheureusement pas d'analyses comparables pour les lettres d'abolition *stricto sensu*. Quelques éléments permettent néanmoins d'établir une comparaison, sur laquelle les historiens se sont fondés, à tort, pour penser que les lettres d'abolition étaient toujours solennelles, car elles étaient exclusivement scellées en cire verte et munies du Grand Sceau.

Jean Chartier, dans sa »Chronique de Charles VII«, précise que les auteurs de la Praguerie, en 1440, ont dû »tous avoir grace du roy et remission seellée de son grand seel de cire verte, comme on disoit, mesmement le duc de Bourbon, qui estoit le principal auteur«[20]. L'acte peut donc être qualifié de solennel puisqu'il allie cire verte et Grand Sceau, mais la réalité a été plus complexe que ne le laisse supposer le chroniqueur. La lettre d'abolition que reçoit Charles Ier de Bourbon, qui a été conservée, précise justement que le

---

[17] Ibid., p. 427, 429.

[18] AN, JJ 178, pièce 178, mai 1447, lettre adressée au sénéchal de Poitou, éditée dans: Archives historiques du Poitou, t. 32 (1903), p. 6–9.

[19] Pascal TEXIER, La rémission au XIVe siècle: significations et fonctions, dans: La faute, la répression et le pardon. Actes du CVII[e] congrès national des sociétés savantes (Brest 1982), Bulletin philologique et historique (jusqu'à 1610), t. 1, Paris 1984, p. 193–205, ici p. 195, n. 12. Sur ces modes de scellement, voir Robert-Henri BAUTIER, Recherches sur la chancellerie royale au temps de Philippe VI, dans: Bibliothèque de l'École des chartes 122 (1965), p. 313–459, ici p. 387–389.

[20] Jean Chartier, Chronique de Charles VII, roi de France, éd. Auguste VALLET DE VIRIVILLE, 3 vol., Paris 1858, t. 1, p. 258.

roi l'a émise en faisant »mectre nostre seel ordonné en l'absence du grant«[21]. Si on ne sait effectivement rien sur la couleur de la cire, le sceau employé est le simple sceau, et on peut se demander si Jean Chartier n'a pas inventé la référence au Grand Sceau pour donner un lustre supplémentaire au récit du pardon royal. Il est possible aussi que Jean Chartier se fasse l'écho des débats qui existent au même moment pour réserver l'usage du Grand Sceau aux abolitions royales. En effet, les contemporains sont sensibles aux différences d'enregistrement qui devraient distinguer la rémission de l'abolition. Un procès au parlement, en 1446, permet de le croire. L'affaire oppose la comtesse d'Étampes et de Vertus à Jean, bâtard de Vergy, le procureur du roi agissant aux côtés de la comtesse, demanderesse. Le procureur du bâtard de Vergy présente à la cour de parlement la lettre d'abolition que son client a obtenue du roi à la suite de ses méfaits pendant la guerre et demande son entérinement. L'avocat Barbin, pour le procureur du roi, refuse cet entérinement: il argue que ces lettres »ne sont pas en forme deue car deussent estre en laz de soye et cire vert et elles sont en cire jaune et a double queue [...], si bien que peccant in materia et forma et par ce sont inciviles et desraisonnables et n'y doit la court obtemperer«[22]. Or il s'agit bien d'une lettre d'abolition, car le terme est employé par les parties en présence et par le greffier du parlement, qui conclut l'affaire par la mention suivante: »Appoincté est que la court verra lesdites lettres d'abolicion et tout ce que les parties vouldront produire et au conseil«. L'abolition est devenue un type d'acte spécifique, ce que confirme le contenu des plaidoiries, car le propos des demandeurs cherche justement à confondre abolition et rémission, tandis que les défendeurs tentent de les distinguer. Nous y reviendrons.

Peut-on étendre cette controverse et penser que les abolitions doivent être nettement distinguées des rémissions par l'usage exclusif du sceau solennel? Il ne le semble pas. Les précisions données au parlement sont le fait de juristes chevronnés, plus pointilleux que les notaires et secrétaires de la chancellerie, qui, comme on l'a vu, ne précisent pas toujours la nature du sceau apposé. Le procureur du bâtard de Vergy, Thibault Garnot, qui est présent au procès et emploie le terme d'abolition, est un juriste qualifié de »maître«. Pour ces hommes de droit, l'abolition doit être un acte diplomatique spécifique. Dans la pratique, l'absence du Grand Sceau n'empêche pas l'abolition d'être effective, même s'il s'agit d'un prince du sang, comme dans le cas du duc de Bourbon. Quant aux lettres d'abolition accordées aux villes, malgré leur solennité, il ne semble pas que la nature du sceau ait joué un rôle pré-

---

[21] Document édité par Paul DUPIEUX, La paix de Cusset, dans: Bulletin de la Société d'émulation du Bourbonnais, 1945, p. 385–394, 441–451, ici p. 449–551, en particulier p. 551.
[22] AN, X2a 24, fol. 129v. Texte de la lettre d'abolition obtenue par le bâtard de Vergy dans: Alexandre TUETEY, Les écorcheurs sous Charles VII, 2 vol., Montbéliard 1874, t. 2, p. 411.

pondérant: »Nous avons faict mettre nostre Séel à cesdictes présentes« constitue la formule la plus fréquente[23]. Il est rare que, comme à »Acqs« en juillet 1451, il soit précisé que le Grand Sceau est employé, apparemment à la demande des habitants[24].

Le mode d'entérinement de la lettre d'abolition est-il plus solennel que celui de la rémission? On sait que les rémissions devaient être validées par le juge royal dont dépendaient les parties, en général le bailli ou le sénéchal du lieu[25]. En ce qui concerne l'abolition, l'étude reste à faire, soit en repérant les procès auxquels l'entérinement a pu donner lieu, soit en recensant les lettres d'abolition conservées localement. Les archives du parlement de Paris mentionnent quelques entérinements effectués par la cour, comme on vient de le voir pour Jean, bâtard de Vergy[26]. Mais on peut se demander si le parlement est saisi de l'affaire à cause de la condition nobiliaire du requérant ou du type d'acte en cause, c'est-à-dire de l'abolition proprement dite. Les lettres recensées pour le Poitou sont en général adressées au sénéchal de Saintonge, mais elles peuvent aussi l'être au parlement et à d'autres baillis et sénéchaux du royaume, sans que la logique de l'adresse soit clairement apparente[27]. Il serait cependant intéressant de savoir si le parlement de Paris a exercé une sorte de monopole en matière d'abolition. Il semble bien que, pour certains cas ou individus, il ait été nécessaire de se rendre en personne auprès du roi pour obtenir l'abolition, démarche suivie par l'entérinement de la lettre au parlement, et que l'inverse soit l'exception. Le cas de Guy de La Roche incite à le penser, qui obtint, par autorisation spéciale, le droit de faire entériner ses lettres d'abolition de juin 1446 par le sénéchal de Poitou

comme se faicte estoit en nostre court de parlement, sanz ce que ilz ne aucun d'eulx soient tenuz presenter ces dictes presentes pour avoir l'enterinement d'icelles, ne autrement les verifier ou enteriner, ne pour ce comparoir ailleurs que par devant ledit

---

[23] Urdonnances des roys de France de la troisième race, 22 vol., Paris 1723–1849, t. 14 (désormais abrégées ORF): par exemple p. 114 (Bergerac), p. 167 (Saint-Émilion), p. 177 (Bayonne), etc.

[24] Ibid., p. 159: »le roy leur donnera et octroyera ses lettres patentes séellées de son grant Séel, en la meilleur forme que faire se pourra et devra«. Il s'agit d'Asques, Gironde, canton de Fronsac.

[25] GAUVARD, De grace especial (voir n. 13), p. 67.

[26] Voir le cas de Jean, bâtard de Vergy, cité n. 22.

[27] La lettre d'abolition émise en août 1445 en faveur de Jean Marsillac, qui a pris part à des actions contre le roi en Poitou (à Niort et à Saint-Maixent) et en Bourbonnais, selon les seuls lieux cités dans le texte, est donnée en mandement »à noz amez et feaulx conseillers les gens tenans et qui tendront nostre Parlement, aux prevost de Paris, bailliz de Vermendois, de Sens, de Montargis, de Saint Père le Moustier, de Touraine et des ressors et Exemptions d'Anjou et du Maine, seneschaulx de Poictou, de Lymosin, de Xanctonge et gouverneur de la Rochelle, et à tous noz autres justiciers, etc.«, dans: Archives historiques du Poitou, t. 29 (1898), p. 210. Pourquoi tous ces juges royaux ont-ils reçu mandement de cette abolition? Est-ce seulement pour la publication de l'acte?

seneschal ou son lieutenant, ne devant quelconque autre juge ne en quelque juridicion que ce soit[28].

Quant aux lettres d'abolition adressées aux villes, elles mentionnent presque systématiquement que l'entérinement doit être opéré par le parlement[29]. C'est l'affaire du royaume tout entier, dont la cour de justice a le devoir de connaître et de préserver l'intégrité. La solennité de l'acte semble donc acquise en ce milieu du XVe siècle, au moins dans certains cas politiques. C'est là une piste à creuser, car la démarche d'entérinement n'est pas anodine: elle implique que le requérant se soit auparavant déplacé en personne, que sa supplication soit corporellement marquée par une attitude humble, éventuellement avec génuflexion. Le pardon royal en sort magnifié, en même temps que, par ce biais, le parlement exerce son contrôle sur la justice retenue.

Enfin, la lettre d'abolition est publiée et, dans certains cas, elle peut donner lieu à une publication solennelle, localement, sous forme de cri public. Le cas de la lettre accordée à Jacques de Pons, en avril 1446, est à cet égard exemplaire, quoique exceptionnel[30]. L'original de la lettre comporte, au revers, les procès-verbaux des différentes publications dans la ville de Saint-Jean-d'Angély, dans celle de Saintes, avec une publication spéciale au siège de la cour de la sénéchaussée de cette ville, et une autre à Cognac, siège d'une prévôté royale. Ces publications ont lieu les 20, 22 et 23 août 1446, soit quatre mois environ après que Charles VII a émis la lettre d'abolition à Chinon. Elles sont solennelles dans la mesure où il est bien précisé qu'elles ont lieu »par cry public et son de trompe« et que le nom du crieur est mentionné ainsi que ceux de ses accompagnateurs, à la fois garants et témoins, qui sont tous et partout des »honorables« ou »sages« personnes en nombre impressionnant, soit environ une dizaine de personnes pour chaque cri[31]. La publicité est aussi clairement assurée: à Saint-Jean-d'Angély, le cri est répété aux »lieux et carrefours accoustumez a faire cris en ladicte ville« puis en plein marché, le 20 août étant un samedi; à Saintes, ce même samedi, c'est un autre greffier de la sénéchaussée de Saintonge, Arnaud Usain, qui assure la publication dans les mêmes conditions; au siège de Saintes, c'est aussi un greffier qui s'en charge le 22 août; à Cognac, la scène se passe le 23 août, »devant la croix, lieux accoustumé à faire cris et publications«, et le cri est confié à Guillaume Laisné, dont on ne précise par la profession, mais qui est commis par le juge

---

[28] Ibid., p. 364–379, ici p. 378.
[29] Par exemple à Caen et pour les villes de Normandie en 1450: ORF, t. 14, p. 96–98.
[30] Lettre publiée dans: Archives historiques de la Saintonge et de l'Aunis 21 (1892), p. 250–260.
[31] À Saint-Jean-d'Angély, le crieur est Jehan Dumoulin, clerc et greffier de la cour de la sénéchaussée de Saintonge, au siège de Saint-Jean-d'Angély, commis par le lieutenant du sénéchal. Sur la signification du cri dans l'espace public, voir Didier LETT, Nicolas OFFENSTADT (dir.), Haro! Noël! Oyé! Pratiques du cri au Moyen Âge, Paris 2003.

de la prévôté. Ces solennités n'existent pas pour les lettres de rémission, même si certaines ont certainement été criées pour restaurer les requérants dans leur renommée. Toutes les lettres d'abolition n'ont cependant pas été publiées sur le modèle de celle de Jacques de Pons, loin s'en faut! Il faut donc rester très prudent sur le rôle de la publication dans la construction du pardon et de l'oubli.

Dans l'état actuel des recherches, les aspects diplomatiques ne sont pas tous déterminants pour distinguer la rémission de l'abolition et faire de l'abolition un acte de chancellerie solennel, réservé à certaines formes de pardon. Il est néanmoins possible qu'un effort de clarification ait accompagné le flot de lettres d'abolition émises par la chancellerie de Charles VII au milieu du XVe siècle et qu'on assiste à une différenciation de plus en plus affirmée entre les deux types de lettres. Le formulaire de 1427 les distingue, mais sans donner une importance excessive à l'abolition, qui, à la différence des rémissions, ne comporte aucun commentaire de la part de son auteur. Il n'en est plus tout à fait de même une vingtaine d'années plus tard, comme l'ont suggéré les propos de Jean Chartier et le procès de Jean, bâtard de Vergy. Les pratiques de chancellerie montrent aussi que le roi est particulièrement attentif à l'octroi des abolitions. Dans une thèse récente et encore inédite, Hélène Larcher a étudié la chancellerie du règne de Charles VII, entre 1436 et 1461, au moment où l'écriture et l'expédition des actes sont réparties entre la chancellerie qui siège au parlement de Paris et celle qui reste auprès du roi, principalement en Val de Loire, où il réside le plus souvent[32]. Auprès du roi et du chancelier se trouve le Grand Sceau; au parlement, le simple sceau.

Or, en matière de justice retenue, les affaires traitées dans les deux chancelleries ne sont pas exactement de même nature. Si les rémissions sont indifféremment réparties dans l'un et l'autre bureau, il n'en est pas de même des abolitions, qui sont presque exclusivement le fait de la chancellerie de la cour royale. Hélène Larcher a repéré 1375 lettres de rémission expédiées par la chancellerie du Palais à Paris, contre 965 pour la chancellerie de la cour du roi, ce qui les répartit de façon un peu inégale, mais sans excès. En revanche, la chancellerie établie auprès du roi expédie 134 lettres d'abolition, tandis que celle du Palais à Paris n'en émet que trois[33]. C'est dire que le roi ne délègue guère son pouvoir en la matière et qu'il entend au moins le superviser de près, alors qu'il peut facilement permettre à ses officiers parisiens de remettre des crimes à sa place. On peut donc dire qu'en ce milieu du XVe siècle, l'abolition s'est de fait distinguée de la rémission puisque le roi se réserve en priorité sa rédaction, mais que ce monopole ne s'est pas toujours traduit par des pratiques diplomatiques différentes.

32 LARCHER, Tam Parisius quam alibi (voir n. 5). L'auteur a recensé au total 2914 actes émis aux deux endroits de la chancellerie royale.
33 Ibid., t. 1, p. 326.

L'abolition ne se saisit donc pas toujours de façon nette, et il convient d'entrer plus avant dans les différentes phases de la lettre et d'analyser son vocabulaire. Prenons l'exemple de Jehan de Fresneau, écuyer, qui a commis des crimes pendant les guerres sur une durée de vingt-cinq ans. C'est un cas banal d'abolition[34]. L'»humble supplication« du coupable commence par décrire les services rendus au roi, puis énumère les principaux pillages, »détrousses« et autres excès qui réclament le pardon royal. Le roi accorde finalement sa grâce par cette formule:

avons remis, quicté, aboly et pardonné, etc., remettons, quictons, pardonnons et abolissons les faiz et cas dessusdiz avec autres quelzconques, que ledit suppliant, à l'occasion des dictes guerres et durans icelles, et le temps qu'il a servy, il a fait, commis et perpetré; lesquelz voulons ici estre tenuz pour exprimez, sans ce qu'il soit besoing d'en faire autre declaracion, avec toute peine, amende et offense corporelle, criminelle et civile[35].

Comparons-la à celles des rémissions couramment octroyées: les expressions de la grâce sont différentes. Les formules de la rémission se déroulent en une sorte de litanie parfaitement codée dont les variantes sont rares. Prenons un exemple de cette codification, emprunté au règne de Charles VI:

avons quittié, remis et pardonné et de nostre auctorité royale et grace especial remettons, quittons et pardonnons avecques toute peine, amende et offense criminelle et civile que pour ce ont encouru envers nous, et les restituons a sa [sic] bonne fame et renommee, au païs et a leurs biens par ledit ban non confisquez, en imposant sur ce silence perpetuel a touz nos officiers, satiffaction faicte a partie premierement et avant tout euvre se faicte n'est[36].

Ces formules de pardon correspondent à une rémission classique, car le cas d'homicide traité dans la lettre concerne plus de la moitié des grâces octroyées par le roi. Elle s'adresse à deux frères pour la mort d'un homme à la suite d'une rixe commise à Bucy-sur-Aisne en 1381[37]. L'échange de coups était destiné à réparer un honneur blessé, ici celui de leur sœur qui avait été injuriée dans le but d'être prostituée. L'auteur des injures, un dénommé Longuepance, meurt dans la nuit qui a suivi la lutte, et les deux frères se réfugient en »lieu saint« où ils restent pendant un mois pour attendre ce qu'il adviendra, l'un d'eux étant grièvement blessé. Ils sont très logiquement »appelés à ban« par la justice du lieu. La lettre décrit alors un scénario plausible: susceptibles d'être condamnés à mort, ils peuvent réussir à s'enfuir avant la condamnation, si bien qu'ils seront, eux et leurs femmes et enfants »desers et fuitifs par estranges païs«. D'où la grâce royale, qui est octroyée très rapide-

---

[34] Archives historiques du Poitou, t. 29 (1898), p. 217–220.
[35] Ibid., p. 220.
[36] AN, JJ 120, Pièce 33, 22 décembre 1381, lettre adressée au bailli de Vermandois.
[37] Bucy-sur-Aisne, act. Bucy-le-Long, Aisne, canton de Vailly-sur-Aisne.

ment après les faits, puisque la rixe a eu lieu le 6 octobre et que la lettre est émise le 22 décembre. La différence entre les deux formulations est nette. Outre l'absence de satisfaction à partie, sur laquelle nous reviendrons, le mot clé de la lettre d'abolition est bien le verbe »abolir«. Il fait référence à l'effacement total qui, selon le »Dictionnaire de la langue française Godefroy«, permet de »détruire une chose de manière qu'elle ne puisse renaître«, le mot »aboliture« désignant tout ce qui doit être détruit. L'»abolitio« implique alors l'amnistie, qui dérive du mot grec »amnêstia«, ce qui est privé du souvenir car privé de mémoire. Mais cette privation est le fait d'un acte volontaire, car »amnêstia« est le présent d'un verbe grec irrégulier qui signifie »oublier volontairement«[38]. Son usage dans le royaume de France fait référence à un passé romain, celui de la *lex oblivionis*, qui permettait d'octroyer la grâce au début du règne d'un empereur ou à l'occasion de la fête impériale des *Vota*. Il s'agissait là de grâces collectives qui se sont poursuivies pendant le haut Moyen Âge à l'occasion des fêtes pascales, sous la forme de l'*abolitio paschalis*. Nul doute que l'influence romaine, dont on sait qu'elle se développe dans le monde judiciaire au milieu du XVe siècle, en particulier par le biais du droit, est ici flagrante. C'est l'argument général repris par les historiens, en particulier par les spécialistes de la diplomatique, pour distinguer rémission et abolition[39]. La lettre d'abolition serait en priorité collective, car dérivée des grâces romaines. En effet, l'acte peut être émis pour une collectivité, en particulier lors de la capitulation d'une ville ou pour pardonner à des insurgés. Tel est le cas d'ailleurs du modèle retenu par Odart Morchesne, qui concerne l'abolition octroyée par le futur Charles VII au »païs de Languedoc« entre 1418 et 1422. Le dauphin déclare dans la lettre:

aboly et abolissons de grace especial et auctorité royal dont nous usons a tous ceulz, soient communitez ou singulieres personnes, de quelque estat ou condicion qu'ilz soient, qui se vouldront réduire et remettre en la vraye obeïssance de mondit seigneur et nous ou temps passé jusques a present oudit païs de Languedoc a l'occasion desdictes divisions et desobeïssances, avec tous appeaulx et bannissemeno qui pour çe peuent ensuiz[40].

Il s'agit donc d'une abolition collective qui s'adresse indifféremment aux communautés et aux individus pour solder les actions passées. C'est aussi le cas des abolitions que Charles VII octroie aux villes reconquises, par exem-

[38] Voir FOVIAUX, La rémission des peines (voir n. 4), p. 16, n. 7.
[39] »On parle plutôt, par convention, car leur vocabulaire est incertain, de lettres d'abolition quand elles sont collectives«: GUYOTJEANNIN, PYCKE, TOCK, Diplomatique médiévale (voir n. 12), p. 108.
[40] GUYOTJEANNIN, LUSIGNAN et al. (éd.), Le formulaire d'Odart Morchesne (voir n. 16), p. 428–429. On peut comparer avec le texte destiné à ce même Languedoc en mai 1448: ORF, t. 14, p. 16. Même chose pour les habitants du Périgord, ibid., p. 20 et ceux du Poitou, dans: Archives historiques du Poitou, t. 29 (1898), p. 413.

ple en Normandie en 1449 – à Rouen, à Bayeux et à Caen – ou dans le Sud-Ouest en 1450 – à Bergerac, Bayonne ou Saint-Émilion[41]. Mais les abolitions sont loin d'être exclusivement collectives, et de nombreux particuliers bénéficient d'abolitions à titre individuel. Un certain nombre d'écorcheurs en ont reçu, comme le comte de Vaudémont en 1443, Jean de Blanchefort en mars 1446, ou Robert de Floques en août 1448[42]. Parmi les abolitions individuelles, il faut cependant distinguer celles qui le sont *stricto sensu* de celles qui sont attribuées à des individus représentant le sous-groupe qu'ils étaient censés diriger. Les secondes ont un caractère collectif plus affirmé: il s'agit de »pardonner lesdiz cas par eulx et les aucuns d'eulx et leurs dictes gens commis«, comme le précise une lettre d'abolition d'avril 1448 en faveur des frères Apchier[43]. Parfois, la lettre mentionne le nom d'un certain nombre de subalternes ou de compagnons: c'est le cas de la lettre en faveur du bâtard de Vergy, et, dans la plaidoirie citée précédemment, il est bien précisé que l'abolition concerne aussi trois de ses compagnons, Louis de Montcourt, Matthieu de Saint-Loup et Gillet Daubenton. Dans la lettre accordée à Jean de La Roche le 9 avril 1431, plus de 150 hommes de guerre sont nommés, qui ont pu bénéficier des bienfaits de l'abolition en même temps que leur chef[44]! Dans celle qui est accordée à Jacques de Pons en avril 1446, plus d'une centaine d'individus sont aussi nommés, auxquels s'ajoutent des paroisses et leurs habitants; en outre, Jacques de Pons reçoit l'autorisation d'étendre cette abolition à d'autres participants »qui l'ont servy, aidé, favorisé, et conforté es choses dessus dictes«, à condition de les »avouer« et de les »nommer et bailler par escript es registres de notre seneschaussee de Xaintonge« dans un délai de six semaines après la publication de cette première lettre[45].

Les abolitions individuelles peuvent aussi se référer à une abolition générale dont le bénéficiaire demande l'application à son cas particulier. La lettre rappelle alors que le roi a donné »abolicion generalle a tous les gens d'armes et de trait qui se sont exposez en nostre service es dictes guerres«, par exemple pour Bertrand de Chanac en 1447[46]. C'est la raison pour laquelle, en Poitou, les trois quarts des lettres conservées sont datées de 1446, soit un an après l'abolition générale du pays, dont on sait qu'elle eut lieu en 1445, mais dont le texte, comme on l'a dit, n'a pas été retrouvé. Certains requérants, simples hommes d'armes, peuvent aussi rappeler que le roi a déjà aboli leur

---

[41] ORF, t. 14, p. 75–78 (Rouen), p. 93–95 (Bayeux), p. 96–98 (Caen), p. 113–114 (Bergerac), p. 176–177 (Bayonne), p. 166–167 (Saint-Émilion).
[42] André PLAISSE, Un chef de guerre du XVe siècle, Robert de Flocques, bailli royal d'Évreux, Évreux 1984, p. 256.
[43] TUETEY, Les écorcheurs (voir n. 22), t. 1, p. 73, t. 2, p. 438, 445.
[44] Archives historiques du Poitou, t. 29 (1898), p. 8–20.
[45] Lettre citée n. 30.
[46] Archives historiques du Poitou, t. 29 (1898), p. 413.

capitaine et que cette mesure s'applique à l'ensemble de ses gens. Le roi le reconnaît dans la lettre qu'il octroie en précisant, par exemple à propos de l'un des hommes de Jean de La Roche, Pierre Quissarme, déjà cité, que »icelui Jean de la Roche obtint de nous pour lui et tous ses gens et serviteurs dont ledit suppliant estoit ung, nos lettres d'abolicion generalle«[47]. D'autres sont »gens d'Église, nobles, bourgeois et habitants« de villes ou de régions qui ont bénéficié d'une mesure de grâce collective, comme à Neufchâtel en septembre 1449[48]. De même, à Valognes, le roi permet à un habitant de la ville, Pierre du Fiquet, de bénéficier »de l'effet et contenu d'icelle [abolition] et qu'il soit comprins en ladicte abolicion et composicion octroyée ausdis habitans de Valoignes«, et à un marchand poitevin, Jean Gendrot, de celle »generalement donnée aux habitans dudit païs de Poictou«[49]. Pour bénéficier de la grâce, il suffit donc aux divers requérants de prouver leur appartenance au chef du groupe qui a obtenu l'abolition ou au groupe lui-même qui a été aboli. Cependant, si ces lettres sont bien des applications générales de mesures collectives, elles restent individuelles dans la mesure où le bénéficiaire demande seul et de manière nominative une grâce qui lui est accordée à titre personnel. Le requérant éprouve même souvent le besoin de faire confirmer la mesure collective qu'il évoque par une lettre qui lui est adressée individuellement. Tout se passe comme si cette mesure générale n'était pas suffisamment fiable et comme si les requérants avaient besoin de posséder la preuve scellée du pardon. C'est le cas par exemple de la lettre que réclame Jehan Marin en avril 1446: il a suivi les armes depuis son jeune âge et il avoue avoir commis un certain nombre de méfaits graves comme »prendre et destrousser, batre et raençonner gens et bestiaulx, maisons, grains et autres biens, et fait des maulx, inconveniens, pilleries et larrecins sur nostre dit peuple et subgiez, dont il ne se pourroit remembrer«[50]. Il prétend craindre alors la justice et, rappelant que le roi a donné une abolition générale à tous ceux qui ont suivi les guerres, il requiert qu'»il nous plaise nostre dite grace lui eslargir«. Pour certains, le maniement et l'application de l'abolition générale ne sont donc pas assez sûrs, peut-être parce que cette pratique est récente

---

[47] Voir n. 18. Le contenu de l'abolition précise bien que les crimes de Pierre Quissarme commis pendant les événements de la Praguerie ont été abolis par l'intermédiaire de la lettre obtenue par Jean de La Roche, sans doute dans un document daté du 14 septembre 1440, mais non retrouvé.

[48] ORF, t. 14, p. 65. Il s'agit de Neufchâtel-en-Bray (Seine-Maritime), ch.-l. c.

[49] Pour Pierre du Fiquet, abolition éditée par Émile COSNEAU, Le connétable de Richemont, Arthur de Bretagne (1393–1458), Paris 1886, p. 635. Il s'agit de Valognes (Manche), ch.-l. c.; pour Jean Gendrot, Archives historiques du Poitou, t. 32 (1903), p. 94.

[50] Archives historiques du Poitou, t. 29 (1898), p. 327. Même souci dans la lettre de Jean Marsillac où, après avoir rappelé l'abolition générale (citée n. 8), il est précisé: »Neantmoins icellui suppliant, pour ce que d'icelle abolicion ne sauroit faire obtencion, doubte«.

et qu'elle peut donner lieu à des contestations en justice. Peut-être aussi parce que la grâce royale crée des liens personnels avec le roi, qui sont valorisants. Certaines lettres d'abolition peuvent être plus nettement individuelles encore. Ainsi, pour poursuivre l'exemple de Pierre Quissarme, simple homme d'armes, la lettre qu'il obtient en 1447, couvre les méfaits personnels qu'il a commis depuis la lettre conférée à Jean de La Roche en 1440, en particulier des vols successifs dont il a été l'auteur depuis un an et demi. Sa demande porte sur ces crimes, car »il doubte que, à ceste cause, justice lui soit rigoureuse et veuille proceder à l'encontre de lui à pugnicion corporelle«, mais il demande aussi grâce pour l'ensemble des méfaits qu'il a pu commettre pendant les guerres »tant pour raison desdiz cas derreniers commis que pour ceulx qu'il puet avoir faiz paravant ladicte abolicion, et sanz avoir regard à icelle, se nostre grace ne lui estoit sur ce prealablement impartie«[51]. La lettre d'abolition est mêlée ici considérablement de rémission. D'autres cas sont encore plus nets: l'écuyer Louis de Barbezières obtient une lettre d'abolition en septembre 1447 pour un ensemble de détrousses dont il s'est rendu coupable pendant la guerre, et spécialement pour le meurtre d'un homme d'armes de la compagnie du sénéchal de Poitou. Le récit ressemble étrangement à celui que peuvent contenir les lettres de rémission *stricto sensu*, et seules les formules de pardon indiquent qu'il s'agit d'une abolition, car elle comporte: »avons quicté, remis, pardonné et aboly«[52].

Pour mieux comprendre la différence entre les deux types de documents, revenons sur le déroulement de la rémission. Elle est très majoritairement individuelle. Son bénéficiaire requiert lui-même sa grâce ou, s'il est en fuite, fait intercéder ses »parents et amis charnels«; puis il décline son identité, ce qui lui permet de mettre en valeur son appartenance au royaume, son métier et sa parenté. Il affirme sa bonne réputation et il lui oppose celle, en général mauvaise, de la victime qui a été, bien sûr, le premier agresseur... Le but est de prouver que le requérant a agi en légitime défense, sans »aguet apensé«. Il s'agit d'un homicide commis de »chaude cole«, non d'un meurtre. La description de la scène le prouve, en un récit vivant où le crime est rarement nommé[53]. La requête en grâce se termine enfin par d'éventuelles mentions d'affliction ou de contrition, le coupable étant »moult dolent et courroucié«, et parfois, avant de trépasser, l'adversaire peut lui avoir pardonné. Par la vertu du récit de rémission, le coupable s'est transformé en une sorte de victime que le roi peut facilement gracier. Surtout, sa contrition a changé le criminel qu'il était en pénitent, et la grâce royale se présente comme un pardon proche de celui de Dieu. Comparons maintenant avec le bénéficiaire d'une abolition individuelle: il bâtit une supplique très différente. Il s'agit

---

[51] Lettre citée n. 18, ici p. 8.

[52] Archives historiques du Poitou, t. 32 (1903), p. 33–36, ici p. 36.

[53] Je me permets de renvoyer à l'ensemble de mes contributions reprises dans: Claude GAUVARD, Violence et ordre public au Moyen Âge, Paris 2005.

majoritairement d'hommes d'armes, même si, on l'a vu, les populations civiles peuvent recevoir des abolitions collectives et individuelles. Le nombre de nobles y est nettement supérieur à celui qui entre dans la population des rémissions. Le requérant de l'abolition, s'il peut mettre en jeu son réseau relationnel pour appuyer sa demande, ne cite pas ses intercesseurs en début de supplique, mais, éventuellement, au cours de l'exposé. Dans sa déclinaison d'identité, il mentionne très rarement d'emblée qu'il est chargé de famille. On peut apprendre, incidemment, qu'il est marié[54]. Son portrait est très en retrait, ce que confirme la définition de sa *fama*. L'honneur de celui qui requérait une rémission était d'avoir vécu »sans avoir esté atteint ou convaincu d'aucun vilain cas, blasme ou reprouche« et de s'être comporté comme »homme de bonne vie, renommee, honneste conversacion«. La rémission met l'accent sur la *fama personae*. La *fama* des demandeurs d'abolition est totalement différente. Leur *bona fama* n'est évoquée en Poitou que dans moins de 10 % des lettres d'abolition recensées. En revanche, les services rendus au roi sont mis en avant dans plus de 80 % des cas. C'est ainsi que la lettre d'abolition accordée à Jacques de Pons le qualifie comme chevalier, puis précise immédiatement son implication au service du roi: »contenans que, dès son jeune âge et sitost qu'il peust porter harnoiz, il s'est mist à la guerre contre noz ennemis«; ses hauts faits d'armes suivent, ainsi que sa présence au sacre royal en 1429[55]. La même qualification s'applique à de simples hommes d'armes, tel ce Jean Marin qui »dès son jeune aage s'est emploié en nostre service ou fait de nos guerres«[56]. La formule est quasiment stéréotypée et implique les services rendus au roi de longue date, sans faire référence à la personnalité du coupable. D'ailleurs, celui-ci exprime rarement ses remords et sa contrition: le criminel est avant tout un homme de devoir qui, pour servir son roi, a pu commettre des actes répréhensibles.

La remise de peine n'a pas non plus le même sens. Le détenteur de la rémission voit sa peine remise intégralement et il est pleinement rétabli dans sa bonne renommée, dans son pays, sans que ses biens soient confisqués, et s'ils l'ont été, ils lui sont rendus. Il lui reste surtout une charge essentielle, qui consiste à respecter les intérêts de la partie adverse à laquelle, en tant que personne, il doit faire »satisfaction« pour son crime. Cette clause figure dans toutes les lettres de rémission et elle marque bien le risque de voir la vengeance s'allumer si les dommages et intérêts ne sont pas réglés[57]. Rien de tel

---

[54] C'est le cas dans la lettre d'abolition octroyée en 1446 à Martin, bâtard de Misery, citée par Jules QUICHERAT, Rodrigue de Villandrando, Paris 1879, p. 237.

[55] Lettre d'abolition citée n. 30.

[56] Lettre d'abolition citée n. 50.

[57] Sur l'importance de la satisfaction civile dans la rémission, voir Yvonne BONGERT, Rétribution et réparation dans l'ancien droit français, dans: Mémoires de la Société pour l'histoire du droit et des institutions des anciens pays bourguignons, comtois et romands 45 (1988), p. 59–107.

dans l'abolition. Le roi ne demande pas satisfaction à partie pour imposer le pardon et l'oubli. C'est lui qui est lésé, c'est lui qui constitue la partie adverse. Il s'agit bien de crimes qui le concernent au premier chef, qu'il s'agisse de la guerre ou de sa personne: c'est à ce titre qu'il gracie dans un geste sans restriction à son égard.

En revanche, les motifs que le roi avance pour justifier son pardon sont assez proches de ceux qui caractérisent la rémission. On sait que cette dernière est fortement marquée, au moins depuis le milieu du XIVe siècle, par la référence à la miséricorde. Elle l'emporte presque systématiquement dans le cœur du roi sur la rigueur de sa justice, selon la formule la plus fréquente:»voulans preferer miséricorde à rigueur de justice«[58]. Des variantes existent, mais elles vont dans le même sens, celui d'une référence à Dieu, qu'il s'agisse de pitié ou de miséricorde. Ces formules figurent aussi dans les lettres d'abolition, selon une formule codée, comme dans cette lettre d'août 1448 destinée à Pierre Doux, dit de Saint-Maixent, lui aussi ancien homme d'armes de Jean de La Roche. Le roi justifie son pardon par la formule:»Pour quoy nous, ces choses considerées, voulans en ceste partie misericorde preferer à rigueur de justice, audit Le Doulx, dit Saint Maixent, avons...«[59]. Il peut par ailleurs éprouver »pitié et compassion« ou souhaiter, en parlant des bénéficiaires de sa grâce, les «recueillir et retraire a nous et iceulx traicter en toute amour et debonnaireté ou encore iceulx doulcement estre traicté«[60]. En ce faisant, le roi affirme qu'il agit par fidélité au passé glorieux de tous ses prédécesseurs, inscrivant son acte dans un temps sans rupture, »en ensuivant les faiz de noz progeniteurs de bonne mémoire et surtout pour honneur et reverence de Dieu et eviter effuzion de sang humaine«[61]. Ces formules, liées à la fois à la nature du pouvoir royal et à la rédemption, font du roi un représentant de Dieu sur terre, l'*imago Dei*, selon le principe de l'Évangile: »Soyez miséricordieux comme votre père céleste est miséricordieux«[62].

L'abolition individuelle vient donc se greffer sur une tradition mise en place dès le début du XIVe siècle, par le biais de la lettre de rémission. On assiste à une sorte de métissage entre la rémission et l'abolition générale, qui donne naissance à un acte original, la lettre d'abolition. Quelle étendue de la

---

[58] Claude GAUVARD, La justice du roi de France à la fin du Moyen Âge: transparence ou opacité d'une pratique de la norme?, dans: Monique GOULLET, Michel PARISSE (dir.), Les historiens et le latin médiéval, Paris 2001, p. 31–53.
[59] Archives historiques du Poitou, t. 32 (1903), p. 89.
[60] ORF, t. 14, p. 65, septembre 1449, pour les habitants de Neufchâtel; ibid., p. 18, mai 1448, pour les habitants du Languedoc.
[61] Abolition accordée à Bordeaux le 9 octobre 1453, citée par Marcel GOURON, Recueil des privilèges accordés à la ville de Bordeaux par Charles VII et Louis XI, Bordeaux 1937, p. 70.
[62] Luc, 6, 36.

grâce royale comporte-t-il? Le roi peut-il, comme il est affirmé à Bayonne »mettre en oubly et tout pardonner et abolir«[63]? L'étendue de la grâce que contient l'abolition a été débattue au milieu du XVe siècle, en particulier au parlement. L'avocat du bâtard de Vergy, Luillier, ne manque pas de dire que, dans les lettres d'abolition, il n'est pas nécessaire que le cas soit exposé et il conclut en affirmant qu'il n'est »necessité que viengne en personne puisque autrement il appert de la voulenté du roy«[64]. Il oppose donc clairement la simple rémission où le cas doit être effectivement exposé en détail sous peine d'être »incivile, obreptice et subreptice«, et l'abolition qui ne suppose pas cette démarche, car elle dépendrait entièrement de la volonté royale. L'abolition serait donc pour le roi un moyen d'échapper à la réglementation de la rémission, si chicanière à cette époque. Un autre procès, celui des frères Pluscalec, impliqués dans une guerre de course en 1448, revient aussi sur la façon dont le roi peut octroyer la grâce en distinguant abolition et rémission[65]. Maurice de Pluscalec, écuyer, autrefois page de Charles VI, capitaine de Charles VII et ancien compagnon de Renaud de Pons, avait poursuivi sa rébellion après la paix de Cusset et avait été banni en 1442. En 1446, il requiert du roi »grace, merci et pardon« sous la forme d'une lettre de rémission. Mais celle-ci n'est pas en bonne forme. Il cherche donc à requalifier son pardon par une abolition et prétend l'avoir obtenue du roi après lui avoir présenté sa requête en son grand conseil, ce qui démontre l'étendue de son poids personnel. Son avocat se retranche aussi derrière la fameuse abolition générale faite aux gens de guerre »soubz laquele ilz sont compris, veu mesmement que dedans les dix jours contenus en la sentence il se mist en chemin pour aller devers le roy et le monstera bien«. La démarche décrite plus haut est très claire ici: il faut se déplacer jusqu'au roi, et en personne, pour obtenir l'abolition. Faut-il, comme pour la rémission, décrire son crime? Le procureur du roi reproche à Maurice de Pluscalec de ne pas l'avoir avoué en décrivant son cas et de ne pas avoir adopté une attitude d'humilité suffisante: »pour l'avoir fault declairer les cas et le pardon se doit demander en grant humilité, desplaisance de mal et voulenté de jamaiz non retourner, ce que n'a fait Maurice de Pluscallet et aussi n'en est digne«[66]. Que craint le

---

[63] ORF, t. 14, p. 176, abolition de septembre 1451.

[64] Procès cité n. 22.

[65] Procès cité n. 8. Les débats occupent grandement la cour: AN X2a 24, fol. 214r, 221r–221v, 222v–226r, 234r–234v, du mardi 12 février 1448 au vendredi 3 mai 1448, X2a 25, fol. 55v, 29 mai 1449. Maurice de Pluscalec avait été l'objet d'un premier procès à propos de Taillebourg, face à l'amiral Prigent de Coëtivy. Sur la situation politique dans cette région, voir Robert FAVREAU, La Praguerie en Poitou, dans: Bibliothèque de l'École des chartes 129 (1971), p. 217–251.

[66] Sur cet épisode, Claude GAUVARD, Le roi de France et le gouvernement par la grâce à la fin du Moyen Âge. Genèse et développement d'une politique judiciaire, dans: Hélène MILLET (dir.), Suppliques et requêtes. Le gouvernement par la grâce en

procureur? N'agit-il pas en sorte que le parlement exerce son droit de regard, pour ne pas dire de remontrance, face à une justice retenue qu'il juge trop laxiste? En effet, si les juges n'y veillent pas, l'abolition, par son côté très général, peut biaiser la justice et permettre au roi d'accorder sa grâce à toutes sortes de crimes, même à des crimes dits irrémissibles. C'est ce que ne peut tolérer le procureur du roi, qui veut que tout crime soit jugé et, s'il est pardonné, qu'il le soit tel qu'il est exposé dans la lettre, et dans certaines limites que le parlement tente d'imposer en ce milieu du XVᵉ siècle. En effet, au même moment, la cour fait la chasse aux pardons excessifs, discute âprement du contenu des rémissions accordées, et remet en vigueur l'ordonnance de réforme du 3 mars 1357, qui les limitait et donnait une liste de crimes irrémissibles[67]. Mais la pratique que suit la chancellerie est encore une fois loin des ambitions théoriques du parlement, même sous le règne de Charles VII. Par l'abolition, la grâce royale joue de son pouvoir, et il peut arriver que tous les crimes soient pardonnés, même ceux qui ne sont pas exprimés. Le texte de cette lettre adressée à Jean Boitet, devenu un simple sujet du royaume, chargé de femme et d'enfants, l'exprime clairement: elle graciera tous les crimes commis quand il était en armes

par la forme et maniere que s'ilz feussent particulierement et diviseement narrez et specciffiez, ensemble quelzconques autres par lui commis en suivant les dictes guerres, comme se iceulx cas estoient non advenuz[68].

Tout est aboli, même ce qui n'a pas été décrit. Les expressions »comme si« et »non advenuz« sont extrêmement fortes et laissent penser que le roi gère volontairement le passé en faisant comme si rien n'avait troublé l'ordre du royaume. La lettre met alors sa rhétorique au double service de l'ordre et de l'oubli. Le roi décrète l'oubli en déclarant que les crimes perpétrés et non dits sont tenus pour »exprimez«[69]. Certaines lettres d'abolition ne mentionnent aucun cas de crime; en revanche, tout est aboli »sans ce qu'il soit riens re-

---

Occident (XIIᵉ–XVᵉ siècle), Rome 2003 (Collection de l'École française de Rome, 310), p. 371–404.

[67] ORF, t. 3, p. 128: »Nous ne ferons pardons ne remissions de murdre ou de mutillacions de membres faiz et perpetré de mauvais agait, par mauvaise volunté et par deliberacion, ne de ravissement ou efforcemens de femmes, memement de religions, mariees ou pucelles, de feus bouter en esglises ou en autres lieux par mauvais agait, de trieves, asseurement ou paix jurees, rompues ou brisees par semblables manieres ne de sauvegardes enfraintes ou autres cas semblables plus grans et se estoit par importunité«. Sur l'usage de cette ordonnance dans les contestations de rémissions, voir GAUVARD, Violence et ordre public (voir n. 53), en particulier p. 255–256.

[68] Abolition pour Jean Boitet en avril 1446, Archives historiques du Poitou, t. 29 (1898), p. 312–314, ici p. 314.

[69] Abolition à Olivier de Harpedenne en avril 1446, ibid., p. 286; autre exemple ibid., lettre d'abolition à Guillaume Vincent, avril 1446, p. 335–339, ici p. 339.

prouché de tout le temps passé«[70]. Pour les villes, les chefs d'accusation qui préludent à la décision d'abolir restent vagues. Il s'agit de »crimes«, de »méfaits«, d'»exploits«, éventuellement de »rébellion« ou de crimes »commis contre nostre majesté royal«. L'opération qui prélude à l'oubli a, comme le suggère Paul Ricœur, un côté magique[71]. Entre l'amnistie et l'amnésie, il n'existe bien qu'une »mince ligne de démarcation« que le roi a ici volontairement franchie parce que la lettre d'abolition lui permet d'affirmer qu'il en a le pouvoir[72].

La rhétorique de la lettre d'abolition est donc essentielle pour créer l'oubli. D'où le recours à deux styles opposés pour exposer le crime. Soit le requérant décrit son action en des termes fort vagues, qu'il prétend exhaustifs – il a commis »plusieurs destrousses, pilleries et roberies, luis suivant la guerre comme sur les champs, en la compaignie d'autres«[73] –, soit il accumule les détails qui se déversent sur plusieurs pages de textes dans le but de créer un effet de réel. Par exemple, en avril 1446, Jean Chauvet, lieutenant du capitaine de Charroux, prétend, entre autres faits longuement décrits, y compris une mauvaise blessure de lance, avoir

couru et fait courir ses varletz et serviteurs sur les chemins, pillé, robé, destroussé et raençonné toutes manieres de gens qu'ilz ont trouvé sur lesdiz champs et ailleurs, tant gens d'eglise, nobles, gens de pratique, bourgois, marchans que autres, leur osté leurs chevaulx et monteures, leur or, argent, robes, joyaulx, denrées et marchandises et autres biens quelzconques qu'ilz trouvoient sur eulx, vendu et butiné leurs chevaulx, biens et destrousses et prins part ès dictes destrousses et pilleries que avoient fait ses diz serviteurs, les a soustenuz, supportez, favorisez èsdictes pilleries et roberies; a esté lui et ses gens à courir foires et marchiez et à icelles piller, pris et emmené beufz et vaches et autres bestail, partie d'icellui mengié et l'autre partie vendu et butiné ou raençonné, ou fait ce que bon lui a semblé[74].

Ce délire d'aveu ne dit en fait rien de précis, ni sur les coupables, vaguement appelés serviteurs, ni sur les victimes, définies par leur état social, ni sur les lieux, qui sont de partout et nulle part, des champs aux foires et marchés. Comment, dans ces conditions, saisir le crime et à plus forte raison réparer

---

[70] Par exemple dans l'abolition accordée à Cherbourg le 12 juin 1450: André PLAISSE, La délivrance de Cherbourg et du clos du Cotentin à la fin de la guerre de Cent Ans, Cherbourg 1989, p. 184.

[71] Paul RICŒUR, La mémoire, l'histoire, l'oubli, Paris 2000, p. 587.

[72] Ibid., p. 589.

[73] Abolition pour Guillaume de La Forêt, Archives historiques du Poitou, t. 29 (1898), p. 343–347, ici p. 346. Ces excès de guerre ont été commis depuis dix ans. L'exemple de l'écuyer Guillaume de La Forêt, qui bénéficie de cette abolition en avril 1446, est d'autant plus intéressant que sa demande porte aussi sur un cas d'homicide ordinaire, car il a tué un homme qui l'avait injurié. L'abolition/rémission englobe le tout, mais le cas criminel remis est l'objet d'une longue description circonstanciée, comme dans toutes les lettres de rémission, qui contraste avec le vague des mentions pour excès de guerre.

[74] Abolition pour Jean Chauvet, ibid., p. 266–270, ici p. 268–269.

les torts causés aux victimes? Ce n'est pas le but de l'abolition. Nous avons déjà dit que la satisfaction civile faite à la partie adverse, donc les dommages et intérêts scrupuleusement exigés par les lettres de rémission, n'entrait pas dans les formules d'abolition. Les suppliants peuvent même préciser claire-ment que la quantité de crimes commis empêche le dédommagement des parties lésées. Celui-ci avoue agir »sans en avoir fait aucune reparacion ou restitucion«, celui-là se dit incapable de »faire seul et pour le tout restitucion et reparacion desdictes courses et destrousses«[75]. À la décharge du suppliant, le temps a aussi construit l'oubli, et la fragilité de la mémoire humaine contribue à excuser l'absence de souvenirs. Il n'est pas rare que les lettres d'abolition portent sur des faits commis depuis vingt-cinq ans! La situation est donc très différente des lettres de rémission où, dans plus de 60 % des cas, le délai entre la date du crime et celle de la rémission est inférieur à un an[76]. Dans l'abolition, il ne reste plus au roi qu'à pardonner des crimes déjà en grande partie oubliés.

Pourtant, le roi ne se prive pas d'affirmer qu'il est le grand ordonnateur de l'oubli. Il l'impose avec une grande part d'arbitraire. Il peut évoquer son »plaisir« en la matière ou pardonner sans aucune justification, comme c'est le cas pour le bâtard de Misery en 1446, quand la lettre donne comme seules causes: »pour ces raisons autres a ce nous mouvant, de grace especial, plaine puissance et auctorité royal«[77]. De la même façon, quand il concède son abo-lition aux villes, il ne manque pas de dire qu'il a pris sa décision »pour cer-taines causes à ce Nous mouvans« ou d'»auctorité royal«[78]. Et, pour mieux affirmer cette autorité, il construit son discours sur une rhétorique de l'avant et de l'après abolition particulièrement dichotomique, surtout quand il s'agit de villes reconquises. Le roi efface les crimes commis »paravant la reduc-cion de la dicte ville en nostre obeissance«[79]. La mise en oubli des excès de guerre permet d'effacer une période de non-droit où la »justice n'a en icelui temps eu aucun cours«[80]. Enfin, preuve de son autorité, la grâce s'arrête avec la lettre d'abolition: tout méfait commis passé la date de l'acte doit être l'objet d'une nouvelle grâce. Ainsi les habitants de La Réole, ville qui a été reprise par Charles VII en 1442 et a bénéficié d'une abolition collective, doivent demander cette fois une rémission collective en mai 1446 pour le lyn-

---

[75] Abolition de 1443 pour le comte de Vaudémont et abolition de mars 1445 pour Jacquemin Vadroit, citées dans: TUETEY, Les écorcheurs (voir n. 22), t. 1, p. 73, t. 2, p. 386.

[76] GAUVARD, De grace especial (voir n. 13), t. 1, tableau p. 71.

[77] Lettre citée n. 54.

[78] Abolition pour la ville de Bayeux, de mai 1450: ORF, t. 14, p. 95; abolition pour la ville de Bayonne, de septembre 1451, ibid., p. 177.

[79] Ibid., t. 14, p. 93, pour la ville de Bayeux en mai 1450.

[80] Ibid., p. 96, pour la ville de Caen, en juin 1450.

chage d'un habitant qui était resté pro-anglais et avait exprimé ses sentiments par des injures[81]. Les freins mis à l'abolition sont au demeurant très faibles. Certaines communautés essayent bien de figer les excès de guerre par des écrits pour conserver une preuve matérielle et en obtenir réparation. Mais la démarche reste rare et peu suivie d'effets[82]. Les procès qui ont lieu au parlement ne tracent guère de limites autres qu'idéologiques. Pourtant ces freins existent et ils sont véhiculés par les lettres elles-mêmes. Dans un très grand nombre de cas, la lettre d'abolition exempte explicitement du pardon les crimes irrémissibles. Ce sont des cas »réservés«. La lettre pour Guillaume de La Forêt, précédemment citée, indique clairement que les méfaits commis pendant la guerre »ont été abolis, excepté seulement boutemens de feux, forsement de femmes, sacrilege et murdres autres que cellui dessus declairié«[83]. Les formules varient. Ce peut être: »excepté toutesvoyes meurdre d'aguet apensé, ravissement de femmes, violé eglises et boutemens de feux, lesquelz quatre cas ne voulons estre comprins en ceste abolicion«[84]. Ou encore une formule plus stéréotypée, se terminant par »etc«: »reservé ravissement de femmes, meurdre, sacrileige et boutemens de feux, etc«[85]. L'abréviation montre bien que ces exceptions sont banalisées. Dans ces énumérations, on reconnaît les crimes irrémissibles contenus dans l'ordonnance de 1357 évoquée par les plaidoiries, ceux que le parlement tente d'arracher à la grâce royale[86]. En matière d'abolition, la cour semble avoir été écoutée... Dans certains cas, la lèse-majesté est comprise dans les exceptions, par exemple en 1448, en Languedoc, où l'abolition ne doit pas porter sur les »crimes de lèze magesté, hérésie, faulse monnoye, meurtre, agresseurs de chemins publics et ravissemens de femmes«[87]. Mais la lèse-majesté au sens strict du terme reste d'un emploi très rare, puisqu'elle n'apparaît que dans 2 % des cas recensés en Poitou. Cela implique que les crimes commis par les gens de guerre ne sont

---

[81] Cas étudié par Pierre BRAUN, Les lendemains de la conquête de La Réole par Charles VII, dans: CXIe congrès national des sociétés savantes, histoire médiévale, t. 1, La France anglaise, Poitiers 1986, p. 269–283.

[82] C'est le cas de l'enquête judiciaire dressée en 1444 d'après les instructions de la chambre du conseil de Dijon pour relever les dommages et excès commis dans les terres de Luxeuil et de Faucogney en Bourgogne, qui recense 180 victimes listées par paroisses, Mary CARRUTHERS, Le livre de la mémoire, Paris 2002, cité par MOULE-ARGIEWICZ, L'abolition (voir n. 7), p. 83. Sur l'action des hommes de guerre impliqués dans ces excès, voir Valérie TOUREILLE, Vol et brigandage au Moyen Âge, Paris 2006.

[83] Voir n. 65.

[84] Archives historiques du Poitou, t. 29 (1898), p. 349: abolition pour Pierre Pommier, homme d'armes de la compagnie du sire de Culant, avril 1446.

[85] Ibid., p. 263, 270, 277. La formule peut aussi ajouter »ne esté cause principal de le faire«, par exemple ibid., p. 317.

[86] Sur le contenu de cette ordonnance et son usage au parlement, voir n. 67.

[87] ORF, t. 14, p. 16: abolition pour les habitants du Languedoc, mai 1448.

48 Claude Gauvard

pas globalement considérés comme des actes ayant lésé la majesté du roi ou la chose publique[88].

Certains suppliants, sans doute mieux au fait des principes, prennent les devants dans leur requête d'abolition, comme ce Jean Guilloton, simple marchand, qui s'est armé pour la défense de Mareuil à la demande du capitaine du lieu, et qui avoue être entré dans l'église de Mervent, où des hommes furent blessés, mais sans que mort s'ensuive... Et il conclut en confirmant sa participation à d'autres courses »où ont esté faiz plusieurs autres grans maulx, èsquelz toutesvoyes n'a point esté fait, qu'il ait sceu, de meurdre, ravy de femmes, bouté feux ne fait aucun sacrilege autre que de la dicte eglise de Mairevant«[89].

Néanmoins, le roi peut toujours faire des exceptions et pardonner les crimes irrémissibles, y compris la lèse-majesté. Ce fut le cas pour Guy de La Roche en juin 1446: lui et ses hommes ont commis des »cas, crimes delits et malefices [...] a l'encontre de nous, de nostre magesté royal«, ce que le roi a »eu tres a cuer et en grant desplaisance«, mais il donne quand même son abolition[90]. Guy de La Roche bénéficie aussi nommément de l'abolition de tous les crimes irrémissibles, aussi bien dans la lettre qu'il a déjà obtenue en 1431 quand il était dans la compagnie de son frère Jean de La Roche, et avait fait »plusieurs courses, destrousses, raençonnemens, pilleries, roberies,

---

[88] Sur la définition de la lèse-majesté à cette époque, voir Ernest PERROT, Les cas royaux. Origine et développement de la théorie aux XIIIᵉ et XIVᵉ siècles, Paris 1910, réimpression Genève 1975, p. 27–36.
[89] Archives historiques du Poitou, t. 29 (1898), p. 263–266, ici p. 265. Il s'agit de Mareuil-sur-Lay-Dissais (Vendée), ch.-l. c. qui, avec Sainte-Hermine (Vendée), ch.-l. c., appartenait à Georges de La Trémoïlle. Entre 1428 et 1432, ces places fortes s'opposèrent aux garnisons bretonnes tenues par le connétable de Richemont, en particulier à Mervent (Vendée, canton de Saint-Hilaire-des-Loges). Il s'agit donc de faits remontant à environ quinze ans, comme le dit d'ailleurs le suppliant dans sa requête. Remarquons que ces deux places, occupées par les rebelles lors de la Praguerie, ne sont entrées dans l'obéissance du roi qu'en 1442, mais que ces événements ne sont pas évoqués dans la lettre, peut-être parce que le suppliant n'y a pas pris part. Autre exemple significatif, ibid., p. 260, pour Bernardon Rousseau, écuyer poitevin, pour lequel la lettre d'abolition d'avril 1446 affirme: »Toutesfois ne fut il jamais à ravissement de femmes, meurdre, sacrilege, ne à boutemens de feuz«.
[90] Ibid., p. 366, repris p. 376: lettre citée n. 28. Sur les abolitions obtenues par son frère, Jean de La Roche, voir n. 47. Jacques de Pons ne bénéficia pas de la même clémence: il est bien absous des crimes irrémissibles que sont les »meurtres, larrecins, boutemens de feuz, sacrilèges, ravissemens de femmes, prises de villes, églises et forteresses, pilleries, rançonnemens, infraccions de notre main, voyes de fait et generalement tous autres cas [...]. Reservé seulement au regard dudit suppliant, en tant que touche ledit cas principal de crime de lèze majesté, la congnoissance et décision de laquelle matière, avons retenu et retenons à nous et aux gens de notre grant conseil, et la cause sur ce pendant en ladicte cour de parlement«, lettre citée n. 30. La distinction entre la lèse-majesté et les crimes irrémissibles est ici évidente et interdit de les confondre en un seul et même chef d'accusation comme il serait tentant de le faire sans tenir compte du vocabulaire.

meurdres, forcé femmes, bouté feux et fait et commis plusieurs autres maulx et crimes«, que dans celle du 14 septembre 1440, qui correspond aux méfaits commis pendant la Praguerie, et dans celle qui est émise en 1446. Le pouvoir de gracier est donc sans limite, d'autant que l'abolition peut être renouvelée. Le contenu des lettres n'est-il alors que pure rhétorique? À quoi fait allusion Jean Guilloton, cité précédemment, quand il avoue avoir vécu »par aucun temps sur les champs et fait des maulx, comme gens d'armes ont accoustumé de faire, pour avoir les vivres et les necessitez de lui et de ses compaignons«[91]? On peut l'imaginer: rançonnements, »pâtis«, pillages, etc. Il existe derrière ces descriptions une part d'actions incontrôlables que la justice du roi tente de contrôler. Il est significatif que, dans sa requête, cet homme s'étende longuement et de façon précise sur le cas de sacrilège commis dans l'église de Mervent. Il l'atténue sans doute, mais il le décrit. S'il existe bien une rhétorique des excès de guerre, elle trouve ses limites dans des zones infranchissables dont les normes sont répétées en ce milieu du XVe siècle pour contrôler la conduite de la guerre. Car il s'agit de cela pour ces hommes d'armes qui reçoivent l'abolition et qui sont, pour un tiers d'entre eux environ, des capitaines du roi: comprendre que certains actes sont impardonnables et qu'il faut rentrer dans le rang de la sujétion. Le souverain affirme haut et fort qu'il ne veut pas que certains crimes soient compris dans l'abolition. En ce faisant, il se fait le garant de la conduite de la guerre au sein du royaume. Les lettres d'abolition viennent alors comme la suite logique de l'ordonnance prise en 1439 pour régler le comportement des hommes d'armes et elles accompagnent les ordonnances qui réorganisent l'armée en 1445[92].

L'abolition est bien une affaire politique et militaire. Ceux qui en bénéficient sont avant tout des hommes d'armes ou des villes qui passent dans le camp du roi. Ce dernier attend des uns et des autres service et loyauté. À la rhétorique de la désobéissance succède donc, en un système quasiment manichéen, la description de l'obéissance. Dans cette conversion, les hommes d'armes ou les collectivités ne partent pas de rien. La plupart se targuent d'avoir servi longtemps le roi avant d'avoir été entraînés dans le camp des rebelles... le plus souvent malgré eux! Reprenons le cas de Guy de La Roche et de ses complices. La lettre commence par raconter qu'ils »nous ont longuement servy ou fait de noz guerres, et les aucuns dès leur jeune aage, à l'encontre de noz anciens ennemis et adversaires les Anglois«[93]. Il en est de même, comme on l'a vu, pour Jacques de Pons ou Jean Marin[94]. La mention

---

[91] Archives historiques du Poitou, t. 29 (1898), p. 265.

[92] Sur ces textes et les transformations de l'armée à cette époque, voir les travaux de Philippe CONTAMINE, et surtout sa thèse fondatrice, Guerre, État et société à la fin du Moyen Âge, Paris, La Haye 1972, en particulier p. 403 sur le lien entre les abolitions et les ordonnances.

[93] Lettre citée n. 28, 90.

[94] Lettres citées n. 55, 56.

de l'âge précoce n'est pas anodine. Elle montre que le suppliant peut être récupérable, à la différence de ceux qui ont eu des »enfances mauvaises«, fondement de leur incorrigibilité qui les rend dignes de recevoir leur condamnation à mort[95]. Les autres peuvent être absous. De l'enfance, on passe à la répétition des services qui crée l'habitus du bon comportement. Les capitaines comme les hommes d'armes moins prestigieux ont droit au rappel de leurs services et pour certains de leurs faits d'armes, surtout quand ils ont été sous les ordres d'un grand chef militaire. Pierre Quissarme est qualifié d'homme de guerre, »contenant que tout son temps il nous a bien et loyaument servy ou fait de noz guerres à l'encontre de noz anciens ennemys et adversaires les Angloys«[96]; un autre, Guillaume Vacher, qui se déclare écuyer et qui était au service de l'amiral de France, Louis de Culant, raconte comment, au cours d'une expédition, il alla aux côtés du seigneur de Brizay, pour lever le siège de »La Perouse« que tenaient 500 à 600 hommes du pays: le siège fut levé, mais l'église brûlée et les vaincus qui avaient échappé au feu rançonnés, d'où la demande d'abolition qui est accordée par le roi sans aucune restriction[97]. En ce qui concerne les villes, le service est plus difficile à démontrer. Pour justifier son abolition, le roi peut rappeler la »très grant loyaulté et obéissance« et les secours financiers qui lui ont été accordés, comme il le fait pour le Languedoc[98]. Il peut décharger la responsabilité de la ville en insistant sur les contraintes qui ont obligé les habitants et leurs gouvernants à »adherer et commercer« avec les Anglais, comme à Mantes[99]; ou rappeler que l'attitude des habitants est partie prenante des divisions qui ont »longuement esté en nostre royaume«, comme à Bayonne[100]. Mais, en règle générale, le ton que prend la lettre pour les villes est plus dur que celui qui est utilisé pour les abolitions individuelles. On y parle de sièges remportés à l'arraché. Ce sont des vaincus, et la victoire militaire est la condition première de l'abolition qui leur est accordée.

Le but poursuivi est cependant identique. Il faut obtenir l'»obéissance« et que les bénéficiaires deviennent des »sujets«, ce que résume cette formule donnée à Bayonne: ils doivent »Nous estre doresmains vray subget et obéis-

---

[95] Voir Claude GAUVARD, La peine de mort en France: esquisse d'un bilan, dans: Claude CAROZZI, Huguette TAVIANI-CAROZZI (dir.), Le pouvoir au Moyen Âge, Aix-en-Provence 2005, p. 71–84, ici p. 82–83.

[96] Lettre citée n. 18.

[97] Archives historiques du Poitou, t. 32 (1903), p. 24–26, août 1447. Il s'agit de La Péruse (Charente), canton de Chabanais.

[98] ORF, t. 14, p. 18.

[99] Par exemple à Mantes, dans la lettre d'abolition accordée le 26 septembre 1449 et conservée dans le registre de délibération de la ville, Archives communales, BB5, fol. 33r–34v. La ville avait capitulé le 26 août après avoir été sous obédience anglaise depuis trente ans: exemple donné par Barbara Bagur, master 1, Paris 1 Panthéon-Sorbonne, 2004, dactylographié.

[100] ORF, t. 14, p. 176.

sant«[101]. Le même idéal est proposé aux hommes d'armes, qui doivent désormais suivre une guerre juste, telle qu'elle est définie par le roi en ses ordonnances et en sa justice. L'obéissance est bien un mot-clé, comme le verbe abolir, auquel il répond dans un échange qui frise le marchandage. Pour sceller cet échange, un serment peut être exigé. Dans les lettres individuelles, il est le plus souvent tacite, car la loyauté des individus ne peut pas être remise en cause: ils ont commis leurs crimes en servant le roi[102]. Le serment est cependant explicite si les requérants ont été rebelles. Lors de la signature de la paix de Cusset, le 15 juillet 1440, il fait partie intégrante de la lettre d'abolition. Charles de Bourbon »a promis et juré d'estre bon et loyal envers nous et nous servir envers et contre tous«[103]. De même, Jean de La Roche, rebelle pour avoir participé à la Praguerie, prête serment en échange de l'abolition qu'il obtient le 2 octobre 1440:

Sachent tous que je, Jehan de la Roche, seigneur de Barbezieux et de Mucidan, ay juré et promis sur les sains evangiles de Dieu nostre Seigneur et sur mon honneur, jure et promet par ces presentes d'estre bon et loyal au roy mon souverain seigneur et de le servir à l'encontre de tous qui pevent vivre et mourir, et de lui obeir en toutes choses, comme bon et loyal subgiet doit et est tenu obeyr à son souverain seigneur[104].

Le rituel se déroule en trois étapes: Jean de La Roche s'engage d'abord en prononçant son serment, puis il fait appel à Dieu et au sacré en touchant les livres saints, enfin, il matérialise son acte en signant[105]. Le notaire royal sert de témoin. Il »certiffie avoir esté present comme noble et puissant seigneur Jehan de la Roche a juré aux sainctes ewangiles de Dieu, touchié le livre« et il ajoute que »chacunes les choses contenuez es dictes lettres, lesquelles furent lues en sa presence de mot a mot, et les quelles il ouyt et entendit et les eut agreables et icelles signa en nostre presence de son seing manuel et fit seeler de son seel«. La solennité de la décision impose que chaque étape du rituel soit respectée et que l'oral et l'écrit se mêlent pour en assurer le souvenir. Des scénarios identiques ont lieu dans les villes: à Bergerac, où même le crime de lèse-majesté est aboli, tous les habitants, hommes et femmes, font le serment d'»estre bons et loyaulx au Roy nostre dit seigneur«[106]; il en est de même à Mantes[107]. Mais ces serments ne sont imposés qu'à ceux qui acceptent la sujétion. Dans chaque ville un délai est accordé aux opposants. Ils

---

[101] Ibid., p. 177.
[102] Voir les remarques de Jacqueline HOAREAU-DODINEAU, Pascal TEXIER, Loyauté et trahison dans les actes poitevins du Trésor des Chartes (1356–1380), dans: La »France anglaise« au Moyen Âge, Paris 1988, p. 139–158, qui parlent de loyauté »présumée«.
[103] DUPIEUX, La paix de Cusset (voir n. 21), p. 450.
[104] Cité dans: Archives historiques du Poitou, t. 29 (1898), p. LXIV.
[105] »En tesmoing de ce, j'ay mis et apposé à ces presentes mon propre seel de mes armes et mon seing manuel«, ibid., p. LXV.
[106] ORF, t. 14, p. 109–111.
[107] Cité n. 99.

peuvent en général partir dans les six mois et ils bénéficient de sauf-
conduits[108]. Le but de l'abolition n'est donc pas d'imposer le serment de
force, mais de faire en sorte que la loyauté accompagne la paix. Il faut que les
sujets puissent »vivre et demourer en repos et tranquillité soubz Nous«,
comme il est dit à Caen pour l'ensemble de la vicomté, en juin 1450[109].

Certes, les habitants n'ont guère le choix, et on voit bien à Mantes que
l'abolition ouvre un véritable débat à l'assemblée de la ville, où l'assistance a
rarement été aussi nombreuse. Le maire et quelques notables sont chargés de
mettre la ville dans l'obéissance du roi. L'assistance aimerait se passer d'une
lettre d'abolition. Le coût n'est pas seulement honorifique, loin de là. Il se
traduit en espèces sonnantes et trébuchantes: les lettres coûtent cher. Il »leur
semble que on s'en passera bien et que ce seroit trop grant coust a la dicte
ville«, mais ils sont obligés de céder afin de conserver leurs privilèges après
les avoir négociés[110]. Ces hésitations, connues grâce aux registres de délibération, ont certainement eu lieu ailleurs. Les sommes d'argent demandées ont
été élevées: en Languedoc, il s'agit de 20 000 livres tournois. L'abolition se
paie très cher, et la grâce n'est pas seulement »benivolente«.

L'enjeu est celui d'une véritable négociation dont le but est certes la paix,
mais aussi le maintien des privilèges. Cela a été le cas à Mantes, on l'a vu, et
dans d'autres villes du royaume. À Bergerac, le roi autorise les habitants à
user de leurs privilèges passés; il promet que la ville demeurera perpétuelle-
ment dans la Couronne de France et qu'aucune imposition ne sera levée pendant dix ans; on ne sait malheureusement pas combien ont coûté ces acquis
dans lesquels s'insère l'abolition![111] D'autres villes ont vu au contraire leurs
privilèges se restreindre, en particulier en matière de haute justice. Étant
donné ses palinodies, la ville de Bordeaux fut particulièrement touchée.
L'octroi de la grâce accompagne donc la négociation des privilèges urbains.
Elle s'inscrit en cela dans une pratique ancienne qui faisait répéter les franchises en cas de changement de seigneur ou de nouvelle entrée du roi dans la
ville[112].

---

[108] C'est le cas à Bordeaux, où on donne six mois pour se déclarer français, GOURON,
Recueil (voir n. 61), p. 62; même chose à Saint-Émilion, ORF, t. 14, p. 166.
[109] ORF, t. 14, p. 96.
[110] Mantes (voir n. 99), BB5, fol. 29r–30r.
[111] ORF, t. 14, p. 113–114. L'abolition proprement dite constitue le quatrième para-
graphe du texte.
[112] Voir les exemples donnés par Marcel GOURON, Catalogue des chartes de franchises
de la France, t. 2, Les chartes de franchises de Guienne et de Gascogne, Paris 1935.
Sur l'interprétation de ces répétitions, je me permets de renvoyer à Claude GAUVARD,
Théorie, rédaction et usage du droit dans les villes du royaume de France du XIIe au
XVe siècle: esquisse d'un bilan, dans: Pierre MONNET, Otto Gerhard OEXLE (dir.),
Stadt und Recht im Mittelalter. La ville et le droit au Moyen Âge, Göttingen 2003,
p. 25–71.

Enfin, l'octroi de l'abolition aux villes est intimement lié aux entrées triomphantes que le roi fait après sa victoire. Celle de Rouen, en 1449, est bien connue, qui voit le sceau de majesté enfermé dans un coffre fleurdelysé, porté sur une hacquenée blanche couverte d'un drap azur semé de fleurs de lys d'or[113]. Le Grand Sceau ne sert-il pas, au moins symboliquement, à l'abolition? À Mantes, le registre de délibération permet de connaître les dessous de la préparation: la délégation qui va au devant du roi, convaincue de la nécessité de l'abolition, décide de lui donner la clé de la porte »au saint«, c'est-à-dire celle de la porte principale de la ville, par où passent tous ceux qui ont le pouvoir.

Quel impact ces scènes ont-elles eu sur l'opinion? Le vocabulaire des abolitions ne néglige pas l'aspect affectif. Il traduit le désir du roi d'être proche de ceux dont il abolit les crimes: il veut les traiter »en toute amour et debonnaireté«, non sans arrière- pensée financière et politique, puisqu'il ajoute: »à ce qu'ilz soient plus enclins en toute subgeccion et vraye obeissance à acquitter leurs loyaultez envers Nous ainsi qu'ilz doivent et son tenuz de faire«[114]. En face, les sujets sont »humblement requerant«; tous prient le roi qu'il lui »plaise oster de son cuer toute malveillance et desplaisance«, et »chacun désire de tout son cuer nous faire service et demourer en nostre bonne grace«[115]. Le cri de la publication et les cloches préviennent la population. On peut même ajouter, comme à Mantes, une fête anniversaire qui vient commémorer l'événement qui a scellé l'obéissance:

Item ont appointé que le XXVIe jour d'aoust prochain qui est pareil jour que la ville de Mante fu redduite en l'obeïssance du roy notre souverain seigneur, on fait doresenavant au dit jour solempnité et icelui fester comme le jour du dimanche et que on mande tous les villages duy environs a venir[116].

L'abolition ne clôt pas seulement le temps passé, elle prépare le futur.

Parmi les lettres de grâce, les abolitions constituent un type d'acte dont les caractéristiques diplomatiques n'ont pas été, dans la pratique, totalement homogènes. Elles peuvent être plus ou moins solennelles, sans doute en fonction des interlocuteurs et du degré de lésion qui est fait au roi et au royaume. Sa Majesté n'est pas toujours lésée, et le Grand Sceau ne s'impose pas toujours. Il ne faut pas non plus aller trop loin dans la dénonciation des crimes si l'oubli doit venir après la guerre. Car ces lettres d'abolition correspondent à un moment politique particulier, qui fait préférer l'oubli à la simple rémis-

---

[113] Jean Chartier, Chronique de Charles VII (voir n. 20), t. 2, p. 162.

[114] Abolition aux habitants de Neufchâtel, septembre 1449, ORF, t. 14, p. 65–66.

[115] Paix de Cusset (voir n. 21); Archives historiques du Poitou, t. 29 (1898), p. 329, abolition pour Jean Raymon, avril 1446. Pour une période antérieure, voir les exemples donnés par Vincent CHALLET, Émouvoir le prince. Révoltes populaires et recours au roi en Languedoc vers 1380, dans: Hypothèses 2001. Travaux de l'École doctorale d'histoire de l'université Paris 1 Panthéon-Sorbonne, Paris 2002, p. 325–333.

[116] Mantes (voir n. 99), fol. 33v.

sion, ou encore à l'amende honorable telle qu'elle avait pu être pratiquée à Calais ou lors de procès au parlement[117]. Après 1453, qui marque la fin des combats de Charles VII et qui voit l'ordre revenir au sein de son armée, le nombre des lettres d'abolition régresse brutalement[118]. Elles sont devenues inutiles, et le temps des grands procès politiques peut commencer. Leur émission ne reprend qu'au sortir de la ligue du Bien public, sous le règne de Louis XI, avec une moindre ampleur. Ceux qui ont commis des excès de guerre et les rebelles sont de moins en moins nombreux. Les villes absoutes sont devenues de »bonnes villes«. La société est en paix. Les lettres d'abolition en sont en grande partie responsables: les contemporains peuvent d'ailleurs les appeler »lettres de paix«, comme c'est le cas pour celles qui ont été octroyées à Cusset pour mettre fin à la Praguerie. Le texte du mandement pour leur publication, adressé au prévôt de Paris, les qualifie de »lettres de la paix faicte entre le Roy nostre sire et ceulx de son sang«[119]. La rhétorique de la lettre comporte effectivement tous les ingrédients de la paix en la mêlant au pardon. Les mots, par leur magie, doivent effacer les crimes commis pendant la guerre et favoriser le retour à l'ordre ancien. Cependant, l'abolition ne demeure que ce qu'elle est à l'origine, un acte formel de la chancellerie, dont l'effet incantatoire a des limites. Elle ne peut s'imposer par sa seule force probatoire, et l'écrit, même publié, ne remplace pas la mémoire, il la sert. Il fallait que les circonstances politiques soient favorables pour que s'institue un contrat de croyance unissant le roi et ses sujets. Il fallait que les uns et les autres aient envie et intérêt à oublier. Le peuple aspirait certainement à la paix, sans doute parce que certains étaient vaincus, mais aussi parce que les effets de la guerre étaient source d'une telle »inhumanitez que piteuse et doloreuse chose est de le remembrer et raconter«[120]. La souffrance avait atteint un point de non-retour qui rendait l'oubli nécessaire, voire indispensable. Il ne suffisait pas cependant de le décréter. Il fallait aussi pouvoir l'imposer. Le roi, riche d'une tradition pacificatrice ancienne, doté d'une miséricorde justifiée par Dieu, en a été l'ordonnateur. Il a pu faire dire l'oubli par la chancellerie, mais aussi l'imposer par son autorité, afin que celui qui est absous, individu ou communauté, soit »receu en nostre grace et bienveil-

---

[117] Sur le rituel suivi à Calais, voir Jean-Marie MOEGLIN, Les bourgeois de Calais: essai sur un mythe historique, Paris 2002; sur le rôle des amendes honorables au parlement et le développement de l'honneur du roi, voir GAUVARD, Violence et ordre public (voir n. 53), p. 156–174.

[118] En Poitou, une seule lettre d'abolition a été conservée pour la période 1453–1465: Archives historiques du Poitou, t. 35 (1906), p. 435–439. Il s'agit de la lettre d'abolition obtenue par l'avocat au parlement, Jean Barbin, pour avoir injurié le procureur du roi.

[119] Journal d'un bourgeois de Paris, 1405–1449, éd. Alexandre TUETEY, Paris 1881, p. 353.

[120] BnF, fr. 18 430, fol. 32, cité par MOULE-ARGIEWICZ, L'abolition (voir n. 7), p. 83.

lance comme paravant les dites choses advenues«[121]. Maître de l'oubli, il est alors devenu celui de la mémoire politique de ceux qui ont choisi de demeurer en son parti, de rallier son royaume. Fort de ce contrat que garantit le serment, doté de ce pouvoir extraordinaire qui consiste à dire le temps, le roi, au sortir de la guerre de Cent Ans, a pu accroître considérablement la sujétion faite d'amour et d'obéissance.

[121] La paix de Cusset (voir n. 21), p. 450.

CLAIRE GANTET

MÉMOIRES DU CONFLIT, MÉMOIRES CONFLICTUELLES AU LENDEMAIN DE LA GUERRE DE TRENTE ANS

»Que la paix soit chrétienne, universelle, perpétuelle, et qu'elle soit une amitié vraie et sincère«[1]! Tels sont les premiers mots des traités de Westphalie, signés à Munster et à Osnabrück le 24 octobre 1648. Le texte de paix ne définit pas une paix limitée à l'intérieur d'un territoire précis dans la tradition médiévale (*Landfrieden*), mais un contrat »universel« entre les souverains de différents peuples. En l'absence d'une instance juridique internationale à même de la garantir, la paix internationale fut conçue comme un équilibre subordonné à l'»amitié« et au »voisinage confiant« de chacun; comme chez le juriste Hugo Grotius, elle releva d'une obligation civile entre des souverains à la fois juges et parties. L'article V du traité d'Osnabrück attribuait l'origine de la guerre aux »griefs surgis entre les princes électeurs, les princes et les états d'Empire des deux religions«: aux yeux des contemporains, la guerre de Trente Ans avait d'abord et avant tout été une guerre de religion, grevée d'intérêts étrangers.

La qualification de »chrétienne«, inscrivait la paix de Westphalie dans la tradition des paix de religion, instituée en 1552 par le traité de Passau et en 1555 par la paix d'Augsbourg, qu'elle confirmait et réinterprétait: le rôle d'»avocat de l'Église« exercé par l'empereur ainsi que son pouvoir d'arbitrage et d'interprétation des questions confessionnelles, la définition de la Confession d'Augsbourg, les limites de la juridiction impériale étaient précisés, et l'on avait aplani de façon paritaire des articles controversés de la paix d'Augsbourg. Ce nivellement s'intégra dans un effort général de compensation mutuelle de tous les articles; ainsi, l'année normale fixant la répartition des biens ecclésiastiques, requise par les catholiques, équilibra la réclamation protestante d'une égalité juridique générale. Par corrélations et compensations successives, on parvint à établir un ensemble d'accords civils permettant la coexistence de trois confessions (catholique, luthérienne, réformée) dans un ensemble politique.

La reconnaissance, officielle et première, d'une paix »chrétienne« sans marque confessionnelle, était toutefois un fait nouveau, progressivement

---

[1] Cf. Claire GANTET, La paix de Westphalie (1648). Une histoire sociale, XVIIᵉ–XVIIIᵉ siècle, Paris 2001, p. 169–172, 277–283; Armin REESE, Pax sit christiana. Die Westfälischen Friedensverhandlungen als europäisches Ereignis, Düsseldorf 1988 (Historisches Seminar, 9), p. 130–163.

acquis au cours du conflit. Encore plus que les protestants, les catholiques étaient partagés sur la question. Pour les théologiens de Dillingen, la liberté de religion sanctionnée par un traité était un moindre mal, tolérable en cas d'extrême nécessité. La qualification de »chrétienne« avalisait la victoire des modérés sur les intransigeants. Le bref pontifical de protestation, transmis en 1644 au nonce Fabio Chigi, notifié aux représentants catholiques le 24 décembre 1647 et repris dans la bulle *Zelo Domus Dei* coupa de la curie l'Église d'Empire, favorable à la coopération avec des princes protestants sur la base de l'ordre édifié par les traités de Westphalie.

La paix fut »universelle« dans la mesure où elle était »chrétienne«. L'adjectif était entendu dans son sens »œcuménique« autant que géographique: l'Empire restait »saint« dans la mesure où il conservait l'ambition médiévale de réunir tous les chrétiens. Les qualificatifs »vrai« et »sincère« ne furent plus appliqués à la paix, mais à l'»amitié« et au »voisinage confiant« qui en furent le fondement et la garantie: l'ambition de la justice laissait place à l'aspiration à la sécurité, la *pax temporalis* à la *pax civilis*. Sciemment, les délégués avaient écarté la question de la vérité dogmatique pour s'accorder sur un ensemble de propositions relevant du »vivre ensemble« civil.

La valeur fondatrice de la paix ne fut donc pas la justice, mais l'»amitié«. Intégrant le politique dans le champ de l'affectivité et de la crainte, l'»amitié« trahissait aussi l'effort déployé pour oublier la violence collective. L'article II déclarait de fait »l'oubli et l'amnistie perpétuels« (*perpetua oblivio et amnestia*) de la guerre. Invoquée depuis la paix de Kappel (26 juin 1529), exprimée dans un intitulé stable à partir de la paix de Saint-Germain (8 août 1570), la proscription du passé avait gagné en précision et en extension au fil des édits de pacification des guerres de religion du XVIe siècle: l'oubli moral du conflit partagé acquérait des contours juridiques. Placée en tête des traités de Westphalie, cette clause y reçut sa première formulation technique et définitive. L'amnistie était, au lendemain d'une guerre civile, l'artifice le plus propre à reformer un ordre social fondé sur la réciprocité et l'échange. C'était l'effet de la justice lorsque celle-ci ne pouvait plus être assurée après un conflit où les crimes étaient si partagés qu'il était impossible de les mettre en balance les uns avec les autres[2]. Destinée à neutraliser les forces con-

---

[2] Voir le recueil de sources d'André STEGMANN, Édits des guerres de religion, Paris 1979; Jörg FISCH, Krieg und Frieden im Friedensvertrag. Eine universalgeschichtliche Studie über Grundlagen und Formelemente des Friedensschlusses, Stuttgart 1979 (Sprache und Geschichte, 3), p. 94–95; Olivier CHRISTIN, La paix de religion. L'autonomisation de la raison politique au XVIe siècle, Paris 1997; Claire GANTET, La paix par l'oubli. L'amnistie et la mémorisation de la guerre de Trente Ans en Allemagne aux XVIIe et XVIIIe siècles, dans: 1648, Belfort dans une Europe remodelée, publ. ville de Belfort 2000, p. 219–231; Claire GANTET, Der Westfälische Frieden, dans: Étienne FRANÇOIS, Hagen SCHULZE (dir.), Deutsche Erinnerungsorte, t. 1, Munich 2001, p. 86–104.

fessionnelles centrifuges, elle était une proclamation symbolique de l'unité politique: en effaçant les faits sur lesquels le pays était divisé, on allait sauvegarder les valeurs politiques essentielles. Le silence était décidé, imposé par une volonté d'union, fondé sur une stratégie de dénégation de la violence première. Le sentiment d'une personnalité commune ne se développa pas autour de la résorption de l'un des partis ou de la suppression du désaccord religieux, mais sur une conflictualité équilibrée. Paradoxalement, la lutte partagée fut le ressort de l'accord.

L'amnistie, l'oubli proclamé des maux du passé proche à l'issue d'une guerre vécue comme une guerre de religion signifiait-il le pardon des torts, l'effacement des blessures? Dans la tradition chrétienne, pardonner et oublier sont comme l'avers et l'envers d'une même pièce. Le Christ traçait des signes (des mots?) sur le sable (Jn 8, 3–11) comme on écrivait le nom des impies sur le sable (Jer 17, 13) pour les oublier, leur pardonner. Maints lettrés exprimèrent l'aspiration à l'oubli et au pardon, tel le diplomate et homme de lettres alsacien Justus Georg Schottelius:

Straf und Rache legt beiseit, / liebet die Vergessenheit / Höchsten Ruhm könnt ihr erreichen / Ja, den Göttern selbst auch gleichen / Nur vergesset, nur verzeiht / Fried im Land ist dann bereit[3].

Telle ne fut pourtant pas la réalité[4]. En 1648, on aspira à fermer les yeux sur les maux du passé récent, à neutraliser les institutions politiques et l'espace public: le passé proche était trop brûlant pour pouvoir être oublié ou pardonné. Les commémorations de la paix de Westphalie furent le pendant de la clause d'amnistie. La mémoire de la guerre de Trente Ans fut une mémoire du conflit, une mémoire conflictuelle. Une ou des mémoires conflictuelles? C'est ce que la première partie sur les mémoires publiques ou ›officielles‹ exposera. Un deuxième volet interrogera la notion de culture(s) mémorielle(s) en sondant ses différentes échelles – générationnelle et personnelle.

Une mémoire collective n'est pas produite par tel événement telle l'écume par la marée. Loin de s'imposer avec l'évidence du flux ou du reflux, l'événement est lui-même façonné d'interrogations et d'attentes. La mémoire collective n'est pas un produit, mais une construction sociale et culturelle. La mémoire, donc, ou les mémoires? Étant donné la complexité des enjeux, des particularismes et des rejeux, étant donné le caractère profondément con-

---

3 Justus Georg SCHOTTEL(IUS), Der schreckliche Sprachkrieg/Horrendum bellum grammaticale Teutonum antiquissimorum, éd. par Friedrich KITTLER, Stefan RIEGER, Leipzig 1991, p. 119–120.
4 Harald Weinrich pèche donc par naïveté en prenant les discours littéraires pour la réalité. Cf. Harald WEINRICH, Lethe. Kunst und Kritik des Vergessens, Munich ³2000, p. 216–217.

flictuel du souvenir du passé après la guerre de Trente Ans, le pluriel s'impose.

Tout porte en effet à employer le pluriel. Et d'abord l'éparpillement temporel et spatial des commémorations[5]. Point de commémoration massive le 24 octobre, jour de la signature des traités, mais un égrenage de dates jusqu'en 1653, lorsque les dernières garnisons furent dispersées: le premier ressort de ces célébrations semble être la fin, vécue comme une délivrance, de l'occupation des lieux par des troupes coupables de pillage et de rançonnement. Nulle surprise donc à ce que la ville de Schweinfurt, siège d'une violente mutinerie, soit le théâtre d'intenses festivités. Le conseil municipal se célébra en tant que »pacificateur de la ville libre d'Empire de Schweinfurt«[6].

Point de centre d'impulsion non plus, mais des concentrations relatives de fêtes dans la Saxe luthérienne et dans l'Allemagne du Sud-Ouest biconfessionnelle. Les ressorts de la mémoire officielle semblent donc avant tout régionaux, ou du moins territoriaux, c'est-à-dire politiques, et confessionnels (voir cartes 1 à 3). On peut en effet dénombrer au moins 178 différentes fêtes de la paix célébrées entre mai 1648 et décembre 1650, dont 163 dans l'Empire, les quelques autres l'étant dans les Pays-Bas et les Provinces-Unies, désormais indépendantes, et en Suède. Plus de la moitié des fêtes allemandes (93) furent célébrées en 1650 pour le départ des troupes occupantes, et plus de la moitié aussi (95) en Allemagne du Sud, en particulier en Franconie, dans le Wurtemberg et en Souabe. Il y eut peu de nouvelles fêtes de la paix entre 1651 et 1660, si ce n'est dans les endroits tardivement libérés, comme Frankenthal, contrôlé par une garnison espagnole jusqu'en 1652; mais ces 30 nouvelles fêtes de la paix se concentrèrent aussi de préférence vers le sud de l'Empire (12 en Allemagne du Sud contre 4 en Allemagne du Nord et le reste en Europe, notamment en France). Sur les 208 fêtes de la paix différentes attestées entre 1648 et 1660, seules 24 se situaient donc en dehors de l'Empire, mais 116 dans l'Allemagne du Sud. Hormis quelques cas en Hesse, c'est essentiellement là que les fêtes furent institutionnalisées, célébrées chaque année à la même date. Dans tout son éparpillement, cette répartition festive reflète une certaine géographie culturelle et religieuse. Conçu par des poètes tels Sigmund von Birken et Georg Philipp Harsdörffer, le programme des fêtes baroques de Nuremberg, avec ses feux d'artifice somptueux et ses réjouissances publiques, fit parfois des émules dans les villes environnantes. On renoua parfois aussi, comme à Cobourg en Franconie[7], avec la tradition des »drames de la paix« (*Friedensspiele*) bâtis sur le modèle, politisé, de la »Complainte de la paix« d'Érasme, et déclamés devant les responsables poli-

[5] Cf. GANTET, La paix de Westphalie (voir n. 1), p. 187–238.
[6] Voir Iohann SEYFRIED, Applausus pacificatoribus, viris…, s.l. 1650.
[7] Ibid., p. 216–217.

tiques dans les dernières années de guerre. Surtout, il s'agissait d'une manifestation massivement luthérienne.

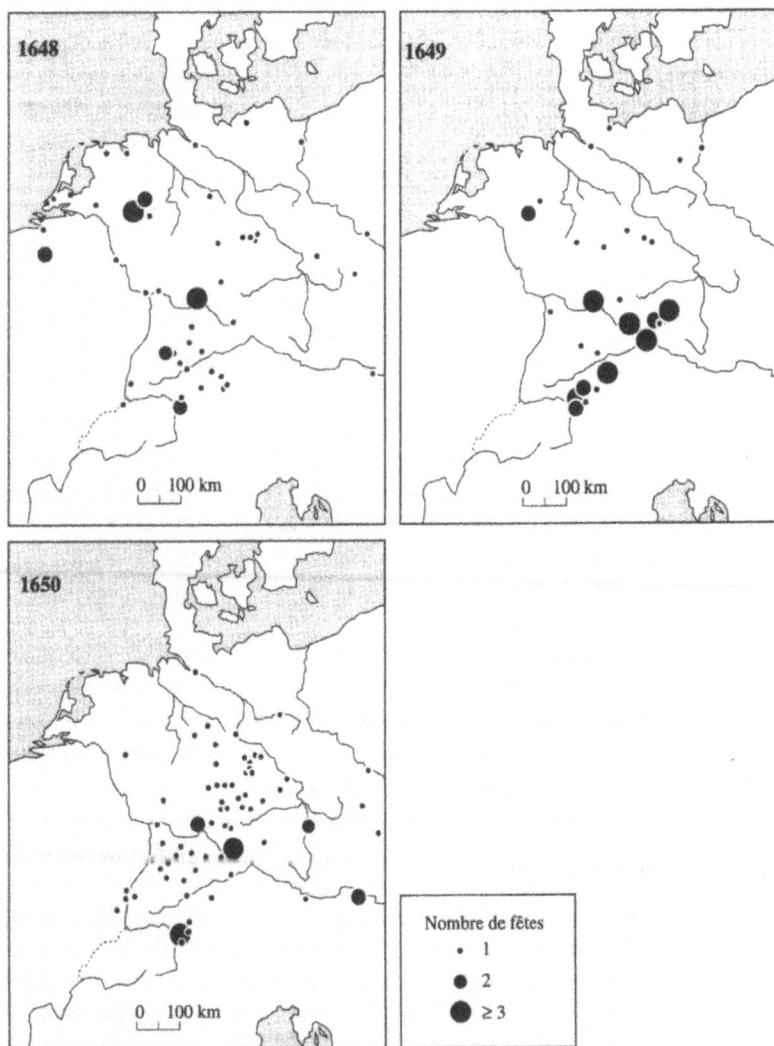

Cartes 1 à 3: La célébration de la paix dans le Saint-Empire. Nombre de fêtes de la paix différentes célébrées entre 1648 et 1650

Loin d'être une manifestation d'œcuménisme avant la lettre, ou du moins de réconciliation religieuse, la commémoration de la paix de Westphalie souligna les clivages confessionnels. Face aux catholiques allemands embarrassés par la bulle de protestation pontificale, les luthériens furent d'autant plus enclins à célébrer la paix. Les clauses générales des traités, l'année normale et plus encore la parité au Tribunal de la Chambre impériale (*Reichskammergericht*) et dans quatre villes libres d'Empire (Augsbourg, Ravensburg, Biberach, Dinkelsbühl), donnaient satisfaction à d'anciennes revendications luthériennes. La seule réserve dans leur concert de louanges concerna la reconnaissance des calvinistes. Si l'on acceptait d'accorder l'égalité juridique à ces derniers, leur admission au sein de la Confession d'Augsbourg suscita maintes critiques. Partagés entre le désir de se démarquer des luthériens et celui d'obtenir leur intégration dans la Confession d'Augsbourg, les calvinistes s'abstinrent de participer à la fête. La célébration de la paix devint donc une démonstration de luthéranisme.

Les fêtes de la paix furent ordonnées sur le modèle des jubilés de la Réforme[8]. Hésitante à reconnaître le traité de 1648 (elle ne s'y rallia que le 14 novembre, soit trois semaines après la signature de celui-ci) comme elle l'avait été à s'engager dans le camp protestant durant la guerre, la Saxe électorale déploya en 1650 une intense propagande autour de la paix de Westphalie. Dans tous les territoires luthériens, la fête de la paix fut une célébration dynastique comme en Saxe; les pasteurs louèrent le havre de paix saxon dans une guerre dominée par la Fortune. Le modèle saxon fut même suivi par les villes libres. En 1649 par exemple, les pasteurs d'Augsbourg s'avisèrent ainsi d'organiser une fête de la paix le jour où la Saxe célébrerait la paix. La fête de la paix fut un jubilé luthérien.

Dans les zones religieusement mixtes, la paix fut célébrée exclusivement par les luthériens. En Silésie, les trois »églises de la paix« (*Friedenskirchen*) que les luthériens eurent le droit d'édifier, à Glogau, Jauer et Schweidnitz, jouèrent un rôle d'aimant, devenant un centre de la piété luthérienne; plusieurs siècles après, on y célébrait encore un culte en langue allemande.

Au niveau local même, la fête semblait sanctionner les fissures internes. Des fêtes de la paix furent organisées dans les endroits disputés où la pacification requérait l'intervention d'une commission impériale. Tel fut le cas des bourgades où la Réforme, tardivement adoptée, n'avait jamais gagné toute la population. À Ratisbonne, on honora dans la paix le maintien, grâce à la délégation impériale, des privilèges de la ville. Lors des négociations de paix, l'évêque avait soutenu les catholiques, brimés par le superintendant qui avait su accueillir les réfugiés protestants du Haut-Palatinat et de l'Autriche; le conseil de ville mit tout en œuvre pour favoriser cette compensation reli-

---

[8] Sur la célébration du centenaire de la Réforme, cf. Hans-Jürgen SCHÖNSTÄDT, Antichrist, Weltheilsgeschehen und Gottes Werkzeug: Römische Kirche, Reformation und Luther im Spiegel des Reformationsjubiläums, Wiesbaden 1978 (Veröffentlichungen des Instituts für Europäische Geschichte Mainz, 88).

gieuse et politique[9]. De même à Erfurt, dès les années 1520, le magistrat avait veillé à brider la fougue des premiers partisans de Luther afin de conserver un équilibre entre les deux cultes, fixé le 4 mars 1530 par le traité de Hammelburg, premier exemple d'une paix de religion dans le Saint-Empire. L'incorporation de la cité dans l'archevêché de Mayence, en 1664, sonna le glas et de son équilibre religieux et de son autonomie. Lorsqu'ils célébrèrent la paix et le maintien des libertés civiques, les luthériens de Ratisbonne et d'Erfurt avaient en mémoire les exemples d'Aix-la-Chapelle et de Donauwörth, privées de leur immédiateté par suite des tensions confessionnelles.

Le faste trahit parfois des craintes de marginalisation politique. Tous les statuts dits »libres d'Empire« et dont les privilèges impériaux semblaient vulnérables, des villes aux comtés en passant par les villages, célébrèrent la paix sous l'égide de l'empereur. Dans l'appréhension d'une annexion par le roi de France, les Strasbourgeois célébrèrent ainsi la germanité de la ville; ils composèrent des éloges civiques autour de l'emblème de la ville, un lis, chargé d'éléments – étamines, pédoncules, bulbe et racines – destinés à le distinguer du lis des Bourbons, et marquèrent la frontière avec la France[10]. À Erfurt, une ville libre majoritairement protestante aussi, de nombreux éloges civiques saluèrent la paix d'Empire: la ville en lutte pour son indépendance contre l'archevêque de Mayence jetait ses derniers feux dans une surenchère désespérée vers l'empereur qui allait ne plus être son premier maître[11].

À Weimar, le siège de la ligne saxonne ernestine, la paix fut célébrée en grande pompe le 29 août 1650[12]. Dans la ville et les villages du territoire, dès trois heures du matin, on sonna les cloches, on tira des salves, on joua de la trompette et de la trompe et l'on chanta des psaumes. À six heures du matin, le premier culte de la paix fut tenu à Cobourg en présence de toute la famille ducale. Les habitants s'étaient rassemblés sur la place du marché devant l'hôtel de ville, décorée de deux arcs de triomphe ornés du mot »Friede«. Les deux bourgmestres et le conseil de ville les rejoignirent et les menèrent en ordre à la cour du château, décorée d'arbres de mai et d'un portique où l'on avait inscrit en lettres d'or »Pax« selon un parcours jonché de sable et orné de mais. Les armoiries du duc Guillaume et les symboles de la paix furent portés solennellement par ce long cortège de dix-huit groupes – enfants en tête, corporations, autorités civiques et ducales ensuite, les femmes enfin – au tombeau

---

9   Voir Danckgebet... Nach glücklich gehaltener Keyserl. Executions-Commission..., Ratisbonne 1649; Balthasar BALDUIN, Irenicum/Ratisbonense..., Ratisbonne 1649.
10 Voir Israel MURSCHEL, Theatrum Fortunæ Pacis..., Strasbourg 1651, fol. A ivr, A vr.
11 Pour ces deux exemples, cf. GANTET, La paix de Westphalie (voir n. 1), p. 217–227; version plus détaillée dans EAD., L'unité politique par la paix: les fêtes de la paix de Nuremberg, Weimar et Strasbourg, dans: 1648. Paix de Westphalie. L'art entre la guerre et la paix. Westfälischer Friede. Die Kunst zwischen Krieg und Frieden, Paris 1999, p. 371–403.
12 Cf. GANTET, La paix de Westphalie (voir n. 1), p. 217–222.

du dernier prince électeur de la ligne ernestine, Jean Frédéric, où ils restèrent durant au moins un siècle. On louait le duc Guillaume en tant que descendant du dernier prince électeur de la branche ernestine, avant le transfert de la dignité électorale à la ligne albertine le 4 juin 1547. À travers Guillaume, on honorait ainsi l'unité d'une grande Saxe sous l'égide ernestine de Weimar.

La fissure était enfin interne, propre aux luthériens. Le corps pastoral luthérien estimait la ritualisation d'autant plus nécessaire qu'il redoutait que la paix acquise n'amenuisât la piété entretenue par l'insécurité et n'accentuât les tendances à l'intériorisation de la pratique religieuse de la fin de la guerre. À ses yeux, la paix civile portait les germes d'un vaste mouvement de sécularisation de la vie sociale. Il condamna les fêtes baroques du recès de Nuremberg faites pour les grands du monde, et leur opposa des fêtes de la paix proprement religieuses. Plus que tout, les clergés appréhendaient que le voisinage des cultes sanctionné par des règles de droit civil ne favorisât l'indifférence religieuse. La paix ne devait donc pas signifier la fin de l'adversité: même en temps de paix, les chrétiens devaient porter la croix. Par leurs fêtes de la paix, les clergés entendirent affirmer leur place et leur rôle dans la société et l'espace public, face aux juristes, promus par les accords de 1648.

Dans les villes biconfessionnelles, en particulier à Augsbourg, le magistrat imposa son contrôle sur les deux clergés, désormais tenus de lui prêter un double serment d'obéissance[13]. Le premier engagement reconnaissait dans le ministre du culte un simple citoyen, astreint aux impôts et aux tribunaux communs, soumis au devoir d'obéissance et de fidélité envers l'autorité qualifiée d'arbitre de la paix. Dans le second serment, le contrôle du magistrat était défini de façon si absolue qu'il avait le droit de démettre à tout moment un prédicant sans justification; les pasteurs devaient promettre d'observer un strict conformisme dogmatique et s'interdire tout nouvel enseignement, opinion ou confession étrangère au texte de la Confession d'Augsbourg. La paix civile eut donc pour condition et effet paradoxaux de neutraliser les incidences du religieux dans le politique, et de pousser chaque culte au repli autour d'un corps doctrinal défini par les autorités civiques. Or ce raidissement sur une orthodoxie sourcilleuse favorisait la polémique religieuse, que l'on souhaitait précisément annihiler. C'est à Augsbourg que l'on observa le plus cette double dynamique conduisant au maintien de la paix civile – un seul heurt véritablement violent opposa les deux communautés entre 1650 et 1806

---

[13] Ibid., p. 250–253; EAD., »Dergleichen sonst an keine hohen festtag das gantze Jar hindurch zue geschehen pfleget beÿ den Evangelischen inn diser statt seÿe gehalten worden«. Das Augsburger Friedensfest im Rahmen der Feier des Friedens, dans: Johannes BURKHARDT (dir.), Das Friedensfest. Augsburg und die Entwicklung einer neuzeitlichen Toleranz-, Friedens- und Festkultur, Berlin 2000 (Colloquia Augustana, 13), p. 209–233.

– et à un affrontement verbal d'autant plus virulent qu'il ne se traduisait pas par des gestes. Cette double dynamique y fut l'aiguillon de l'institutionnalisation de la fête de la paix.

Rien d'étonnant donc à ce que le discours des luthériens d'Augsbourg soit pénétré d'apparentes contradictions internes. La fête de la paix devint leur moyen d'affirmation, leur démonstration de puissance. Mais ils la formulèrent de façon à la désamorcer. L'espace dans lequel ils prenaient place par cette manifestation était en effet un espace partagé.

D'une part donc, la fête envahit le temps, faute de pouvoir investir l'espace à partager – la fête de la paix dura jusqu'à onze jours en 1730 – et les luthériens affirmèrent son caractère saint, voire sacré: organisée dans des églises ornées d'une décoration »sainte« (*heilig*) où l'on dispensait un enseignement »salutaire« (*heylsam*), la fête de la paix était »pleine de grâce« (*gnadenreich*). Amorcée dès 1650, la sacralisation culmina un siècle plus tard. À cette tendance contribua l'évolution démographique. Tandis que le groupe des luthériens, qui représentait les trois-quarts de la population en 1650, se réduisit pour égaler la population catholique vers 1730, avant d'entrer en minorité, il tendit à souligner le caractère élu du »petit troupeau de l'Église évangélique« (*evangelisches Kirchhäufflein*). En 1756, les pasteurs définirent leur célébration comme une »fête sainte« en l'honneur du Sauveur, et une fête commémorative du salut de la paix fondée conformément à l'invocation de Moïse à se souvenir de la libération d'Égypte (Ex 3, 13). La mention de la sortie d'Égypte, rare épisode biblique, avec le retour de Babylone, où Dieu suspendait le cours ordinaire des choses, transfigurait les traités de Westphalie, liés à la Rédemption (*Erlösung*): les traités de Munster et d'Osnabrück tenaient du miracle[14].

D'autre part, à trois exceptions près (le sermon de 1670 mentionnait la »Sion augsbourgeoise«, celui de 1730 parlait de la »ville de vérité« et celui de 1749 invoquait »notre Augsbourg luthérienne«), les luthériens omirent de s'identifier à tout l'espace augsbourgeois et se qualifièrent par des emboîtements d'appartenances. Dès 1664, ils substituèrent à l'expression indifférenciée »le grand bienfait que tu as témoigné à tout le Saint-Empire et donc à nous aussi ici« une formule d'inclusion telle que »à la patrie générale de la nation allemande et à l'intérieur aussi à nous dans Augsbourg« ou »Augsbourg et à l'intérieur sa Sion«. En 1674, ils parlèrent de la Confession d'Augsbourg »dans« la ville, et, en 1678, ils supplièrent Dieu de »maintenir notre chère autorité, notre ville et patrie, et à l'intérieur d'elle parmi nous notre culte pur et infalsifié«. Le luthéranisme ne s'identifiait pas plus à la ville d'Augsbourg qu'au Saint-Empire. Or précisément parce qu'Augsbourg

---

[14] Sermon de la paix de 1756: Archiv des evangelisch-lutherischen Kirchendekanats Augsburg: Aug B 7/III (1756), fol. A 8v–B 2r; cf. GANTET, La paix de Westphalie (voir n. 1), p. 334–337.

était la cité de la paix de 1555 dont elle semblait résumer l'esprit, elle était revêtue d'une fonction éminente. La dialectique de l'affirmation de l'élection de la ville et, corrélativement, de la mission salvatrice du clergé luthérien d'une part, de la reconnaissance d'un espace commun auquel on ne pouvait plus se confondre d'autre part, caractérisa le discours luthérien[15].

La commémoration de la paix de Westphalie ne fut donc en rien l'expression d'une société apaisée. Après un conflit de trente ans, elle exprima bien plutôt un chevauchement de fractures. Ce que l'historien peut percevoir des mémoires privées, générationnelle et familiale, confirme-t-il ce qu'il a observé au niveau des mémoires publiques?

Harald Weinrich observait que le terme d'»oubli« en allemand, *vergessen*, n'a pas un mais deux antonymes, *Gedächtnis* et *Erinnerung*, le premier désignant une mémoire publique, voire officielle sous la forme de commémorations et de monuments, le second qualifiant plus le niveau individuel[16]. Attachons-nous à présent à ce dernier aspect, dans ses différentes échelles.

Dès les dernières années de guerre, l'Allemagne s'était penchée avec inquiétude sur les conséquences possibles d'une violence si brutale et si longue. Le terme de *nostalgia* forgé en 1569 dans la France des guerres de religion fut repris, dans un sens pathologique: l'exil provoqué par les mesures de persécutions religieuses pouvait susciter une agitation telle des esprits animaux, dans lesquels les impressions de la patrie perdue étaient conservées, qu'ils pouvaient en venir à se mouvoir librement par eux-mêmes, ainsi créant une représentation fixe du lieu de naissance, une lubie, à la façon des impressions fortes qui reviennent en songe[17].

Plus que la folie entraînée par le spectacle de la violence collective, la question de la perception de cette dernière par les enfants en bas âge, voire avant leur naissance, était une source de craintes. On se représentait en effet la violence comme incrustée dans la société, ensauvageant les mœurs au point de pouvoir dégénérer l'espèce humaine et de la faire sombrer dans le cannibalisme[18]. Dès l'Antiquité, diverses croyances s'étaient développées quant aux effets de l'imagination d'une femme enceinte sur son fœtus; jusqu'à l'époque moderne, on expliqua ainsi la présence de certaines tares physiques tels des nævus dès la naissance. Durant la guerre de Trente Ans, c'est l'âme du nouveau-né, le siège de sa faculté de sentir, que l'on vit ravagée par

---

[15] Ibid., p. 338–339.
[16] WEINRICH, Lethe (voir n. 4), p. 11–12.
[17] Cf. Klaus Jürgen PFANNKUCHE, Johannes Hofers Dissertation »De Nostalgia« (1678) und die zeitgenössische Medizin, thèse dactyl., université de Marbourg 1978, p. 26–27.
[18] GANTET, La paix de Westphalie (voir n. 1), p. 104–112; version plus détaillée dans EAD., La guerre des cannibales. Représentations de la violence et conduite de la guerre de Trente Ans (1618–1648), dans: Pierre HASSNER, Roland MARCHAL (dir.), Guerres et sociétés. États et violence après la guerre froide, Paris 2003, p. 25–48.

la peur et la détresse de la mère lorsqu'elle était enceinte. Dans une épitaphe pour la fille de son demi-frère Paul, Mariana, décédée en 1637 à l'âge de quatre semaines, le poète Andreas Gryphius évoquait la nouveau-née

Gebohren in der Flucht / umbringt mit Schwerd und Brand / Schir in dem Rauch erstückt / der Mutter herbes Pfand.

Mariana était morte

Weil mir auff einen Tag all Angst der Welt begegnet / Wo ihr die Tage zehlt; so bin ich jung verschwunden / Sehr alt; wofern ihr schätzt / was ich für Angst empfunden[19].

Selon le temps calendaire, Mariana n'avait presque pas vécu; morte avant de commettre le moindre péché, elle avait immédiatement rencontré l'éternité dans ce monde qu'elle avait »bientôt béni«. Mais elle avait souffert dès avant sa naissance, traumatisée par l'incendie de Freystadt près de Glogau, qui avait provoqué la fuite désespérée de sa mère. Durant cette course affolée, l'impression de l'incendie s'était gravée si fortement dans l'âme du fœtus que celle-ci en était comme brûlée. De telles représentations n'étaient pas seulement le fruit d'une imagination littéraire. Dans son plaidoyer pour la pédagogie enfantine intitulé »Pampaedia«, Jan Amos Komensky (Comenius) consacrait un chapitre entier à »l'école du devenir prénatal« où il exposait que »tout ce que la mère fait et ce dont elle souffre est imprégné dans le corps et l'âme de l'enfant«[20].

De fait, les enfants firent l'objet d'emblée d'une pédagogie de la mémoire. À Augsbourg, la fête de la paix fut institutionnalisée dès le 8 août 1650. La date ne commémorait pas directement la paix mais le 8 août 1629, date de l'application de l'édit de Restitution à la ville libre d'Augsbourg, symbole

---

[19] Grabschrifft Marianae Gryphiae seines Brudern Pauli Töchterlein »Gebohren in der Flucht / umbringt mit Schwerd und Brand / Schir in dem Rauch erstückt / der Mutter herbes Pfand / Des Vatern höchste Furcht / die an das Licht gedrungen / Als die eigrimmte Glutt mein Vaterland verschlungen. / Ich habe dise Welt beschawt und bald gesegnet: / Weil mir auff einen Tag all Angst der Welt begegnet. / Wo ihr die Tage zehlt; so bin ich jung verschwunden / Sehr alt; wofern ihr schätzt / was ich für Angst empfunden«. Andreas GRYPHIUS, Gesamtausgabe der deutschsprachigen Werke, t. 2: Oden und Epigramme, éd. par Marian SZYROCKI, Tübingen 1964 (Neudrucke Deutscher Literaturwerke, NF 10), p. 209. Sur ce poème, cf. Antje und Matthias ERNST, »Ich habe diese Welt beschawt und bald gesegnet: Weil mir auff einen Tag all Angst der Welt begegnet«. Kriegserfahrungen im Spiegel von Andreas Gryphius' Grabschrift für seine Nichte, dans: Benigna VON KRUSENSTJERN, Hans MEDICK (dir.), Zwischen Alltag und Katastrophe. Der Dreißigjährige Krieg aus der Nähe, Göttingen 1999 (Veröffentlichungen des Max-Planck-Instituts für Geschichte, 148), p. 497–506; Claire GANTET, Exil, songes et nostalgie de la paix durant la guerre de Trente Ans (1618–1648), dans: Sylvie CAUCANAS, Rémy CAZALS, Nicolas OFFENSTADT (dir.), Paroles de paix en temps de guerre, Toulouse 2006, p. 281–293.

[20] Johann Amos COMENIUS, Pampaedia – Allerziehung, traduction allemande par Klaus SCHALLER, Sankt Augustin 1991, p. 159.

depuis de la persécution des luthériens: même en temps de paix, les luthériens ne devaient pas oublier le souvenir de la persécution par les catholiques. D'emblée, on dédoubla la fête en une fête pour les adultes, le 8 août même, et une fête pour les enfants, le dimanche suivant. Jusqu'en 1789, l'attraction essentielle de la fête enfantine fut la distribution d'une »gravure de la paix« (*Friedensgemälde*), réalisée sur une commande des pasteurs de l'église des Barfüßer à des artistes locaux renommés (à raison d'environ mille exemplaires par an: trop pour la ville d'Augsbourg même), tellement prisée qu'elle fit bientôt l'objet de collections. Au moins un siècle durant, ces gravures, lors de la fête de la paix des enfants, furent lues, commentées et expliquées dans les écoles augsbourgeoises[21].

Il semble bien qu'une sorte de prise de conscience patrimoniale ait émergé lorsque la dernière génération née durant la guerre s'était complètement éteinte, vers 1730. C'est à ce moment que furent en particulier éditées les premières éditions magistrales – et concurrentes – des négociations de Munster et d'Osnabrück. Dans la préface de son œuvre magistrale, Johann Gottfried von Meiern relevait combien les familles nobles ressentaient encore les effets de la misère de la guerre, et motivait son entreprise par le souci de ne pas laisser tomber dans l'oubli l'œuvre des ancêtres[22].

Entre les représentations de l'intériorisation de la violence, contemporaines de la guerre, et les programmes d'éditions pour ancrer le passé dans une mémoire écrite, des traditions parcourent des villages. Des paysages recèlent encore maints lieux-dits dénommés »Schwedenstein«, des boules de canon ou des statues attribuées de façon plus ou moins avérée à la résistance contre un siège de la guerre de Trente Ans. Ainsi, au nord-est du rempart de la ville d'Augsbourg, l'»homme de pierre« (*Schtoiniga Mo*) est constitué de pierres hétéroclites, assemblées au plus tard à la fin du XVIe siècle, donc bien avant la guerre de Trente Ans, et il semble que ce ne soit qu'en 1828 qu'on commença à le rattacher à la »grande guerre«. Dès lors, on raconta qu'en novembre 1634, après un pillage des boulangeries par les troupes bavaroises, un boulanger de la ville alors aux mains des Suédois, Konrad Hackher – un boulanger effectivement inscrit dans les registres de la ville – aurait brandi à la face des Bavarois un pain pour leur démontrer la volonté de résistance de

---

[21] GANTET, La paix de Westphalie (voir n. 1), p. 319–322.
[22] Voir Johann Gottfried VON MEIERN, Acta Pacis Westphalicæ Publica. Oder Westphälische Friedens-Handlungen und Geschichte, 6 t., Hanovre, 1734–1736, ici t. 1, p. 1–4, 39. Édition concurrente de Carl Wilhelm GÄRTNER, Westphälische Friedens-Cantzleÿ…, 9 t., Leizpig 1731–1738. Voir aussi Burkhard Gotthelf STRUVE, Syntagma Historiae Germanicae A Prima Gentis Origine Ad Annvm Vsqve MDCCXVI, Iéna 1716; Jakob Karl SPENER, Historiae Germaniae Vniversalis…, Halle/Saale 1717: Nicolaus Hieronymus GUNDLING, Gründlicher Discours über den Westphälischen Frieden, Francfort/M., Leipzig 1736; ID., Vollständiger Discours über den Westphälischen Frieden…, Francfort/M. 1737.

la ville; une balle aurait coupé son bras et avec lui le pain, et le malheureux serait mort peu après de ses blessures. En souvenir, ses concitoyens auraient édifié peu après la statue commémorative de l'»homme de pierre«. Signe du contenu émotionnel durable attaché au thème de la résistance contre le voisin bavarois, la statue est de nos jours encore associée à Konrad Hackher. Bertolt Brecht rappelait encore ses sorties d'école vers le *Schtoiniga Mo* durant son enfance augsbourgeoise. Et un prospectus municipal paru en 1997 pour le centenaire de la naissance de Brecht plaçait la photo de la statue en illustration de »Mère Courage«[23].

Encore plus que les traces du paysage, qui ne prennent vie que par les légendes qui leur sont attachées, les traditions orales hantèrent longtemps les esprits. À Leimbach en Hesse, Johann Hoos, né en 1670, relatait comment deux vieilles femmes de son domaine, nées en 1611 et en 1614 à Alsfeld, lui avaient maintes et maintes fois raconté, mieux que son père né en 1626, l'histoire de la »grande guerre«. Elisabeth et Catharina avaient tant narré ce qu'elles avaient vécu, en l'embellissant ou en le noircissant, en l'édulcorant ou en l'exagérant, qu'elles avaient forgé un trésor de souvenirs communs au village[24]. Dans son autobiographie intitulée »Eigene Lebens-Beschreibung« (1738) le prédicant autodidacte Adam Bernd (1676–1748) relatait une vingtaine de rêves[25]. Ceux-ci, en particulier ceux qu'il déclarait »divins«, avaient une fonction légitimatrice évidente: souligner sa piété, lui qui depuis 1728 avait reçu un interdit de prédication pour avoir publié un livre (»Einfluß der göttlichen Wahrheiten in den menschlichen Willen«) relativisant les frontières dogmatiques entre les confessions[26]. Lui-même toutefois attribuait ses rêves à son tempérament mélancolique, une complexion, écrivait-il, qu'il devait à la détresse de sa mère lorsqu'elle l'attendait. Les attaques suédoises dans le

[23] GANTET, La paix de Westphalie (voir n. 1), p. 361–364; Bernd ROECK, Bäcker, Brot und Getreide in Augsburg. Zur Geschichte des Bäckerhandwerks und zur Versorgungspolitik der Reichsstadt im Zeitalter des Dreißigjährigen Krieges, Sigmaringen 1987 (Abhandlungen zur Geschichte der Stadt Augsburg, 31), p. 146; Eduard LAMPART, Der Steinerne Mann in Augsburg, dans: Historische Zeitschrift des Vereins für Schwaben 54 (1941), p. 377–385.

[24] Arthur E. IMHOF, Die verlorenen Welten. Alltagsbewältigung durch unsere Vorfahren – und weshalb wir uns heute so schwer damit tun..., Munich 1984, p. 27–55.

[25] Adam BERND, Eigene Lebensbeschreibung. Nachdruck der Ausgabe Leipzig 1738, éd. par Volker HOFFMANN, Munich 1973 (Die Fundgrube, 55).

[26] Johann Georg WALCH a employé plus de trois cents pages à la réfutation des affirmations de Bernd dans son Historische und theologische Einleitung in die Religionsstreitigkeiten der evangelisch-lutherischen Kirche, t. III, Iéna, 1734, p. 534–848. Cf. Rolf WINTERMEYER, Adam Bernd et sa relation au piétisme, considérée à partir de son traité »Einfluß der göttlichen Wahrheiten in den menschlichen Willen« (1728), dans: Anne LAGNY (dir.), Les piétismes à l'âge classique. Crise, conversion, institutions, Villeneuve-d'Ascq 2001, p. 205–237, en particulier p. 210.

Brandebourg en 1676 avaient en effet ranimé la terreur des Suédois de la
guerre de Trente Ans:

Es hat nicht wohl anders sein können, als daß ich ein dickes und schwarzes Blut,
verstopfte Viscera, Spasmos und Contractiones Nervorum [= Eingeweide, Krämpfe
und Nervenlähmungen], ein zusammen gepreßtes Herze, oder überhaupt eine kränk-
liche verderbte übele Leibes-Disposition aus Mutter-Leibe habe bringen müssen.
Denn in dem Jahre, da meine Mutter mich unter ihrem Herzen trug, setzte der Einfall
der Schweden in Pommern ganz Schlesien, und die meisten Inwohner in Furcht und
Schrecken, als die noch gar wohl wußten, was vor Not und Jammer sie im 30jährigen
Kriege ausgestanden, und daß die Schweden nicht sowohl die Schlüssel zu den ver-
schlossenen Kirchen, als vielmehr die Schlüssel zu den Kühe- und Pferde-Ställen
gebracht hätten. In den Vorstädten, und auf den Dörfern bei Breslau herum hatten
dazumal die armen Leute vielmal das Essen zu Mittag auf dem Tische müssen stehen
lassen, und davon laufen, und auf den Böden unter die Heu-Schober und Stroh-
Schütten sich verstecken, und dabei zugleich in Todes-Angst stecken müssen, wenn
die streifenden Parteien gekommen, alles geplündert, ja wohl gar in das Heu und
Stroh mit den Degen gestochen, und die Leute aufgesuchet, und wenn sie dieselben
gefunden, sie gemartert, und ihnen den damals sogenannten Schwedischen Trank
[= Schwedentrunk] eingegeben, oder sie solchen einzunehmen genötiget, wenn sie
nicht gesaget, wo ihr Geld hätten, und noch mehr hatte meine Mutter in ihrer Jugend
erlebet und erfahren; und, da sie von Natur ein furchtsam Weib war, so kam jetzt,
nämlich im Jahr 1675 noch dazu, daß sich alle Inwohner auf dem Lande, und alle
Kohl-Gärtner in der Vorstadt mit Gewehr versehen, und auf ein Jahr verproviantiren
mußten; welches alles sie in große Angst gesetzet, so daß es nicht Wunder, daß der
ein melancholisches Geblüte, und ein zusammen gepreßtes Herze auf die Welt gebracht, den die Mutter unter einem 9 Monat lang zerknirschten, und mit Furcht und
Angst beklemmten Herzen getragen; partus enim sequitur conditionem ventris[27].

Dans ce récit se juxtaposaient le *topos*, forgé durant la guerre de Trente Ans,
de la transmission de la détresse de la mère au fœtus, la peur des Suédois et
de leurs supplices (le fameux *Schwedentrunk* qui consistait à faire ingurgiter
de force aux paysans un mélange de fumier et d'urine pour leur extorquer de
l'argent) et la réanimation de ces souvenirs lors de la guerre entre le Brandebourg et la Suède dans les années 1670.

L'historiographie unifiante de la commémoration, telle qu'elle est représentée, par exemple, dans les »Lieux de mémoire«, ne saurait voiler combien les
célébrations de la paix de Westphalie furent criblées d'oublis et de conflits.
De même que l'oubli n'est pas l'antonyme absolu de la mémoire mais plutôt
son complément, la commémoration de la paix n'entraîna pas le pardon des
maux du passé proche. Ce furent avant tout les divisions – régionales, lo-
cales, confessionnelles – que les cérémonies publiques manifestèrent. On ne
tenta pas de pardonner – au contraire, à travers la paix, on célébra et institu-
tionnalisa souvent les temps de persécution de la guerre: l'état de paix civile
ne devait pas mener à l'oubli des malheurs et de la persécution. On ne tenta

---

[27] BERND, Eigene Lebensbeschreibung (voir n. 25), p. 23–24.

pas non plus d'oublier, mais l'on s'attacha à désamorcer les blessures, à leur ôter leur potentiel conflictuel pour qu'une vie commune soit possible malgré et dans leur souvenir. Quels enseignements peut-on tirer des mémoires de la guerre de Trente Ans? La recrudescence des fondamentalismes religieux et le retour des revendications nationales ont récemment relancé la question de la coexistence de différentes confessions au sein d'une même entité politique ou d'un même territoire (État, région, ville). Malgré toute la distance qui sépare de celles du XVIIe siècle nos sociétés laïques fondées sur une séparation relative de l'Église et de l'État – où toute paix de religion est de ce fait caduque –, Jérusalem, Beyrouth, Belfast, Sarajevo dénoncent encore les difficultés à définir une société politique pluriconfessionnelle. L'actualité de la guerre de Trente Ans peut donc d'abord se lire dans la procédure employée pour s'extraire du conflit et dans le lexique forgé pour régler la paix. On ne cessa de parler de paix durant la »grande guerre« du XVIIe siècle. Au départ, c'était un concept de légitimation de la pratique politique. Progressivement, on hiérarchisa les éléments, internationaux, nationaux et confessionnels du conflit. Pour dépolitiser la discorde, on écarta la question de la vérité dogmatique et on régla les problèmes religieux sur le mode civil. Les traités de 1648, qui confièrent le règlement des litiges aux tribunaux d'Empire, furent un jalon essentiel dans la codification juridique du différend confessionnel (*Verrechtlichung*). Mais, impuissante à tarir la violence, la justice dissémina la dispute et pérennisa la dissension. L'élaboration de la paix fut accompagnée d'un travail sur les émotions et les peurs, qui suscita un processus de remémoration.

La représentation baroque de la guerre comme un »monstre« ne fut ni le fruit d'une prédilection maladive pour l'enflure, ni un décalque de la misère du pays. Les relations de cannibalisme furent les dénonciations les plus criantes de la barbarie que signifiait le conflit fratricide: cette guerre insensée ne pouvait s'humaniser; bien plus, sa cruauté était telle qu'elle transgressait les frontières de l'humain. L'indignation non contenue révélait une aversion virulente vis-à-vis de la violence crue. On ne tut pas les morts brutales, mais on limita, on neutralisa, on dépersonnalisa les images. L'idée constante d'un soldat anonyme qui rédigea son journal de 1625 à 1649 – vingt-cinq années durant lesquelles il parcourut à pied 25 000 km – fut de retrouver et de reconstituer sa famille, et ce professionnel de la guerre s'abstint dans ces pages de toute description de massacre[28]. Dans nombre de diaires, les seules morts décrites furent des décès conformes à l'idéal chrétien, préparés, patients, »doux et bienheureux«, à l'exclusion des agonies sur le champ de bataille ou dans les lazarets; lorsqu'il leur fallut présenter le résultat d'une bataille, les

---

[28] Voir Jan PETERS (éd.), Ein Söldnerleben im Dreißigjährigen Krieg. Eine Quelle zur Sozialgeschichte, Berlin 1993.

chroniqueurs employèrent des formules lapidaires et délibérément allusives: »ils sont restés«, »il est prêt«[29]. Cette prévention contre la violence répondait à une nouvelle conduite de la guerre. Si importantes fussent-elles, la dilatation extraordinaire du cadre financier et du système de crédit, la »dévolution militaire« (par laquelle la conduite de la guerre fut confiée à des entrepreneurs de guerre, au risque d'une autonomisation du conflit) et la »révolution militaire« ne sauraient masquer le rôle essentiel de la »stratégie des accessoires«. La stratégie consista le plus souvent à rechercher les moyens de priver l'adversaire de tout ravitaillement ou à le forcer à se rendre en évitant le choc frontal. Tout se passa comme si la démultiplication du potentiel de destruction par la »révolution militaire« avait entraîné la nécessité de conduire une guerre limitée, refusant le sacrifice des populations civiles (du moins celles de son camp) – une sorte de ›doctrine du zéro mort‹ avant la lettre – une guerre ponctuelle où la suprématie se dit dans la maîtrise technique plus que dans le nombre des trophées, tandis que les sièges, les quartiers et les cantonnements devenaient le théâtre de la barbarie. Face au développement de la force de frappe, on avertit que les hommes étaient sur le point de s'entre-dévorer. À l'aune des opérations en Bosnie en 1994 et au Kosovo en 1999, qui, de façon similaire, se voulurent ponctuelles tout en étant très meurtrières et révélèrent une profonde répulsion face au sang versé dans la mesure où il était médiatisé, la guerre de Trente Ans trouve une actualité immédiate.

Le dernier trait par lequel la guerre de Trente Ans se rattache à une ›nouvelle guerre civile‹ est sans doute l'ambiguïté des relations entre la guerre et la paix. Pour les historiens, la Défénestration du 23 mai 1618 marqua l'entrée en guerre; mais pour les contemporains, ce furent les comètes de novembre-décembre 1618 qui l'annoncèrent. Au moment de s'entendre sur un accord, on projeta à Nuremberg en 1650 – comme à Managua en 1989 – un monument pour la paix sous lequel les armes des belligérants seraient ensevelies. Or, faute de s'accorder sur le lieu de ce monument de paix, et par crainte qu'au lieu de sceller la nation réconciliée il n'incrustât au contraire la division dans le sol, on renonça à le construire. Ce que mirent en jeu les 208 fêtes de la paix, ce furent ces transitions cahotantes, douloureuses de la guerre vers la paix.

Quels enseignements donc tirer de la guerre de Trente Ans? Si la »grande guerre« du XVIIe siècle ne donne aucune ›ficelle‹ directe pour agir sur le présent, elle peut permettre de lui donner une profondeur historique, de le mettre à distance et en perspective pour mieux le comprendre.

---

[29] Cf. Benigna VON KRUSENSTJERN, Seliges Sterben und böser Tod. Tod und Sterben in der Zeit des Dreißigjährigen Krieges, dans: EAD., MEDICK (dir.), Zwischen Alltag und Katastrophe (voir n. 19), p. 469–496.

OLIVIER CHRISTIN

MÉMOIRE INSCRITE, OUBLI PRESCRIT

La fin des troubles de religion en France

Que la mémoire de toutes choses passées d'une part et d'autre, depuis le commencement du mois de mai 1585 jusqu'à notre avènement à la couronne, et durant les autres troubles précédents et à l'occasion d'iceux, demeurera éteinte et assoupie, comme de chose non advenue; et ne sera loisible ni permis à nos procureurs généraux, ni autres personnes quelconques, publiques ni privées, en quelque temps, ni pour quelque occasion que ce soit, en faire mention, procès ou poursuite en aucune cours et juridiction que ce soit. Défendons à tous nos sujets de quelque état et qualité qu'ils soient d'en renouveler la mémoire, s'attaquer, injurier ni provoquer l'un et l'autre par reproche de ce qui s'est passé, pour quelque cause que ce soit, en discuter, contester, quereller ni s'outrager ou offenser de fait ou de parole[1].

L'édit de Nantes d'avril 1598 s'ouvre, on le sait, par deux articles qui semblent d'emblée attribuer à la double injonction d'amnésie et d'amnistie une place centrale dans le processus de pacification des troubles et d'établissement d'une paix durable dans le royaume. En cela, il reprend, presque au mot près, les premiers articles de l'édit de Bergerac, qui, en septembre 1577[2], commençait lui aussi par l'invitation ferme, inscrite dans la loi et renforcée par la mention de poursuites contre toute infraction, à l'oubli, à l'assoupissement et à l'extinction de la mémoire. À ce paradoxal devoir d'oubli du passé qu'il faut coucher par écrit dans un texte solennel[3] désigné par le préambule comme »perpétuel et irrévocable«[4], à cette amnésie volontaire qui devra être enregistrée par les parlements, à cet enfouissement du passé dont on veut établir qu'il n'a même jamais existé et qu'il est »chose non advenue«, l'édit de Nantes de 1598 n'ajoute qu'une seule précision chronologique, qui vise explicitement la prise d'armes ligueuse du printemps 1585 et les longs troubles qu'elle avait initiés.

La fabrique officielle de l'oubli volontaire, le devoir d'abolition du passé comme condition de sortie des guerres et le rétablissement, par delà les partis

---

[1] Je cite dans l'édition de Janine GARRISSON (éd.), L'édit de Nantes, accompagnée d'un texte de Michel ROCARD, L'art de la paix, Biarritz 1997, p. 25.

[2] Cf. André STEGMANN, Édits des guerres de religion, Paris 1979.

[3] Sur le paradoxe d'écrire pour oublier, voir Harald WEINRICH, Léthé. Art et critique de l'oubli, Paris 1999.

[4] Marianne CARBONNIER-BURKARDT, Les préambules des édits de pacification (1562–1598), dans: Michel GRANDJEAN, Bernard ROUSSEL (dir.), Coexister dans l'intolérance. L'édit de Nantes (1598), Genève 1998, p. 75–92.

nobiliaires et confessionnels qui se sont affrontés, des liens nécessaires à l'amitié se retrouvent en fait bien avant ces pacifications tardives et le sacre du premier roi Bourbon, qui saura toutefois en tirer un parti sans précédent. L'injonction de silence et les clauses d'oubli parcourent ainsi nombre de paix de la fin du Moyen Âge, mais aussi tous les traités de pacification des troubles depuis l'édit d'Amboise de mars 1563, pratiquement dans les mêmes termes. L'édit de 1563 indique ainsi que le roi entend que les injures et offenses nées des troubles demeurent »éteintes, comme mortes, ensevelies et non-advenues«. La paix de Longjumeau (mars 1568), l'édit de Saint-Germain (août 1570), l'édit de Boulogne (juillet 1573), l'édit de Baulieu (mai 1576), l'édit de Bergerac (1577), la conférence de Nérac (février 1579) ou encore l'édit de juillet 1591 qui annule les édits de la Ligue évoquent tous la nécessité d'»éteindre et assoupir la mémoire des causes et origines de tant d'afflictions, pertes, ruines et autres sortes de désolations et calamités«[5].

Éterniser les mémoires

La répétition même de ces prescriptions de la prescription, de ces rappels à l'oubli, de ces enterrements successifs du passé, qui ne doit pas être seulement révolu mais nié, atteste pourtant leur échec dans le long temps des troubles qui court du début des années 1560 à la fin des années 1590 et leur impuissance, en tout cas, à endiguer le flot des constructions affrontées de la mémoire des guerres et des violences de religion. Répéter qu'il ne peut y avoir de sortie durable des guerres sans oubli du passé et extinction des procès, poursuites et vengeances et conférer à cette exigence une place éminente dans tous les édits de pacification, c'est reconnaître a contrario la profondeur des ressentiments et l'ampleur des méfiances réciproques, ressentiments et méfiances qui survécurent aux fragiles périodes de paix, en étant agrégés et perpétués par des productions symboliques d'une grande efficacité.

On se contentera d'en retenir ici trois exemples, qu'il faudrait évidemment développer et dont il faudrait surtout montrer qu'ils se recouvrent en bonne part et se nourrissent mutuellement, constituant peu à peu les linéaments d'une conscience historique spécifique aux différents groupes confessionnels, avant même que les troubles ne prennent fin et que l'écriture de l'histoire des guerres ne prenne un nouveau tour. Le premier, sans aucun doute le mieux connu, est constitué des productions imprimées suscitées et diffusées par les adversaires religieux et politiques au cours des guerres afin de proposer une

---

[5] La meilleure édition des pacifications est celle qui est proposée, sur Internet, par Bernard BARBICHE: http://elec.enc.sorbonne.fr/Éditsdepacification/.

lecture particulière des événements qui déchirent le royaume à partir des années 1550, afin d'expliquer, de justifier et donc de consolider leurs positions et leurs prises de positions, et surtout afin d'éterniser la mémoire de certains épisodes fondateurs ou de certains protagonistes au terme d'un processus de sélection à la fois précis et complexe[6].

Il s'agit, au premier chef, des martyrologes, comme celui de Crespin, poursuivi par Simon Goulart, ou celui d'Antoine de La Roche Chandieu sur les martyrs de l'Église de Paris; des chroniques ou histoires illustrées des troubles, qui proposent une sélection non de martyrs de la foi ou de victimes des persécutions, mais de moments précis constitués en événements dignes d'être relatés, représentés et conservés en mémoire, en raison de leur caractère dramatique, comme autant de tournants dans l'histoire des troubles et comme dévoilement de la constance des vrais croyants et de la violence des persécuteurs[7], à l'instar des »Quarante tableaux ou histoires diverses qui sont mémorables« de Tortorel et Perrissin (1569–1570) ou du »Théâtre des cruautés des hérétiques de nostre temps« de Richard Verstegan, traduit en français en 1588. Mais à côté de ces exemples, bien connus et récemment étudiés[8], de très nombreuses autres productions textuelles ou iconographiques, manuscrites ou imprimées, attestent amplement la force des mémoires antagonistes qui se constituent alors, dans une chronologie qui paraît, de manière significative, épouser celles des pacifications et de leurs injonctions (La Roche Chandieu publie son »Histoire des persécutions et martyrs« à Lyon en 1563, par exemple): journaux et chroniques illustrés proposant à leur tour une sélection des événements significatifs des troubles de religion, »pronostications« et présages, comme ceux de Michel de Nostredame, dont Jean-Aimé de Chavigny donne, en 1594 dans son »Janus François«, une interprétation presque totalement informée par le souvenir des guerres civiles; calendriers réformés, qui revêtent justement leur aspect caractéristique en 1563 avec la parution à Lyon et à Genève, sous les noms de François Estienne et François Jaquy, d'un »Kalendrier ou Almanach Historial«[9] qui entend remplacer dans les calen-

---

[6] Jacques BERCHTOLD, Marie-Madeleine FRAGONARD (dir.), La mémoire des guerres de religion. La concurrence des genres historiques XVIe–XVIIIe siècle (actes du colloque international de Paris, 15–16 novembre 2002), Paris 2007.

[7] Sur la chronologie des martyrs et des martyrologes, voir David EL KENZ, Les Bûchers du roi: la culture protestante des martyrs, Seyssel 1997, notamment p. 127sq., 195sq. pour les catholiques.

[8] Frank LESTRINGANT (éd.), Le théâtre des cruautés des hérétiques de notre temps de Richard Verstegan [1587], Paris 1995; Philip BENEDICT, Graphic History. The »Wars, Massacres and Troubles« of Tortorel and Perrissin, Genève 2007.

[9] François JAQUY, Kalendrier ou almanach historial ou on peut cognoistre d'un à vingt ans quand il sera Pasque, Lune nouvelle, la lettre dominicale et autres choses fort requises, Genève 1563; François ESTIENNE, Calendrier historial auquel avons adiousté

driers ce qui tendait »plustot à superstition et idolâtrie qu'à édification« par »plusieurs histoires et autres choses dignes d'observer«.

Ces inscriptions sélectives des événements dans des genres écrits qui se définissent peu à peu méritent d'être décrites de manière un peu détaillée afin d'en porter au jour quelques-uns des principes et des enjeux. Pour saisir le fonctionnement et les ambitions spécifiques des chroniques illustrées, il faut comparer l'immense travail de Tortorel et Perrissin avec une œuvre en apparence plus modeste, restée manuscrite, et dont l'auteur continue d'être inconnu, le »De Tristibus Galliae« de la bibliothèque municipale de Lyon. Gabriel de Saconnay pourrait en être l'auteur, car ses ouvrages imprimés témoignent de la même violence et comportent eux aussi parfois des illustrations qui déshumanisent les protestants en les représentant comme des animaux. Mais le manuscrit paraît postérieur à son décès, et il faut donc envisager un autre auteur, comme Claude de Ruby[10], ou une collaboration que rien n'indique pourtant dans l'écriture (sauf les légendes, en français, des vignettes). Si l'on s'en tient aux seules illustrations, les divergences entre mémoire protestante et mémoire ligueuse des guerres sautent aux yeux: accent spécifiquement protestant sur les années antérieures aux guerres, de manière à rappeler l'ampleur des persécutions subies par les huguenots avant la prise d'arme de 1562; insistance symétrique des catholiques sur la première guerre – et donc, à leurs yeux, sur la responsabilité des calvinistes dans le début des guerres – et poursuite, dans le »De Tristibus«, de l'association entre événement attesté, prodige surnaturel et anecdote invérifiable, qui témoigne d'une conception particulière de l'histoire, où les signes de Dieu peuvent se manifester sous des formes profondément diverses.

Périodes des troubles illustrées dans le »De Tristibus« et dans »Tortorel-Perrissin«[11]

Période	»De Tristibus«	»Tortorel-Perrissin«
Avant les guerres	1 vignette (5,6 % total)	12 gravures (30 %)
Première guerre	8 vignettes (44,4 %)	15 gravures (37,5 %)
Paix d'Amboise	0	0
Deuxième guerre	3 vignettes (16,7 %)	4 gravures (10 %)
Paix de Longjumeau	0	0
Troisième guerre	6 (33,3 %)	9 gravures (22,5 %)

une facile declaration du Nombre d'Or, item de l'Epacte, item de l'Indiction romaine, plus du cycle solaire, s.l. 1567.

[10] Pour Yann LIGNEREUX, les écrits de Claude de Ruby font partie de ces libelles qui, à Lyon, »rendent incertain le succès de ce devoir d'oubli imposé par le souverain«, ID., Lyon et le roi: de la »bonne ville« à l'absolutisme municipal, 1594–1654, Seyssel 2003, p. 33.

[11] Je reprends ce tableau de Géraldine LAVIEILLE, Les illustrations du »De Tristibus Galliae«: la construction clandestine d'une mémoire ligueuse, mémoire de master 1, ÉNS-LSH de Lyon, 2005–2006, p. 94.

Les années 1577–1580 dans les illustrations du »De Tristibus«

Ill. 27: Clôture des états généraux de Blois: discours de l'orateur du clergé
Ill. 28: Clôture des états généraux de Blois: discours de l'orateur de la noblesse
Ill. 29: Clôture des états généraux de Blois: discours de l'orateur du tiers état
Ill. 30: Comparution des protestants devant Henri III
Ill. 31: Siège de Nîmes par Montmorency-Damville
Ill. 32: Édit de Poitiers
Ill. 33: Voyage de Catherine de Médicis; arrivée à Bordeaux
Ill. 34: Paix armée
Ill. 35: Tremblement de terre et orage à Buda
Ill. 36: Événement prodigieux à Paris: combat céleste
Ill. 37: Un paysan pendu et sauvé contre son gré
Ill. 38: Siège de Moirans (1580)
Ill. 39: Siège de La Mure (1580)[12]

Les »pronostications« sont donc aussi le lieu d'une production paradoxale de la mémoire, qui, tout en prétendant évoquer l'avenir et en délivrer les clés à ceux qui sauront les saisir, se chargent de lectures au présent et de commentaires rétrospectifs. On peut en prendre pour exemple le commentaire que donne Chavigny, trente ans après, des présages en vers de Nostradamus pour le mois de mai 1563 (»Terre trembler, tué, prodige, monstre / Captifs sans nombre, faite défaite, faire / D'aller sur mer adviendra malencontre / Fier contre fier mal fait de contrefaire«) lu, alors qu'Henri est en passe d'imprimer un tournant radical à la conquête de son royaume, comme une allusion à l'emprisonnement de »ceux qui ne veulent pas mettre le armes bas« et veulent »regimber contre l'esperon« après l'édit d'Amboise[13].

D'autres façons de percevoir et d'organiser le temps s'avèrent toutefois plus révélatrices et plus décisives dans la formation d'un nouveau rapport historique aux guerres et dans la prise de conscience qu'il fallait sans doute en garder le souvenir, en faire le récit exact, en publier les documents véritables. Dès le tout début des années 1560, les calendriers huguenots innovent, trouvant, pour indiquer les jours et faire de leur succession l'occasion d'une méditation utile, pieuse, qui ne tend pas à superstition, des solutions jusque-là pratiquement inédites[14]: en regard des quantièmes, et à la place des fêtes traditionnelles des saints et des grandes dates de la liturgie catholique, sont portés des événements pris aussi bien dans l'histoire sacrée que dans l'histoire profane et notamment dans l'histoire récente de la Réforme et des

---

[12] Identification des deux localités de Moirans et La Mure par LAVIEILLE, Les illustrations du »De Tristibus Galliae« (voir n. 11), p. 146.
[13] Bernard CHEVIGNARD, Présages de Nostradamus. Présages en vers (1555–1567). Présages en prose (1550–1559), Paris 1999, p. 158–159.
[14] Max ENGAMMARE, L'ordre du temps. L'invention de la ponctualité au XVIᵉ siècle, Genève 2004.

huguenots français, dont les tribulations et les souffrances sont ainsi érigées en véritables épreuves voulues par Dieu pour son nouveau peuple élu, sur le modèle d'Israël.

Deux calendriers huguenots des années 1560

F. Jaquy »Kalendrier, ou Almanach Historial« Genève 1564	François Estienne »Calendrier Historial« s.l. 1567
11/01 Éduar duc de Somerset fut décapité à Londre, 1552	id.
18/02 Le 18 mesme le vray serviteur de Dieu M. Luther mourut lan 1546	id. [sf. date du 22]
06/03 Le 6 mourut Martin Bucer, homme de grand savoir et de grand piété lan 1551	id. [sf. date du 7] Ajout: le 27, mourut Jean Calvin, homme de singulier savoir et grande piété, 1564
06/05 Le sixiesme Rome fut prise par Bourbon lan 1517 Le 29 Constantinople fut prise par Mahomet II, 1453	id.
06/07 Le 6 de ce mois Édouar VI Roy d'Angleterre mourut Jean Hus fut bruslé au Concile de Constance le 8 jour de ce mois, 1415, pour maintenir la vérité de l'Évangile	id.
17/08 Le 17, 1535, commença la Réformation selon la vérité de l'Évangile, en la très renommée cité de Genève	id. [sf. date du 27]
11/10 Le 11 fut le 2ᵉ combat des 5 Cantons des Suisses, contre ceux de Zuric, auquel Zvingle fut tué Le 31, 1517, 101 ans après que Jean Hus fut bruslé, M. Luther commença à donner des propositions contre les indulgences du Pape en la ville de Wittenberg	id.

Dans l'édition Jaquy de 1564, chaque mois s'achève par un psaume en français, qui guide en partie la réflexion sur les événements retenus: pour le mois de juillet, où il est question de l'exécution de Jean Hus et de sa constance dans le martyre, c'est le ps. XXIX qui est choisi: »La voix du Seigneur temoigne / de quelle force il besongne / La voix du Seigneur hautaine / De hautesse est toute pleine«. Pour le mois d'août, qui rappelle le premier passage de Calvin à Genève, c'est un autre psaume que l'on trouve en bas de la page consacrée au mois: »Tous animaux à toy vont à recours / Les yeux au

Ciel, afin que le secours / De ta bonté à repaître leur donne / Quand le besoin et le temps s'y adonne«. À l'évidence, le choix des psaumes participe donc bien au travail de formation d'une réflexion pieuse sur l'histoire, d'une mémorisation utile des grands événements qui avaient marqué l'histoire de la Réforme, en invitant ceux qui les lisent à s'attarder sur la constance de ceux qui portent la parole du Seigneur et le réconfort qu'ils apportent par leur prédication.

La brève comparaison des deux calendriers, qu'il faudrait évidemment étendre à d'autres calendriers, sur une plus longue période, appelle plusieurs remarques. D'une part, les calendriers genevois sont évolutifs et intègrent progressivement les nouvelles informations qui leur parviennent ou les nouveaux événements, comme ici avec la mort de Jean Calvin entre les deux éditions. Petit à petit, les références historiques précises aux événements, français notamment, se multiplient, et les calendriers de la fin du XVI⁰ siècle et des débuts du XVII⁰ siècle en viennent à conserver le souvenir de presque tous les épisodes illustrés une ou deux générations plus tôt par Tortorel et Perrissin à côté de nombreux autres faits jugés significatifs. C'est dans ce redoublement, dans ces stratégies de compilation et de répétition, que peut se forger la conscience d'une l'histoire providentielle des réformés français, que peut s'inventer une manière particulière de lire l'histoire des troubles et de la vivre comme une actualité toujours présente, toujours possible. Mais il faut relever que les nouveaux protagonistes ne doivent leur irruption sur la scène de cette histoire qu'à leur mort. Parallèles en cela aux portraits de réformateurs – dont on a pu montrer que l'apparition est, à l'exception des luthériens, étroitement liée à la disparition physique et aux stratégies de pérennisation de leur enseignement développées par leurs successeurs[15] – les calendriers huguenots fonctionnent ici comme des manières d'obituaires sans liturgie et sans clergé, comme des formes de commémoration des morts détachées de toute prière d'intercession. D'autre part, tout en s'adressant à un public francophone et en multipliant les références aux vicissitudes des guerres en France, les calendriers genevois ignorent volontairement les différences confessionnelles entre Églises issues de la Réforme et mentionnent avec une égale faveur, en apparence, Zwingli, Calvin, Bucer, Luther ou Jean Hus. En cela, et de façon qui annonce déjà ce qui sera un mode d'écriture de l'histoire des luthériens allemands dans la période de la guerre de Trente Ans[16], ils façonnent un »protestantisme« qui dépasse largement la cause huguenote: ce sont les protestants dans leur ensemble, les Églises protestantes par-delà leurs

---

[15] Olivier CHRISTIN, Mort et mémoire. Les portraits de réformateurs protestants au XVI⁰ siècle, dans: Revue suisse d'histoire 55 (2005), p. 383–400.
[16] Sur cette question, voir Thomas KAUFMANN, La culture confessionnelle luthérienne de la première modernité. Remarques de méthode, dans: Études germaniques 3 (2002), p. 421–440.

divergences et leurs conflits, qui sont les protagonistes de cette histoire providentielle agie par Dieu. Ce choix, au milieu des années 1560, marquées par
le renouveau des tensions entre luthériens et calvinistes, notamment dans
l'Empire, ne doit, là encore, évidemment rien au hasard.

Cette conscience historique soigneusement entretenue, cette mémoire des
anciennes souffrances et des anciennes espérances – inlassablement complé-
tée, corrigée, actualisée – portent en elles de nouveaux conflits. Car dès le
règne de Louis XIII, les calendriers s'attirent les critiques de catholiques,
pour qui ils contreviennent directement aux injonctions de l'édit de 1598 en
conservant la mémoire des troubles et en décrivant de manière jugée polémique les tribulations du peuple protestant à travers les persécutions et les violences. Un incident révélateur survient lors du synode national de Charenton
en 1645, qui témoigne de la vigilance des autorités catholiques devant ces
enjeux de mémoire et de leur souci d'ôter aux protestants, progressivement et
au nom de la paix, la possibilité d'écrire leur histoire des troubles: le commissaire du roi chargé d'assister au synode, M. de Caumont, déclare en effet
aux représentants protestants qu'il a

ordre de [les] informer que Leurs Majestés sont très-mal satisfaites, que contre cet
article de l'Édit [de Nantes] qui a tant été recommandé, par lequel on mettoit en oubli
tous les sujets de ressentimens, on a inséré dans le pseautier imprimé à Genève en
1635 ces paroles: ›On assembla le detestable concile de Trente le quinzième jour de
mars 1545‹[17].

C'est précisément en relation avec ces productions pour l'essentiel imprimées
et destinées, on le sait, à une circulation assez large que se comprend un second type de pratiques symboliques de fabrication et de conservation de la
mémoire des troubles et de l'affrontement des Églises ou des partis à travers
elles, y compris après la paix, lorsque l'oubli a été prescrit. L'insertion protestante dans le temps cyclique du calendrier d'événements contemporains en
relation avec les conflits de la seconde moitié du XVIe siècle (la mort de
Calvin, la conclusion de la paix d'Amboise) ou d'événements très proches (la
mort de Luther, la mort de Zwingli), que l'on destine par là à une commémoration répétée chaque année, a en effet un pendant catholique, à la fois imma-
tériel et profondément inscrit dans les lieux mêmes des violences entre
confessions sous la forme des processions anniversaires qu'instituent dans un
assez grand nombre de villes les partisans de l'Église romaine. À Rouen, par
exemple, les catholiques organisent, à partir de 1562, tous les 26 octobre une
procession pour commémorer la reprise de la ville par les troupes royales et
la fin du régime protestant[18]; à Toulouse, si l'on reprend le récit de Thomas

---

[17] Cité par ENGAMMARE, L'ordre du temps (voir n. 14), p. 105.
[18] Laurent BOURQUIN, Les nobles, la ville et le roi. L'autorité nobiliaire en Anjou
pendant les guerres de religion, Paris 2001, p. 169.

Platter à la fin du siècle, »on organise depuis ce jour-là [l'échec en mai 1562 d'une tentative des protestants pour s'emparer de la ville] tous les ans une procession d'action de grâce« au cours de laquelle on porte les reliques de saint Sernin, qui visite ainsi sa ville et en reprend symboliquement possession[19]; à Angers, une procession commémorant également la victoire catholique existe de 1562 à 1593[20]. Des processions similaires sont attestées à Dreux[21], ou encore à Chartres, où l'échec des protestants lors du siège de mars 1568 fait l'objet d'une véritable entreprise commémorative, qui combine instauration d'une procession annuelle, pose – à l'initiative d'un conseiller au bailliage et siège présidial – d'une épitaphe, gravée sur le lieu où la brèche protestante dans les murailles avait été protégée par Marie, et érection d'une chapelle en l'honneur de la Vierge[22]. Fin août 1568, six mois après le siège, les échevins de la ville décident en effet d'ériger une pierre gravée:

Sur la remonstrance faite par le Sr Hurré [Louis Huvé, échevin] pour mettre et engraver en l'une des pierres qui seront mises pour la restauration de la brèche faite durant le siège mis au commencement du mois de mars dernier devant la ville, a esté fait et dressé un épitaphe par Me Jean Grenet, conseiller au siège présidial, requérant pour cette cause aviser si ledit épitaphe sera engravé en la muraille, dont la teneur suit. Après la lecture qu'on en a donnée, il est ordonné que cet épitaphe sera gravé sur une pierre qui sera mise à ladite muraille[23].

La pierre devait porter un poème en hexamètres latins:

Siège de Chartres en l'an du Seigneur 1568, commencé la veille des Calendes de mars [29 février], levé au Ides [15 mars]

À la postérité
Tandis que la religion prétendue réformée jette la division entre les Français et répand partout les désordres de la guerre, la ville de Chartres subit un siège rigoureux, et ses

[19] Le voyage de Thomas Platter 1595–1599 (Le siècle des Platter II), présenté par Emmanuel LE ROY LADURIE; texte traduit de l'allemand par Emmanuel LE ROY LADURIE, Francine-Dominique LIECHTENHAN, Paris 2000.

[20] BOURQUIN, Les nobles, la ville et le roi (voir n. 18), p. 169. Épisode en partie comparable au Mans, où la fuite »confusément et à la hâte« de protestants en 1562 coïncide avec le jour de la fête de la translation des reliques de sainte Scholastique et se trouve donc interprétée par les catholiques comme un miracle dont le souvenir va être durablement gardé: François DORNIC, Histoire du Mans et du pays manceau, Toulouse 1975, p. 123.

[21] Françoise CHEVALIER, Les difficultés d'application de l'édit de Nantes d'après les cahiers de plaintes (1599–1660), dans: GRANDJEAN, ROUSSEL (dir.), Coexister dans l'intolérance (voir n. 4), p. 317.

[22] André CHEDEVILLE, Histoire de Chartres et du pays chartrain, Toulouse 1983, p. 303–320.

[23] Registre des échevins, séance du 24 août 1568, Bibl. municipale de Chartres, ms SA 44 vol. I, fol. 339r–v. Je dois ces informations à Nicolas Balzamo, que je remercie vivement, et à son travail (master 1, université de Paris IV, sous la direction de Denis Crouzet) sur Chartres au XVIe siècle.

murailles, aujourd'hui réparées, sont battues par le canon. Sous le commandement de Linières et grâce au dévouement d'une population fidèle, la ville fut préservée de toute dévastation: défendue par une poignée d'hommes, elle vit ses ennemis repoussés. Que cet exemple enseigne à nos fils et à nos descendants les plus lointains combien il est beau de combattre pour son roi, sa patrie, ses autels et ses foyers et de ne jamais reculer devant l'ennemi[24].

Quelques mois plus tard, et alors que l'anniversaire du siège approche, le chapitre général de la Purification Notre-Dame enrichit encore les formes de conservation de sa mémoire en ajoutant un volet proprement liturgique au travail politique des écritures exposées commandées par l'échevinage:

Après une longue délibération et suite au consentement unanime exprimé au dernier chapitre général de la Purification, le chapitre ordonne que l'on fera une procession générale le quinzième jour de mars, laquelle ira à l'église collégiale de Saint-André de Chartres, afin de rendre grâce à Dieu de la libération de la cité du siège mis par les ennemis[25].

Les processions de ce type constituent donc une des variables décisives de la sortie des guerres: non seulement elles perpétuent le souvenir des premiers affrontements de l'année 1562 (ou de 1568 dans le cas de Chartres) bien au-delà de ceux qui les ont conduits et vécus, mais elles contribuent également à une représentation de la ville en corpus chrétien sans cesse menacé et remerciant Dieu de l'avoir maintenu dans la vraie foi. Se réappropriant le territoire urbain par leurs pérégrinations, les foules catholiques déroulent ainsi devant les protestants qui peuvent subsister en ville le spectacle de la défaite de ces derniers, manifestent l'exclusion de fait de ceux-ci du corpus sacré de la ville comme communauté de prière et de salut unie dans une même foi et sous de mêmes protecteurs célestes, qui ont fait la preuve de leur efficacité et de leur diligence. Elles contrecarrent ainsi explicitement les principes des paix successives que la monarchie tente d'imposer, en entretenant le souvenir des troubles et de l'intervention céleste en faveur des catholiques et en donnant de l'identité collective de la ville une définition qui en exclut nécessairement les protestants: ici, au rebours de la sentence célèbre de Michel de l'Hôpital, l'hérétique n'est à l'évidence pas un citoyen, mais un élément étranger et inquiétant, dont il importe de conjurer, chaque année, la menace. Nulle surprise, du coup, de voir ces processions devenir occasions de nouveaux con-

---

[24] Rapporté par de nombreux auteurs, mais souvent de manière fautive, le texte latin a été exactement transcrit par Y. Delaporte à partir du monument original, conservé depuis 1935 dans la chapelle de Notre-Dame-de-la-Brèche (Y. DELAPORTE, Souvenirs du siège de Chartres en 1568, dans: MSAEL, vol. XVII, Chartres 1942, p. 103).
[25] Registres capitulaires, séance du 26 février 1569, G 435, pièce n. 39, fol. 1v. Nicolas Balzamo relève aussi des fondations pieuses pour commémorer le succès catholique du 15 mars 1568: la date devient celle d'une fête »double solennelle«, ce qui dit assez son importance dans la mémoire de la ville.

flits et de nouvelles violences – tournées cette fois contre ceux qui refusent de décorer leurs façades ou de cesser le travail – et surgir régulièrement devant les juridictions chargées du contentieux entre catholiques et protestants au sujet de l'application de l'édit de 1598.

L'inscription durable des conflits dans l'espace de la ville et l'écriture d'une histoire à la fois douloureuse et providentielle du sursaut catholique et du retour de la vraie foi se manifeste également dans la multiplication des pierres gravées, des écritures exposées, des monuments commémoratifs surchargés de légendes et d'explications historiques, des dispositifs pédagogiques et apologétiques destinés à conserver la mémoire des exactions des hérétiques lors des troubles, comme à Chartres. Malgré ses imprécisions, qui disent peut-être aussi les difficultés rencontrées par les contemporains pour le déchiffrement de cette mémoire monumentalisée, on peut ici encore suivre le récit de Thomas Platter, véritable amateur d'antiquités. Lorsqu'il arrive à Poitiers, en 1599, Thomas Platter remarque ainsi une inscription latine sur l'église Notre-Dame-la-Petite, dont il attribue la construction à Constantin: »L'effigie que la piété de Constantin avait érigée jadis en 346 / La rage de l'ennemi l'a jetée à terre en l'an 1562 / Le pieux abbé de cette église en chevalier fidèle l'a érigée à nouveau / [...] le tout en 1592«[26].

À Paris, il découvre, quelques mois plus tard, la pyramide érigée en mémoire de l'attentat perpétré en 1594 contre le roi par Jean Chastel, qui est, dit-il, »gravée d'inscriptions multiples [qui...] accusent les jésuites d'avoir inculqué certain enseignement à leur disciple«. Cette pyramide, construite en 1595 sur l'emplacement de la maison de Chastel rasée par décision du parlement, ne comportait en effet aucune effigie du souverain, mais multipliait les dispositifs rhétoriques et emblématiques capables de frapper les esprits et de combiner éloge du souverain et critique de la Compagnie de Jésus: sur les quatre faces, les vertus cardinales semblent avoir porté quelques-uns des insignes de la monarchie (couronne, sceptre, fleurs de lys, manteau fleurdelisé), mais l'essentiel résidait bien dans l'importance des textes gravés en lettres d'or sur le marbre noir, qui reprenaient en détail le récit des événements et l'arrêt de la cour de parlement condamnant Chastel. Discours éloquent qui s'adressait au passant (»écoute passant soit que tu sois étranger ou citoyen de la ville [...]. Moi qui suis aujourd'hui une haute pyramide étais autrefois la

---

26 Le voyage de Thomas Platter 1595–1599 (voir n. 19), p. 588. Inscriptions relatives aux guerres et aux violences huguenotes, également dans l'église de Caudebec (Louis RÉAU, Les monuments détruits de l'art français, Paris 1959, t. II, p. 71) et dans la cathédrale de Bazas, dont les protestants demandent qu'elles soient effacées (Françoise CHEVALIER, Les difficultés d'application de l'édit de Nantes, dans: GRANDJEAN, ROUSSEL [dir.], Coexister dans l'intolérance [voir n. 4], p. 316). Inscription relative à la mort du consul Casaulx à Marseille, dans: Le voyage de Thomas Platter 1595–1599 (voir n. 19), p. 252.

maison de Chastel, mais par ordre du parlement assemblé je fus ruinée de fond en comble en punition d'un crime [...]. Retire-toi passant, l'infamie surprenante qui rejaillit sur notre ville m'empêche d'en dire davantage«[27]), parole efficace au cœur de la ville et des relations de pouvoir complexes entre le roi converti et le parlement. La pyramide voyait son discours redoublé par maints autres discours qui le commentaient, le répétaient et l'amplifiaient puisque, comme le dit un pamphlet publié après la destruction de la statue en 1605[28], »les pierres parlent«[29]: des années plus tard, Antoine Arnauld en parle encore comme d'une »colonne plus honorable, plus glorieuse que celles de Trajan et d'Antonin«, et plusieurs gravures en perpétuent, loin dans les XVIIe et XVIIIe siècles, le souvenir.

D'autres sources témoignent de cette monumentalisation des mémoires et de la légitimité que les pouvoirs – urbains, parlementaires ou royal – entendent y puiser. En 1622, par exemple, Louis XIII commande à Michel Bourdin un monument funéraire en l'honneur de Louis XI pour remplacer celui qui a été détruit à Notre-Dame de Cléry par les protestants lors de la première guerre de religion[30]. À Toulouse, les habitants pourraient avoir eu deux statues, l'une de Charles IX, érigée pour son tour de France royal, l'autre d'Henri de Navarre, chef du parti protestant, à laquelle ils auraient adressé »tous les outrages et moqueries possibles«[31]. Le plus révélateur se trouve toutefois peut-être dans les inscriptions ajoutées tardivement à des tableaux religieux ou profanes directement liés à la période des troubles et qui sont alors détournés de leurs fins initiales pour servir à la conservation de la mémoire des violences protestantes. On peut prendre deux exemples, hélas inégalement documentés. Le premier vient d'un ancien triptyque attribué à Jan Van Dornicke, actif à Anvers dans le premier tiers du XVIe siècle, qui est

---

[27] Traduction française de Nicolas Petitpied en 1716, citée par Pierre WACHENHEIM, La pyramide du Palais ou Henri IV représenté malgré lui: un épisode de la genèse de l'image du roi à l'aube du XVIIe siècle, dans: Thomas W. GAEHTGENS (dir.), L'image du roi. Fictions du pouvoir et stratégies visuelles 1500–1650, Paris 2006, p. 57–76, dont je reprends la démonstration.

[28] Évocation de la destruction dans Corrado VIVANTI, Guerre civile et paix religieuse dans la France d'Henri IV, trad. fr., Paris 2006, p. 140.

[29] Anonyme, Prosopopée de la pyramide du Palais, s.l. n.d., citée par WACHENHEIM, La pyramide du Palais (voir n. 27), p. 65.

[30] RÉAU, Les monuments détruits de l'art français (voir n. 26), t. II, p. 78. Exemple plus précoce dans François LE MAIRE, Histoire et antiquitez de la ville et duché d'Orléans, avec les vies des roys, ducs, comtes, vicomtes et baillifs..., Orléans ²1648, p. 273: »Les effigies de nostre Dame de Pitié et de la Pucelle estans de bronze qui avaient esté mises du règne de Charles VIII sur le Pont d'Orléans l'an 1458 ayans esté abbatues et rompues par les Huguenots aux troubles seconds 1567, furent refondues et ressoudées par Hector Lescot dit Jaquinot, le 9 octobre 1570 et remises sur le Pont«.

[31] Récit de Platter à prendre avec prudence, Le voyage de Thomas Platter 1595–1599 (voir n. 19), p. 546.

aujourd'hui au musée savoisien de Chambéry. Les actes iconoclastes du XVIᵉ siècle ont gravement endommagé l'ensemble, au point de conduire à la fin du siècle ou au début du XVIIᵉ à d'importantes restaurations: le triptyque est alors remonté en panneau unique – sans volets latéraux ni charnières, même si l'ancienne forme se devine encore bien – et doté d'un cadre qui porte une inscription en latin et en français:»Voilà ce qui est resté de ceste rare pièce arquebusée et brisée par la rage des hérétiques» et, au-dessus du baldaquin,»Honneur en réparation pour ces perfidies«[32]. Certes, rien ne permet de rattacher cette restauration et cette diatribe aux guerres françaises de la seconde moitié du XVIᵉ siècle plutôt qu'à la crise iconoclaste que connaissent les Pays-Bas en 1566. Mais l'inscription latine en bas du cadre, *Olim quanta fuit sola ruina docet*, rappelle un autre tableau, étroitement lié au contexte français cette fois. Il s'agit du panneau, conservé au musée Gadagne de Lyon, et souvent désigné comme »le Sac des églises de Lyon par le baron des Adrets«, alors même qu'aucun édifice lyonnais ou aucun indice ne plaide de manière décisive pour une telle localisation. Certaines analogies avec des gravures publiées dans les violents pamphlets de Saconnay ou certaines vignettes du »De Tristibus«, constituent peut-être des éléments de preuve; certains documents d'archives, qui décrivent les procédures mises en œuvre dans le pillage des églises lyonnaises en 1562, et notamment la présence de libraires et de notaires pour évaluer et enregistrer la valeur des biens saisis, s'accordent éventuellement avec ces indices: il reste pourtant que le titre sous lequel le tableau est connu repose avant tout sur les inscriptions – postérieures – que l'on peut déchiffrer en haut et en bas. On lit notamment, en latin, »que les dogmes impies de Calvin ne causent que vol et meurtre, c'est ce qu'enseigne la peinture des ruines de Lyon«, dans une répétition, pour la seconde partie du texte, presque mot à mot de l'inscription du retable de Chambéry[33]. Les ruines elles-mêmes, soigneusement restaurées et légendées pour porter la mémoire des violences dont elles furent l'objet, grossissent ainsi la foule des témoins de la fureur des guerres, bien après les injonctions à l'oubli de la paix de 1598.

[32] Voir Olivier Christin, notice 175 du catalogue de l'exposition du Bernisches Historisches Museum et du musée de l'Œuvre Notre-Dame de Strasbourg, dans: Cécile Dupeux, Peter Jezler, Jean Wirth (dir.), Iconoclasme. Vie et mort de l'image médiévale, Berne, Strasbourg, Zurich 2001, p. 348–349.
[33] Olivier Christin, Le sac de Lyon (1562) et l'iconoclasme lyonnais, dans: L'art et les révolutions. Actes du XVIIᵉ congrès du CIHA, Strasbourg 1989, p. 139–150.

Pardon, amnistie et oubli

L'édit de 1598 n'est donc pas la fin de l'histoire et le triomphe d'un oubli d'autant plus immédiat et total qu'il aurait été unanimement souhaité par tous ou presque. Au contraire, ses dispositions mêmes et celles des articles qui l'accompagnent, notamment en matière de culte de possession, poussent catholiques et protestants vers de véritables guerres de papier pour établir ou récuser la présence d'un exercice public du culte protestant. L'article 9 autorise celui-ci, en effet, là »où il a été fait publiquement par plusieurs et diverses fois en l'an 1596, et en l'année 1597, jusqu'à la fin du mois d'août«; l'article 10 ajoute qu'il pourra être établi ou rétabli en toutes villes et places où il a été établi, ou dû être par l'édit de pacification fait en l'année 1577 [paix de Bergerac], articles particuliers et conférence de Nérac et Fleix. Loin de tirer un trait sur le passé et d'en abolir jusqu'au souvenir, l'édit s'oblige à des précisions décisives sur l'histoire des troubles et sur la chronologie des pacifications, et oblige, du même coup, les adversaires à devoir établir sur l'histoire leurs prétentions. Les commissaires d'application de l'édit examinent en effet en détail les preuves que produisent les adversaires, écrites et orales, et vont jusqu'à regarder les registres des consistoires ou à dénombrer les familles protestantes. Lorsqu'ils siègent à Grenoble en décembre 1599, par exemple, ils reçoivent ainsi une longue requête des catholiques de Buis-les-Baronnies, qui veulent attester »qu'en l'année 1577 il n'y avoit aulcung exercice de ladite religion dans ladite ville«[34] et »qu'à présent ny long temps auparavant il n'y a eu aucun ministre ne presche dans ledit Buys«. Plus de vingt ans plus tard, les rédacteurs protestants du cahier de doléances de Loudun se plaignent encore des embûches que les juges catholiques dressent devant eux dans ces affaires:

alors qu'il est question de prouver que l'exercice de ladite religion a esté fait en quelque lieu pour y estre restably suivant l'article neuviesme de l'Édit de Nantes, sy les juges voyent qu'il a preuve par escript ils la rejettent et astreignent ceux de ladite religion à faire ladite preuve par tesmoignage seulement et lors qu'ilz la peuvent faire par tesmoignage leur ordonnent de la faire seulement par escript.

L'histoire des guerres et la conservation aussi exacte que possible de leur mémoire locale devient ainsi paradoxalement l'un des passages obligés du travail de la pacification et l'un des moyens nécessaires à l'application véritable de l'édit pour les minorités protestantes.

C'est du coup en rappelant – même sommairement – les modes et les enjeux de l'édification de consciences historiques propres aux partis politico-confessionnels pendant les troubles et au cours de la difficile sortie de ceux-

---

[34] Élisabeth RABUT, Le roi, l'église et le temple. L'exécution de l'édit de Nantes en Dauphiné, Grenoble 1987, p. 127.

ci, en décrivant aussi les formes particulières de l'éternisation de la mémoire des guerres portées par des acteurs aux intérêts dissemblables que l'on comprend quelques-unes des dispositions de l'édit de 1598 et de ses annexes, qui cherchent, à l'évidence, à désarmer par anticipation les entreprises qui pourraient contredire ou entraver la prescription de l'oubli. En effet, comme l'a montré Mark Greengrass, »dans quatorze de quatre-vingt-douze articles enregistrés par le parlement de Paris, cette notion de pardon général est amplifiée, fortifiée et précisée«[35]: non seulement, ceux qui s'emploieraient à »renouveler la mémoire« des guerres sont passibles de poursuites (art. 2), mais les »sentences, jugements, arrêts et procédures« contre les protestants depuis la mort d'Henri II sont »cassés, révoqués et annulés« et »ils seront rayés et ôtés des registres des greffes des cours, tant souveraines qu'inférieures«. Le souverain exige aussi, par le même article (art. 58) que soient

ôtées et effacées toutes marques, vestiges et monuments de ces exécutions [de justice], livres et actes diffamatoires contre leurs personnes, mémoire et postérité, et que les places où ont été faites pour cette occasion démolitions ou rasements soient rendues en tel état qu'elles sont à leurs propriétaires.

Les dispositions de l'édit, la double obligation d'amnésie et d'amnistie qu'elles instaurent, sauf cas »exécrables«, comme »ravissement et forcement de femmes et filles, brûlements, meurtres et voleries par prodition et guetapens« notamment (art. 86), ne s'épuisent donc pas dans un discours à la fois très ample et très flou, qui conjuguerait oubli et pardon. Elles renvoient, au contraire, à des pratiques politiques, juridiques et rhétoriques précises, à des enjeux concrets et parfaitement identifiés par les rédacteurs de l'édit et par ceux qui auront, dans les provinces, la charge de l'appliquer et de l'imposer à des acteurs tiraillés entre aspiration à la paix et construction mémorielle. Loin d'un discours vague sur la réconciliation dans lequel viendraient se confondre des éléments et des ressources finalement hétérogènes – la grâce royale, l'amnistie de certains crimes, sous condition, le pardon chrétien comme nécessité de redressement de la religion et du retour à la vie en commun des deux confessions dans un système qui tourne le dos au *cujus regio* et multiplie les lieux de coexistence, la destruction des actes de justice et des vestiges des exécutions – ces dispositions s'incarnent dans des théâtres précis où les agents de la paix vont devoir les mettre en œuvre et les justifier.

Le premier de ces théâtres où s'expérimente l'injonction de l'oubli imposé aux anciens adversaires – et surtout aux cours de justice qui auraient pu être saisies par ceux-ci pour transformer la guerre armée en querelle judiciaire

---

[35] Mark GREENGRASS, Amnistie et oubliance: un discours politique autour des idées des édits de pacification pendant les guerres de religion, dans: Paul MIRONNEAU, Isabelle PEBAY-CLOTTES (dir.), Paix des armes, paix des âmes, Actes du colloque tenu au château de Pau, Paris 2000, p. 113–123.

bien après la pacification officielle –, c'est évidemment celui de l'éloquence obligée des agents chargés par le roi de veiller à l'application des édits de paix successifs. Devant les parlements de province, les chambres de justice établies plus ou moins durablement dans telle ou telle région, ces commissaires pour la pacification des troubles, ces avocats du roi ou ces présidents de parlement doivent ainsi user des ressources de la parole efficace pour convaincre les officiers locaux de faire de la justice un instrument de la paix et non celui de la prolongation de la guerre après la guerre. La tâche n'est certes pas aisée: elle consiste à obliger ces officiers à adopter une politique de l'amnistie qui éteigne rapidement les »vengeances privées« est aussi à les inviter à renoncer à une partie de leurs prérogatives et de leurs possibles initiatives, sans doute parce que le souverain estime alors que »les juridictions ordinaires étaient incapables de faire respecter les dispositions d'apaisement et de tolérance«[36]. Des efforts déployés par les partisans de la paix pour justifier l'amnistie et la faire entrer dans la pratique des tribunaux eux-mêmes, le discours d'Antoine Loisel en 1584 devant la chambre de justice de Guyenne ou ceux de Rabot d'Illins à Grenoble constituent des exemples désormais bien connus. Dans les deux cas, la parole éloquente au service de l'oubli est d'abord déploration des ravages de la guerre, décrite comme une maladie du corps de l'État, secoué de fortes fièvres et de »mauvaises humeurs« (Loisel), et auquel il faut appliquer promptement les remèdes[37]. Chez Rabot d'Illins, premier président au parlement de Grenoble, l'invitation à l'amnésie ne surgit ainsi qu'au terme d'une longue démonstration d'histoire qui doit en montrer la nécessité. Il rappelle que les provinces du royaume – et plus particulièrement celle du Dauphiné – ont été au cours des troubles qui précèdent la pacification de 1598 »comme atterrées et accablées par le pesantz fardeau de toute espèce de misère, desolation, et portées à ung doigt pretz de leur ruine par les partialitez et divisions«[38]. Dans la même harangue, prononcée en novembre 1599 aux habitants de Crest, Rabot d'Illins estime

---

[36] Francis GARRISSON, Essai sur les commissions d'application de l'édit de Nantes, Montpellier 1964, p. 45. Remarque proche chez Raymond Mentzer, qui estime que ce n'est que progressivement que les magistrats provinciaux vont accepter l'idée d'amnistie et accepter de la mettre en pratique, ID., L'édit de Nantes et la chambre de justice du Languedoc, dans: GRANDJEAN, ROUSSEL (dir.), Coexister dans l'intolérance (voir n. 4), p. 335.

[37] Mark GREENGRASS, Amnistie et oubliance, passim et Hugo POULET, Mettre en oubli: Une approche des pratiques d'»oubliance« dans la confédération des cantons suisses, mémoire de master, université de Lyon II-ÉNS-SH, 2005–2006.

[38] Stéphane GAL, Grenoble au temps de la Ligue. Étude politique, sociale et religieuse d'une cité en crise (vers 1562–vers 1598), Grenoble 2000. Voir aussi, du même auteur, son édition judicieuse des harangues de Rabot d'Illins, ID., Le verbe et le chaos: les harangues d'Ennemond Rabot d'Illins premier président du parlement du Dauphiné (1585–1595), Grenoble 2003.

encore que »si par la calamité des guerres civiles et intestines son naturel [de la France] a esté aulcunement altéré ou devenu farouche, il fault qu'elle reprenne les brizées de son ancienne loyaulté et cordialle amour à son roy et prince souverain«. À Vienne, quelques jours plus tard, il convoque les exemples »de Babylone, de Perse et de Graece« pour montrer que »la source de l'éversion et ruine des plus grands et florissantz empires, royaulmes est estatz de l'univers ne peult estre rapportée qu'à la discorde et division«.

Mais cette leçon éloquente de l'histoire – que l'on retrouve en partie chez Loisel – ne vaut que si elle accompagne l'administration des bons remèdes, que ces discours ont justement pour ambition de désigner. En 1595, pour un projet d'entrée du roi dans la ville de Lyon, Pierre Matthieu avait jugé »qu'il semble pour maintenant que la justice soit impuissante et débile, et qu'il ne soit pas bon d'user des remèdes durant les plus forts accès de ces fièvres continues qui affligent ce corpos politique«, mais que »le temps qui assaisonne les choses luy [au roi] remettra le glaive et la balance en main, sans que pour cela les méchans puissent prescrire leur méchanceté«[39]. Trois ans plus tard, la reconstruction henricienne et l'instauration de la paix s'engagent pourtant sur d'autres chemins, passant, au contraire, par la modération des remèdes – qu'il faut doux en raison de la violence des fièvres passées et de la faiblesse du malade – et la multiplication des amnisties et des amnésies consenties en échange du retour des anciens ligueurs à l'obéissance royale.

Et c'est là, sans aucun doute, le deuxième terrain sur lequel se déploie la politique de l'oubli et de l'amnistie; dans la multiplication des grâces individuelles ou des pardons, qui suspendent les poursuites, comme dans le cas de cet augustin qui reçoit le pardon royal en 1607; dans l'activation ou la réactivation de multiples liens de clientèle, structures de patronage et d'enrôlement, réseaux de relations où les anciens adversaires du roi peuvent rejoindre ses partisans et témoigner de leur fidélité nouvelle; dans la succession des accords au terme desquels des villes ligueuses et de grands seigneurs révoltés se soumettent à l'autorité du Bourbon au terme de négociations plus ou moins longues et plus ou moins ouvertes[40]. Or l'»oubliance« qu'invoquent les édits de pacification s'avère, dans les faits, à la fois très variable et très progressive, constituant justement par là un instrument décisif entre les mains du roi et une forme originale de captation des outils légitimes de la violence symbolique au détriment de tous les autres acteurs, notamment dans la sphère judiciaire. À Amiens, par exemple, les »bons articles accordez par sa Majesté« pour le retour de la ville sous son autorité au cours de l'été 1594 confirment les anciens ligueurs et les anciennes créatures de Mayenne dans leurs bénéfi-

---

[39] LIGNEREUX, Lyon et le roi (voir n. 10), p. 92–113 sur les Grands Jours de Lyon.
[40] Michel CASSAN, La réduction des villes ligueuses à l'obéissance, dans: Nouvelle revue du XVIe siècle 21/22 (2004).

ces et offices et promettent l'absence de poursuite judiciaire, sous réserve de
la restitution des biens extorqués[41]: le succès royaliste se fait ici presque sans
coup férir, en attendant le revirement de 1597. À Angers, en revanche, en
1598, la radicalisation de la Ligue et la mauvaise réputation de certains de ses
protagonistes, les frères de Saint-Offange, que nombre de contemporains
tiennent pour avoir commis les exactions qui seront exclues quelques mois
plus tard de l'amnistie par l'article 86 de l'édit de Nantes, conduisent le roi à
procéder d'une autre façon, en n'accordant à ces deux gentilshommes que des
lettres de rémission[42]. Même choix de la part du roi au sujet de Pierre Le Cor-
nu, qui contrôle la ville et la garnison de Craon, à qui il accorde en février
1598 une lettre de rémission. Ces pardons concédés comme à des criminels
qui, ayant reconnu la gravité de leurs offenses, implorent les »bonté, clémence et miséricorde« du souverain sont en apparence très éloignés des articles négociés avec des villes entières et de grands seigneurs: ils confirment
toutefois eux aussi que »le monarque représentait la seule incarnation de la
justice royale« et que la pacification ne reposait, en dernière instance, que sur
sa volonté[43].

L'amnistie ou le pardon pouvaient donc parfaitement s'accompagner de
poursuites ciblées et de l'éviction de certains des anciens adversaires[44], et ne
produire leurs effets qu'au terme de plusieurs années d'un long travail de
conversion et de reconversion imposé aux protagonistes des troubles à travers
de multiples canaux. Conservation ou réintégration dans les corps de ville –
chamboulés ou préservés dans leurs antiques libertés – gratifications financiè-
res honorifiques, insertion pour les anciens ligueurs dans des confréries où ils
pouvaient retrouver les catholiques royaux, comme à Rouen, furent ainsi
quelques-uns des visages du retour des anciens ennemis à l'obéissance du roi.

L'oubli n'est donc pas une fiction inventée par le roi pour couvrir d'un
manteau d'ignorance volontaire ce qui ce serait déroulé pendant les guerres:
il est expression de son autorité, manifestation de sa puissance souveraine en
matière de loi et de justice, mais aussi revendication de la part des acteurs des
troubles, demande explicite, souhait négocié. À Albi, par exemple, après le
départ de la garnison de Joyeuse, l'évêque de la ville peut enfin faire son
entrée solennelle et prendre possession de son bénéfice: il est accueilli par
une harangue du second consul qui lui souhaite la bienvenue,

---

[41] Olivia CARPI, Une République imaginaire. Amiens pendant les troubles de religion
(1559–1597), Paris 2005, p. 207–209.
[42] BOURQUIN, Les nobles, la ville et le roi (voir n. 18), p. 217–218.
[43] Ibid., p. 219, 235.
[44] Voir ici l'analyse des procès portés devant la chambre de l'édit du parlement de
Paris au début du XVIIe siècle, par Diane-Claire MARGOLF, Adjudicating Memory. Law
and Religious Difference in Early Seventeenth Century France, dans: Sixteenth Century
Journal 27 (1996), p. 99–418.

en espérant lesd. habitants que tout ainsi que led. Seigneur evesque a bénignement céri [chéri] et embrassé aulcung de ceulx qui l'avoient peu provoqué à un juste courroux, il uzera de mesme faveur et grâce envers ceulx qui restant et mettre sous le manteau d'oblivion les fautes passées[45].

L'oubliance vient ainsi retisser les réseaux de fidélité et les formes traditionnelles d'allégeance mis à mal par les guerres civiles, dans lesquelles chacun s'oubliait et oubliait ses devoirs: en cela, elle constitue un outil de reconquête politique, qui ramène vers le roi nobles rebelles et villes ligueuses. La clémence du roi, en effet, oblige ceux qui en bénéficient et crée, à l'endroit de celui-ci, un nouveau système de dette et de clientèle. Mais elle n'oblige pas en retour le roi et ses partisans à renoncer à la dénonciation des crimes de la Ligue et des calamités de la guerre. Tout se passe donc comme si les clauses d'oubliance de l'édit de Nantes n'avaient pas pour fonction d'effacer jusqu'au souvenir du passé et de recouvrir d'un voile d'ignorance volontaire un demi-siècle de guerres, mais bien de créer les conditions d'un monopole royaliste du discours légitime sur celles-ci[46], qui invalide, par anticipation, les autres interprétations qui pourraient en être offertes par ceux qui n'auront pas su ou pas voulu accepter l'amitié royale, abandonner leurs anciennes préventions et, surtout, couper les liens qui les unissent encore aux morts pour leur cause dont ils pensent encore être les débiteurs. Le roi peut ainsi se considérer comme libre d'accorder son »amitié royale« ou une simple grâce, libre de rétribuer ceux qui le rejoignent, libre de restaurer les monuments de la monarchie détruits au cours des guerres ou de faire, en 1605, raser la pyramide du Palais.

---

[45] Jean-Louis BIGET (dir.), Histoire d'Albi, Toulouse 1983, p. 176.
[46] À la fin des troubles, les victoires du roi sont ainsi célébrées par des *Te Deum* au cours desquels le récit des événements était fait au public: à ce sujet, voir Michèle FOGEL, Les cérémonies de l'information dans la France du XVIe au XVIIIe siècle, Paris 1989.

BERNARD COTTRET

LA RESTAURATION ANGLAISE
COMME PAIX DE RELIGION, 1660–1688

Contrairement aux espérances qu'elle a pu susciter en Angleterre, la restauration des Stuarts a accouché dans la douleur d'une société divisée. Fracture
sociale? Fracture politique? Ou fracture religieuse? Quelles que fussent leur
sociologie, ou leurs déterminations économiques profondes, les tensions
s'exprimèrent essentiellement sur le mode religieux: l'Église nationale, que
l'on aurait souhaitée une et indivisible, ne parvint pas à accueillir en son sein
tous ses fils dispersés. L'Église d'Angleterre, »autrefois inclusive«, devint
»persécutrice« et »coupa la nation en deux«[1]. Cela s'accompagna d'une intéressante évolution sémantique: le développement accéléré d'une conscience
anglicane distincte au sein du protestantisme[2]. La situation est d'autant plus
complexe outre-Manche que la Réforme s'y déroula sur au moins trois siècles[3].

L'anglicanisme se chargea en quelques années d'un contenu doctrinal de
plus en plus net[4]. Il reposait sur une ecclésiologie singulière, fondée sur le
magistère des évêques, seuls habilités à ordonner des ministres ou à confirmer des laïcs. Il est intéressant de noter que le terme d'»épiscopalisme« est à
l'heure actuelle en usage dans une partie du monde anglophone pour désigner
la communion anglicane. Cette synonymie marque à l'évidence l'attachement
des anglicans à une conception pyramidale des ministères là où presbytériens
et indépendants congrégationalistes valorisaient les assemblées, associant
pasteurs et laïcs.

L'anglicanisme, fruit de la Restauration? En un sens, en un sens seulement.
Certes, le phénomène avait connu une longue période de gestation, entre la
rupture avec Rome en 1536, l'adoption des »Trente-Neuf Articles« en 1563–
1571, ou la traduction de la Bible de 1611. L'ecclesia anglicana comme

---

[1] Joan THIRSK, The Restoration, Londres 1976, p. XVI.
[2] Le séjour de plusieurs royalistes anglicans sur le continent participa aussi à cette
prise de conscience en leur permettant de mettre le doigt sur ce qui les séparait des
protestants français par exemple. Le futur évêque de Durham, John Cosin, expliquait à
ses coreligionnaires exilés anglicans qu'ils pouvaient prendre la sainte cène dans les
cultes réformés à condition que le ministre dise clairement, avec toute la déférence
requise: »Prenez, mangez les viandes sacrées de notre Seigneur« (Bernard COTTRET,
The Huguenots in England, Cambridge 1991, p. 173).
[3] Voir en particulier Nicholas TYACKE (dir.), England's Long Reformation, 1500–
1800, Londres 1998.
[4] Alain JOBLIN, Jacques SYS (dir.), L'identité anglicane, Arras 2004.

l'*ecclesia gallicana* pouvaient s'enorgueillir d'un passé très ancien; mais si l'une aboutit à une confession distincte, l'anglicanisme, le gallicanisme d'ancien régime ne rompit pas totalement avec le catholicisme romain. Désormais, l'*ecclesia anglicana* ne relevait plus de la géographie; l'Église en Angleterre était progressivement devenue l'Église d'Angleterre, une confession consciente d'elle-même, de plus en plus amenée à afficher son identité face aux autres Églises protestantes, issues de la Réforme magistérielle, qu'il s'agît des réformés ou des luthériens du continent.

Tout tient cependant à ce paradoxe que l'anglicanisme n'effectua son unification qu'en expulsant dans ses marges un nombre important de fidèles, qualifiés désormais de »dissenters« ou encore de non-conformistes. Le dissent fut l'un des fruits amères de la Restauration. Désormais, aux côtés de l'Église officielle, un nombre assez important d'Anglais adoraient Dieu à leur façon, dans ces *chapels* ou ces *meeting-houses* où presbytériens, indépendants, quakers ou baptistes, rejoints au XVIIIe siècle par les méthodistes, célébraient officieusement leurs cultes.

Il fallut attendre 1689 et la loi généralement appelée, de façon certes discutable, le Toleration Act pour qu'ils pussent le faire librement. D'où la périodisation retenue ici qui s'attachera à deux moments forts de l'histoire britannique: le retour des Stuarts en 1660, la Glorieuse Révolution de 1688. À sa façon discrète, cette dernière peut d'ailleurs être interprétée également comme une restauration, comme nous le démontrerons plus avant.

Concorde ecclésiastique et confessionnalisation

Nous emprunterons à l'historiographie allemande ce souci de la confessionnalisation, qui renvoie à des termes distincts outre-Rhin: »Konfessionsbildung« et »Konfessionalisierung«. Les deux restent distincts, même si on a eu tendance à les rendre par le même terme en français[5]. »Konfessionsbildung«, dans l'espace germanique, décrit essentiellement le face à face entre catholiques et protestants, amenés de part et d'autre à approfondir leurs convictions[6]. Il s'agit donc d'une confrontation entre Églises différentes. »Konfessionalisierung«, par contre, définit un phénomène interne à chaque Église,

[5] Thierry WANEGFFELEN, Les chrétiens face aux Églises dans l'Europe moderne, dans: Nouvelle Revue du Seizième Siècle 11 (1993), p. 37–53. Dans le cas particulier de l'Angleterre, voir Caroline J. LITZENBERGER, Defining the Church of England, dans: ID., Susan WABUDA (dir.), Belief and Practice in Reformation England, Aldershot 1998, p. 137–138.

[6] Ernst Walter ZEEDEN, Konfessionsbildung: Studien zur Reformation, Gegenreformation und katholischen Reform, Stuttgart 1985.

amenée à imposer à ses fidèles ses normes doctrinales, organisationnelles ou éthiques[7]. Or, la singularité de la situation anglaise, dans les années 1660, a été précisément de confondre les deux phénomènes: il s'agissait autant d'imposer l'anglicanisme aux anglicans, si l'on peut dire, que de définir une nouvelle frontière religieuse, excluant *de facto* les insoumis. La rivalité confessionnelle classique entre Anglais, membres de l'Église nationale, et catholiques romains, présentés comme les sujets d'une puissance étrangère, se doublait désormais d'une autre barrière, séparant anglicans et dissenters. Le protestantisme lui-même avait éclaté; si le pays avait connu depuis la période élisabéthaine sa frange séparatiste, se réunissant en marge des paroisses autorisées, le phénomène devenait soudain plus massif, encore qu'il soit difficile de parvenir à des chiffres précis. Mais l'on peut estimer qu'environ 10 % des Anglais, sur une population estimée à environ 5 500 000 habitants n'appartenaient pas à l'Église nationale, ou du moins ne se rendaient que de façon épisodique dans les paroisses autorisées. Sur ces 10 %, une minorité de catholiques, environ 1 %, toujours soupçonnée de trahison.

La Restauration se termina assez mal, en dépit de débuts prometteurs. À la veille même de son débarquement, Charles II avait donné en avril 1660 un texte manifeste, connu sous le nom de »Déclaration de Breda«, du nom de la ville de Hollande où se trouvait le monarque, en quête de son trône. Charles »par la grâce de Dieu, roi d'Angleterre, d'Écosse, de France et d'Irlande, défenseur de la foi, [etc.]« s'adressait à tous ses bons sujets, de tout état et de toute qualité. Il déplorait les troubles et la confusion qui s'étaient abattus sur le royaume et évoquait le désir qu'éprouvaient tous les hommes de bonne volonté de voir guérir les blessures de la guerre civile et de l'interrègne. Il rappelait que Dieu et la nature lui rendaient ses droits, en évitant toute effusion de sang, et promettait son pardon à tous ceux qui le méritaient. Formule à dessein évasive, mais on ne saurait *a priori* douter ni de son sérieux ni de son réalisme. Déjà face au Parlement dans les années 1640, la couronne avait toujours invoqué son attachement à la paix civile, en présentant ses adversaires comme des trublions et des boutefeux. La monarchie souhaitait l'amour sincère des Anglais, en écartant la crainte de la punition. Le regret sincère de leurs fautes et non la peur du châtiment devaient animer désormais tous les sujets. On retrouvera bien ici en filigrane la théologie de la contrition. »Toute occasion de discorde, de séparation ou de division partisane devait être abolie«.

Certes, l'absence de charité et les passions avaient amené l'expression de »nombreuses opinions sur le plan religieux«, entraînant la constitution de partis et le développement de l'animosité entre les hommes. Ainsi la diver-

---

7 Heinz SCHILLING (dir.), Die reformierte Konfessionalisierung in Deutschland. Das Problem der »Zweiten Reformation«, Gütersloh 1986.

gence confessionnelle était-elle clairement présentée comme la cause de l'émergence de partis. La religion, clé de la politique? Cette étiologie, peut-être contestable, de la crise révolutionnaire et de son développement revêtait d'importantes conséquences pour l'avenir: si la division religieuse constituait la cause de la division politique, comment ne pas en déduire que l'unité confessionnelle, la conformité ecclésiastique et la double suprématie royale sur l'Église et sur l'État pouvaient seules garantir la paix civile? Et pourtant, tout en prêchant cette unanimité nationale, Charles II reconnaissait, d'une certaine façon, l'existence de divergences doctrinales, qui devaient se prêter à des échanges sans contrainte. Il garantissait ainsi à ses sujets la possibilité de dialoguer entre eux – »a freedom of conversation« – et proclamait son attachement à la liberté de conscience: »We do declare a liberty to tender consciences«. Nul ne devait être inquiété pour ses opinions en matière de religion, tant que la paix du royaume n'était pas menacée. Et Charles II de promettre, avec l'accord du Parlement, une politique d'indulgence à l'égard des consciences scrupuleuses, »tender consciences« en anglais[8].

»Indulgence«: le mot était lâché. Il allait faire l'objet de multiples reprises ultérieures, tant par Charles II que par son frère Jacques II, roi effectif de 1685 jusqu'à son départ en décembre 1688. Quelle était cette coupable indulgence que des générations élevées dans la tradition de l'histoire *whig* reprochèrent aux Stuarts? Le mot provenait du latin *indulgentia*, décrivant une concession. La politique d'indulgence répondait à un objectif clairement avoué: Charles II promettait à la fois de rétablir l'unité religieuse du royaume, avec l'accord du Parlement, et de garantir, selon des modalités encore incertaines, la liberté de conscience. Ce programme en soi contradictoire reposait en réalité sur une axiomatique de la grâce royale, apparue de plus en plus clairement avec les années.

L'oubli et le pardon

Autre pièce de l'édifice, l'Acte sur l'indemnité et l'oubli, discuté au printemps 1660 et finalement adopté définitivement fin août[9]. Une poignée de régicides devaient payer pour les autres, le cadavre de Cromwell était exhu-

---

[8]   King Charles II. His declaration to all his loving subjects of the kingdom of England. Dated from his Court at Breda in Holland, the 4/14 of April 1660. And read in Parliament, May, 1. 1660. Together with his Majesties letter of the same date, to his Excellence the Lord General Monck, to be communicated to the Lord President of the Council of State, and to the officers of the army under his command, Edimbourg, C. Higgins, 1660.

[9]   »An Act of Free and General Pardon, Indemnity and Oblivion« (12 Car. II, c. 11).

mé et pendu... mais Milton, un temps son secrétaire, un temps défenseur de l'exécution de Charles Ier, put poursuivre sa carrière poétique. Le 29 août, Charles II remerciait solennellement son Parlement d'avoir adopté ce texte garantissant »la sécurité« et »le bonheur« de tous. La »clémence«, expliquait le roi magnanime, était bien dans sa nature[10]. Mais il laissait clairement entendre qu'à l'avenir il saurait tuer dans l'œuf toute rébellion. En octobre s'ouvrait le procès des régicides, exécutés sans attendre à Charing Cross ou à Tyburn. Thomas Harrison, John Jones, Adrian Scroope, John Carew, Thomas Scot, et Gregory Clement, le révérend Hugh Peters, Daniel Axtel, et John Cook connurent le sort peu enviable qui s'abattait sur les coupables convaincus de lèse-majesté: ils furent pendus et sauvagement mutilés et découpés: Francis Hacker fut simplement pendu[11]. Trois autres devaient connaître un sort analogue deux ans plus tard.

Sur cet arrière-plan répressif, l'acte de Pardon, d'Indemnité et d'Oubli frappe par sa tonalité philosophique. Il repose sur un soigneux dosage de mémoire et d'oubli, de ressentiment et de pardon. Charles II considérait avec »attention les longues périodes de trouble, de discorde et de guerre qui ont pesé sur ce royaume, ainsi que les châtiments et les punitions qui devraient échoir à nombre de ses sujets«. Il souhaitait

de tout cœur mettre un terme à toutes les controverses et à toutes les polémiques qui se sont élevées ou qui sont encore susceptibles de s'élever entre ses sujets, afin qu'aucun crime commis contre Sa Majesté ou contre le roi son père ne puisse être imputé à quiconque, en compromettant ainsi sa réputation, sa vie, sa liberté ou ses biens.

Il s'agissait bien d'enterrer définitivement »tous les germes de discorde future ou passée«[12]. Singulière prescription de l'oubli, et qui n'est pas sans évoquer la teneur de l'édit de Nantes, ratifié plus de soixante ans plus tôt par Henri IV, grand-père maternel de Charles II[13].

Que la mémoire de toutes choses passées d'une part et d'autre, depuis le commencement du mois de mars 1585 jusqu'à notre avènement à la couronne, et durant les

[10] His Majesties gracious speech to both Houses of Parliament, on the 29th. day of August 1660, Londres, J. Bill, C. Barker, 1660, p. 4.
[11] An Exact and Impartial Accompt of the Indictment, Arraignment, Tryal, and Judgment (according to Law) of Twenty Nine Regicides, The Murtherers of His Late Sacred Majesty of Most Glorious Memory, Londres, A. Crook, E. Powell, 1660.
[12] Anno Regni Caroli II. Regis Scotiae Angliae Franciae & Hiberniae duodecimo at the Parliament begun at Westminster, the five and twentieth day of April, Anno Dom. 1660, in the twelfth year of the reign of our most Gracious Soveraign Lord Charles, by the grace of God, of England, Scotland, France and Ireland, King, defender of the faith, &c., Londres, J. Bill, C. Barker, 1660. Sur le maintien d'un underground radical, voir R.L. GREAVES, Deliver Us from Evil, New York 1986.
[13] Bernard COTTRET, 1598–1688: de l'édit de Nantes à la Glorieuse Révolution. Concorde, liberté de conscience, tolérance, dans: Antoine Capet, Jean-Paul PICHARDIE (dir.), La naissance de l'idée de tolérance, Rouen 1999, p. 3–28.

autres troubles précédents et à l'occasion d'iceux, demeurera éteinte et assoupie, comme de chose non advenue; et ne sera loisible ni permis à nos procureurs généraux, ni autres personnes quelconques, publiques ni privées, en quelque temps, ni pour quelque occasion que ce soit, en faire mention, procès ou poursuite en aucune cour et juridiction que ce soit[14].

Cette clause circonstancielle sur la mémoire n'était pas nouvelle; elle était reprise de paix de religion antérieures. En 1563, l'édit d'Amboise demandait que toutes les occasions de discorde demeurent »éteintes, comme mortes, ensevelies«. La paix de Saint-Germain complétait sept ans plus tard: »Que mémoire de toutes choses passées d'une part et d'autre, et dès et depuis les troubles advenus notredit royaume, et à l'occasion d'iceux, demeure éteinte et assoupie comme de chose non advenue«. Moins d'un an après les massacres de la Saint-Barthélemy l'édit de Boulogne déclarait en juillet 1573 »Que la mémoire de toutes choses passées depuis le vingt-quatrième jour d'août dernier passé, à l'occasion des troubles et émotions advenues en notre royaume, demeurera éteinte et assoupie, comme de chose non advenue«. Enfin, l'édit de Beaulieu, en mai 1576: »Que la mémoire de toutes choses passées d'une part et d'autre dès et depuis les troubles advenus en notre royaume, et à l'occasion d'iceux, demeurera éteinte et assoupie, comme de chose non advenue«[15].

La Restauration, une paix de religion[16]? Il ne s'agit certes pas de prétendre que les événements de la France au XVIe siècle aient informé la perception que les Anglais avaient de leur propre histoire dans les années 1640–1660 – encore que cette piste ne soit pas nécessairement absurde. On avait précisément publié en 1647–1648 la version anglaise de l'»Histoire des guerres civiles de France« de l'Italien Davila[17]. Que la révolution anglaise se soit terminée, en un sens, comme une guerre de religion n'implique pas qu'elle ait été pour autant une guerre de religion. Mais l'on ne saurait totalement rejeter cette présomption. Il existe une ressemblance au moins formelle entre les deux séries d'événements[18]. Le 25 octobre, Charles II usait de sa prérogative ecclésiastique, en tant que chef de l'Église nationale, pour rappeler qu'il avait eu l'occasion, durant son séjour sur le continent, de dialoguer avec des représentants des »meilleures Églises réformées de France, des Pays-Bas, et

---

[14] Bernard COTTRET, 1598. L'édit de Nantes, Paris 1997, p 363.
[15] Ibid., p. 84–86.
[16] On renverra aussi ici aux analyses d'Olivier CHRISTIN, La paix de religion, Paris 1997.
[17] H.C. DAVILA, The Historie of the Civill Warres of France, trad. de l'italien, Londres, W. LEE, D. PAKEMAN, G. BEDELL, 1647–1648. Sur l'importance des guerres de religion de France pour les Anglais de la première modernité, voir John H.M. SALMON, The French Religious Wars in English Political Thought, Oxford 1959.
[18] Voir à ce sujet l'intéressante analyse de John MORRILL, England's Wars of Religion, dans: ID. (dir.), The Nature of the English Revolution, Londres 1992, p. 33–44.

d'Allemagne«[19]. Il évoquait aussi l'inquiétude qu'avait ressentie le monde protestant dans son ensemble face aux schismes et aux divisions qui avaient prévalu en Angleterre. Charles II, fidèle en cela aux idées antiques, médiatisées par la Renaissance, reconnaissait trois formes pures de la politique: la monarchie, l'aristocratie et la démocratie. Il énonçait enfin ce grand précepte que le gouvernement de l'État et celui de l'Église devaient suivre le même principe; ainsi on ne pouvait avoir une démocratie politique et une aristocratie dans l'Église. Non, il fallait que tous deux fussent monarchiques. L'épiscopat était à l'ordre ecclésiastique ce qu'était le roi à l'ordre civil.

La grande idée de concorde ecclésiastique était au centre de la Restauration. Elle échoua tristement. Une conférence se tint à Westminster, d'avril à juillet 1661, dans le quartier de la Savoy, au logis de l'évêque de Londres, Gilbert Sheldon[20]. Douze évêques étaient présents, ainsi que douze autres ministres, partisans de ce qui allait devenir le dissent. Douze, comme les apôtres. Mais cela ne suffit pas à apaiser les tensions, face à la vague de scrupules que suscitaient les rites de l'Église établie[21]. Les prières prescrites n'étaient-elles pas aussi valables que ces oraisons improvisées que recommandaient les puritains? »Si les saints pouvaient faire l'opinion, ou si l'opinion pouvait faire les saints, nous ne tarderions pas à avoir plus d'opinions que de saints dans ce pays«, observait-on benoîtement pour décrire les désordres de la période antérieure[22]. Il s'agissait désormais d'en revenir au »Book of Common Prayer«, fondement de la liturgie anglicane, remplacé, du moins en théorie car il s'était souvent maintenu en pratique, par le »Directory for Public Worship«[23]. Richard Baxter représentait le point de

---

[19] Charles II, A declaration to all His Majesties loving subjects, for the setling of church-government, Londres, R. Wood, 1660, p. 3.

[20] Sheldon devenait archevêque de Cantorbéry en 1663. Il mourut en 1677.

[21] A true and perfect copy of the whole disputation at the Savoy that was managed by the episcopal divines, as opponents, to prove that there is nothing sinful in the liturgy. Published to make intelligible the fragment already published by the Lord Bishop of Worcester, under the hands of Dr. Pierson, and Dr. Guning; and so much of his Lordships book against Mr. Baxter, as concerneth that disputation, Londres, s.n., 1662.

[22] Lawrence WOMOCK, Pulpit-Conceptions, Popular-Deceptions, or, The grand debate resumed, in the point of prayer wherein it appears that those free prayers so earnestly contended for have no advantage above the prescribed liturgie in publick administrations: being an answer to the Presbyterian papers presented to the most reverend the ls. bishops at the Savoy upon that subject, Londres, R. Royston, 1662. Voir C. DURSTON, By the book or with the spirit. The debate over liturgical prayer during the English Revolution, dans: Historical Research 79, 203 (2006), p. 50–73.

[23] A Directory for publique worship of God throughout the three kingdoms of England, Scotland, and Ireland together with an ordinance of Parliament for the taking away of the Book of common-prayer, and for establishing and observing of this present directory throughout the kingdom of England and dominion of Wales, Londres, Company of Stationers, 1645.

vue presbytérien. Il recommanda en vain d'ôter de la liturgie certaines prières ou certaines gestes à même de heurter les susceptibilités[24]. En particulier, il souhaitait extirper les restes de papisme de la liturgie, en y voyant des compromis provisoires, remontant à l'époque de la Réforme: »Nous souhaitons humblement que l'on considère que les réformateurs ont eu la sagesse [...] de varier aussi peu que possible des usages en cours chez les romanistes afin de gagner les papistes et de les amener à la communion de l'Église«[25]. Parmi ces anciens compromis pédagogiques: les répons de l'assemblée au célébrant, la litanie, l'observance du carême, les fêtes des saints... Il fallait également laisser place à des oraisons improvisées, remplacer le mot de »prêtre« par celui, plus protestant, de »ministre«, et permettre au pasteur de ne pas porter de surplis. Ou de ne pas faire de signes de croix, en particulier lors du baptême. Cette volonté puritaine de purifier littéralement les rites se heurta aux usages accrédités et occasionna une rupture formelle entre les pasteurs adeptes du »Book of Common Prayer« et leurs adversaires. Les anglicans insistaient pour leur part sur les continuités, en évoquant la conférence de Hampton Court en 1604, qui avait bien rappelé le rôle des évêques: sans évêques, y aurait-il encore des rois? »No bishop, no king«, s'était exclamé justement Jacques Ier. L'expérience n'avait pu qu'amplifier ce point de vue. En tout cas l'abolition de l'épiscopat et celui de la monarchie avaient marqué la guerre civile et la grande rébellion; leur réintroduction conjointe allait illustrer la Restauration. Il fallait rappeler la »supériorité« des évêques face au principe invoqué de la »parité« des pasteurs[26]. En 1662, l'acte d'Uniformité imposa à tous l'usage exclusif du »Book of Common Prayer«[27]. Ce n'était que la quatrième fois que la liturgie de l'Église d'Angleterre était prescrite par voie parlementaire[28].

Guerre des clochers si l'on veut, mais qui se solda par le départ de l'Église nationale de près de deux milliers de ministres l'année suivante. Ceux-ci ne manquèrent pas d'adresser à leurs communautés respectives leurs sermons d'adieu, en insistant sur la »mort civile« à laquelle ils étaient condamnés[29].

---

[24] Richard BAXTER, An accompt of all the proceedings of the commissioners of both persuasions appointed by His Sacred Majesty, according to letters patent, for the review of the Book of common prayer, etc., Londres, s.n., 1661, p. 2.

[25] Ibid., p. 3.

[26] Semper eadem, or, A reference of the debate at the Savoy, 1661, to the conference at Hampton-Court, 1603/4 to which is added the petition of the then non-conformists: whereby it appears that what the Presbyterians &c. now scruple at was satisfactorily and fully answer'd, Londres, W. Gilbertson, 1662, »To the Reader«, non paginé.

[27] 13, 14 Charles II, c. 4.

[28] Act of Uniformity 1549 (2, 3 Edward VI, c 1), Act of Uniformity 1552 (5, 6 Edward VI, c. 1), Act of Uniformity 1559 (1 Eliz., c. 2).

[29] A Collection of Farewel-Sermons preached by Mr. Calamy 1. Mr. Watson 2. Mr. Sclater 3. Mr. Watson 4. Dr. Jacomb 5. Mr. Case 6. Dr. Jacomb 7. Mr. Baxter 8. Mr.

Ce requiem revêtit des accents pathétiques: les non-conformistes apparurent comme des victimes expiatoires, injustement chargées des péchés de la guerre civile et de la révolution. Certaines familles mêmes étaient divisées; ainsi le révérend Edmund Calamy (v. 1600–1666), ferme dans ses attaches presbytériennes, eut-il deux fils, Edmund (v. 1635–1685), fidèle à la confession de son père et Benjamin (1642–1686), défenseur acharné de l'anglicanisme. Benjamin Calamy publia même en français un »Conseil évangélique aux consciences scrupuleuses«, dans lequel on défendait, en prenant à témoin Jean Claude, le célèbre pasteur réformé français, la conformité ecclésiastique avec l'Église d'Angleterre:

Au moins est-il du devoir d'un chrétien d'être doux et paisible, de se conformer aux lois des magistrats, aux ordres établis par les puissances supérieures, et de maintenir l'unité et la concorde d'une Église. Si les coutumes et les constitutions d'un pays sont défendues de Dieu, il faut s'en abstenir et plutôt sacrifier sa vie; sinon, Dieu même nous oblige expressément à l'obéissance et à la soumission[30].

Voulez-vous renforcer une cause? Persécutez-la. Les dissenters firent l'objet d'une exclusion programmée qui renforça en réalité la pugnacité des plus décidés. Connues sous le nom de Clarendon Code, du nom du principal ministre de Charles II à l'époque, ces vexations prenaient des formes absurdes: défense de siéger au sein des municipalités, défense faite aux pasteurs et aux maîtres d'école de se rapprocher de leurs anciennes églises, ou encore interdiction des »conventicles«, ou assemblées religieuses illicites... La non-conformité ecclésiastique allait-elle équivaloir à une mort civile? Les dissenters se dotèrent sans attendre de leurs martyrologes[31]: le christianisme persécuteur n'a pas longtemps une très bonne presse. De plus, les frontières entre conformité et non-conformité se révélèrent bien poreuses à l'usage, et les aller et retour entre l'Église établie et les communautés dissidentes défrayèrent la chronique pendant plusieurs décennies. Le pasteur anglo-normand Jean Durel tenta de freiner l'hémorragie en déclarant que les Églises réformées du continent n'entretenaient que de lointains rapports avec les communautés dissidentes de Grande-Bretagne. Il publiait à cet effet une série d'extraits de lettres démontrant que la doctrine anglicane était jugée parfai-

Jenkins 10. Mr. Lye 11. 12. Dr. Manton 13. To their respective congregations at their departure from them, s.l. 1662.
[30] Conseil evangelique aux consciences scrupuleuses ou sermon sur ces paroles de Jesus Christ mais plus-tôt donnez en aumônes ce que vous avez, et voicy toutes choses vous seront nettes. St. Luc. c. 11, v. 41, Londres, G. Wells, 1683, »épître dédicatoire du traducteur«, non paginée.
[31] Citons entre autres exemples, A Brief narration of the imprisonment of Mr. Francis Bampfield [...] with Mr. Phillips (his assistant) being now both turn'd out for their non-conformity: as also the imprisoning of several of the inhabitants who came to hear him exercise at his own house, September the 19, 1662, s.l. 1662.

tement saine par les protestants français du continent[32]. Les non-conformistes étaient une épine dans le pied de la société anglaise; mais ils pouvaient aussi se révéler utiles à la monarchie, qui comptait paradoxalement sur leur appui pour affirmer son pouvoir. Le 26 décembre 1662, Charles II avait insisté sur le caractère providentiel de son retour au trône pour prêcher la concorde:

> Comme il a plu à Dieu de nous restaurer merveilleusement sur le trône de nos ancêtres et d'accorder à nos sujets la paix et la tranquillité, sans que le glaive ne verse le moindre sang, voulant leur sécurité sans que l'épée de justice ne s'appesantisse sur quiconque, nous souhaitons convaincre les récalcitrants par notre clémence, au lieu de les punir par la rigueur de la loi[33].

Le roi reconnaissait que certaines exécutions avaient été nécessaires, faisant ainsi allusion au procès des régicides, mais, ajoutait-il, »nous voulons appliquer les antidotes requis aux insinuations vénéneuses par lesquelles certains de nos sujets endurcis, nous dit-on, tentent d'empoisonner notre peuple, en trompant les entendements«[34]. Et Charles II de confirmer sa déclaration de Breda. Mais le roi avouait qu'il ne pouvait accorder cette liberté de conscience aux dissenters qu'en utilisant sa prérogative, et non en obtenant une loi du Parlement, que l'on devine plus rétif que le monarque à admettre la moindre dérogation à l'uniformité ecclésiastique:

> En ce qui concerne les peines encourues par ceux qui, tout en vivant de façon pacifique, ne se conforment pas, et invoquent leur conscience erronée, mais vaquent à leurs dévotions sans le moindre scandale, nous nous engageons personnellement, sans enfreindre les libertés du Parlement, à en convaincre les membres d'adopter une loi en ce sens, nous réservant la possibilité d'utiliser le pouvoir de dispenser qui nous appartient en propre[35].

En l'absence de législation appropriée, le roi pouvait-il dispenser les non-conformistes des peines encourues? Ce pouvoir de dispenser quiconque des rigueurs de la loi et de suspendre l'application des lois allait être revendiqué avec force par la couronne sous la Restauration[36]. Il correspondait à une urgence réelle: comment condamner impunément toute une partie de la population à l'illégalité? D'autant plus que cette illégalité concernait l'exercice du

---

[32] John DUREL, The liturgy of the Church of England asserted in a sermon preached at the chappel of the Savoy, before the French congregation, which usually assembles in that place, upon the first day that divine service was there celebrated according to the liturgy of the Church of England, Londres, R. Royston, 1662.

[33] His Majesties declaration to all his loving subjects, December 26, 1662, Londres, J. Bill, C. Barker, 1662, p. 1.

[34] Ibid., p. 2.

[35] Ibid., p. 8.

[36] C.A. EDIE, Tactics and Strategies. Parliament's Attack upon the Royal Dispensing Power 1597–1689, dans: The American Journal of Legal History 29/3 (1985), p. 197–234.

culte. Charles II souhaitait du reste étendre cette tolérance aux catholiques et ne pas s'en tenir aux seuls non-conformistes protestants: »Nous n'admettrions pas que l'on mette à mort certains de nos sujets pour des questions d'opinion en matière religieuse uniquement«[37].

La politique d'indulgence reprit brièvement dans les années 1670: il s'agissait pour le trône de se poser en souverain arbitre, et ces hommes que l'on redoutait officiellement et dans lesquels on voyait des républicains potentiels servirent de faire-valoir aux souverains Stuarts, toujours prêts à quelque bonne action qui renforçât leur pouvoir absolu. Quoi de plus beau que la clémence d'Auguste? Quoi de plus auguste que l'indulgence? Tout comme l'aumône renforce la satisfaction d'être riche, l'indulgence royale était une façon habile d'affirmer la prérogative du souverain. Cette indulgence fut d'abord un échec en 1672–1673. Elle faillit réussir en 1687–1688. Et pourtant, Charles II ne manquait pas d'arguments à faire valoir en faveur de sa politique en mars 1672. Il commençait par rappeler l'absence d'efficacité de la coercition en matière de conscience: on peut croire, ou ne pas croire, mais on ne saurait obliger à croire. Et tout en affirmant son attachement à l'Église nationale, Charles II expliquait que son bon plaisir était que l'application des lois pénales contre les non-conformistes protestants ou catholiques fût suspendue[38]. Peine perdue. En dépit d'une trêve dans l'application des rigueurs de la loi, le pays n'était pas prêt à admettre le pluralisme religieux. Le Parlement répliqua en passant deux Test Acts exigeant en mars 1673 que l'on communiât selon le rite anglican avant d'exercer tout emploi public[39]. Pour un catholique, une telle communion eût constitué un sacrilège. Mais la mesure était moins efficace contre les non-conformistes protestants, immédiatement accusés de dissimulation et de »conformité occasionnelle«.

La politique d'indulgence allait être reprise sous le règne suivant. En avril 1687, Jacques II publiait sa Déclaration pour la liberté de conscience.

Comme il a plu à Dieu, non seulement de nous amener à la couronne impériale de ces royaumes, au milieu des plus grandes difficultés, mais de nous maintenir par sa providence plus qu'ordinaire sur le trône de nos royaux ancêtres, il n'y a rien que nous désirions plus désormais que d'établir notre gouvernement sur des fondements qui garantissent le bonheur de nos sujets, et qui les unissent à nous par inclination comme par devoir; rien ne saurait mieux le garantir désormais que le libre exercice de leur religion, auquel on ajoutera la parfaite jouissance de leurs biens, qui a toujours été respectée par nous depuis que nous portons la couronne. Ce sont là les deux choses

---

[37] His Majesties declaration to all his loving subjects, December 26, 1662, Londres, J. Bill, C. Barker, 1662, p. 11.
[38] His Majesties declaration to all his loving subjects, March 15. 1672. Published by the advice of his Privy Council, Edimbourg, E. Tyler, 1672.
[39] 25 Car. II, c. 2. La mesure fut renforcée en 1678 (30 Car. II, 2, c. 1).

qui comptent le plus aux yeux des hommes, et elles seront garanties dans ces royaumes, tant que nous régnons, afin de préserver la paix et notre gloire[40].

Alors que son frère Charles II s'était converti au catholicisme sur son lit de mort, Jacques II ne craignait pas de professer son attachement à la foi romaine. Le petit-fils de Henri IV, le fils de Henriette-Marie et de Charles Ier, le roi martyr, s'était converti à la religion catholique, sans craindre d'endurer bien des avanies. Le Test Act était dirigé en grande partie contre lui alors qu'il n'était encore que duc d'York. En 1687, alors qu'il occupait le trône depuis moins de deux ans, il se décida à agir, convaincu sans doute que Dieu était avec lui. L'expression de providence extraordinaire – notons la litote »providence plus qu'ordinaire« – désigne cette attente du miracle permanent, ou du moins de la grâce, susceptible selon Jacques II de ramener son royaume dans l'orbite de la foi romaine, pourtant abhorrée par nombre de ses compatriotes. La révocation de l'édit de Nantes par Louis XIV pesait d'un poids fort lourd dans cette image négative[41]. Jacques II, comme il le soulignait lui-même, occupait la couronne »impériale« des trois royaumes encore distincts d'Angleterre, d'Écosse et d'Irlande. Cet *imperium* s'entendait de façon plus ecclésiastique que territoriale; nul impérialisme en tout cela, mais l'idée que le roi, comme l'avait dit l'adage, était »empereur en son royaume«. Depuis Henry VIII, aucun pays d'Europe qui n'exerçât cette *plenitudo potestatis* avec plus d'assiduité que l'Angleterre. Un roi d'Angleterre se voyait confier l'intégralité des pouvoirs politiques et religieux. C'est parce qu'il était à la tête d'une Église nationale protestante que, bien que catholique, Jacques II pouvait ordonner à ses évêques de lire en chaire sa déclaration. Situation paradoxale, mais qui avait été celle du retour du royaume au catholicisme sous Mary Tudor au siècle précédent. Jacques II ne rompait pas pour autant avec l'esprit de la Restauration de 1660, comme Charles Ier avant lui il rappelait son attachement à une politique d'indulgence et au respect scrupuleux des biens de ses sujets. Liberté et propriété allaient être durablement les principaux articles du credo politique des Anglais. Jacques II ne craignait pas pour autant de réaffirmer que son vœu le plus cher aurait été que tous les Anglais fussent catholiques comme lui. Si les rois et ses sujets avaient partagé la même religion, cela eût garanti une communauté d'inclination favorable à la paix civile; mais sans vouloir précipiter les choses, Jacques II prenait acte de l'échec de la politique de conformité ecclésiastique. Et rappelant son refus de la contrainte ecclésiastique, il suspendait provisoirement les lois pénales contre catholiques et dissenters, en attendant que le Parlement le suivît sur

---

[40] His Majesties gracious declaration to all his loving subjects for liberty of conscience, Londres, C. Bill, H. Hills, T. Newcomb, 1687.
[41] Bernard COTTRET, Glorreiche Revolution, schändliche Revokation?, dans: Rudolf VON THADDEN, Michelle MAGDELAINE (dir.), Die Hugenotten, Munich 2005, p. 73–84.

cette voie. Désormais, par sa seule autorité, Jacques II déliait un certain nombre de ses sujets de la loi.

Cette prérogative régalienne n'était pas totalement nouvelle en droit anglais, bien que l'on tentât évidemment de la présenter comme une innovation inadmissible. Le mot innovation avait une valeur purement négative à l'époque. Réciproquement, les défenseurs de la prérogative tentèrent de démontrer que le plus glorieux des règnes, celui de la reine Elisabeth, n'avait pas ignoré la pratique[42]. Il s'agissait de démontrer que le pouvoir de dispenser n'avait aucun caractère »arbitraire« puisqu'il s'agissait à l'inverse pour Jacques II de pourfendre l'esprit de persécution. Le pouvoir de dispenser était même l'un des »joyaux de la couronne«:

La dispense est plus que l'interprétation, mais moins que l'abrogation; par un acte volontaire émanant de la grâce et de la faveur du prince, une personne ou une communauté est déliée de l'obéissance à une loi qui continue à s'appliquer pour tous ceux qui n'ont pas fait l'objet de cette dispense[43].

Et comme il fallait appuyer cette analyse sur un précédent historique, l'auteur citait un acte de l'époque de Henry VII, né des incertitudes de la guerre des Deux-Roses et de son règlement[44]. En avril 1688, Jacques II reprenait sa déclaration, en évoquant le soutien de nombreux non-conformistes protestants[45]. La résistance des évêques, le débarquement de Guillaume d'Orange, la fuite de Jacques II s'ensuivirent. On a pu qualifier cet événement de »Glorious Revolution«. La couronne fut confiée conjointement à Guillaume et à son épouse, Mary, fille de Jacques II. Ces événements sont bien connus, et l'on prendra le parti de ne pas les reprendre dans leur intégralité. Reste la question de leur interprétation. La Glorious Revolution marqua-t-elle la fin de la période de la Restauration? Ou bien en constitua-t-elle la répétition?

---

[42] An instance of Queen Elizabeth's power of dispensing with Acts of Parliament: offer'd to the consideration of the gentlemen of the University of Cambridge. Together with some queries thereupon, Londres, H. Hills, 1687.
[43] The King's dispensing power explicated and asserted, Londres. R. Janeway, 1687, p. 2.
[44] Cet acte de 1495 laissait au roi le soin d'apprécier si un homme qui lui aurait été fidèle tout en niant la validité de son pouvoir n'était pas dispensé de la rigueur de la loi contre la haute trahison (11 Henry VII, c. 1). L'on pouvait donc distinguer entre deux types de maux: *malum per se* et *malum prohibitum*; il revenait au roi d'apprécier s'il fallait punir ce qui relevait uniquement de la seconde catégorie.
[45] His Majesties gracious declaration to all his loving subjects for liberty of conscience, Londres, C. Bill, H. Hill, T. Newcomb, 1688.

La tolérance contre l'indulgence

Il appartenait à la Glorious Revolution de porter un terme définitif à la révolution des années 1642–1660. Et à l'interrègne cromwellien. La société anglaise tout entière était appelée à s'unir derrière Guillaume et Mary, et à panser ses plaies grâce à deux actes fondateurs, le Bill of Rights, et la »loi sur la tolérance« – ainsi qu'on l'appelle communément. Nous ne reviendrons pas sur le Bill of Rights, ni sur le Heads of Grievances plus radical qui l'avait précédé[46]. Un terme était mis à la possibilité pour la couronne de suspendre des lois – ou de dispenser quiconque de leur application. Le règlement ecclésiastique intervenait grâce à un »acte exemptant les sujets protestants de Leurs Majestés séparés de l'Église d'Angleterre des peines encourues à la suite de certaines lois«. Il s'agissait, comme précédemment, de permettre la liberté de conscience, mais contrairement à la politique d'indulgence menée par les Stuarts, et qui s'est souvent prêtée au sarcasme, cet acte magnanime est passé à la postérité sous le nom philosophique de »loi sur la tolérance«. Or le mot ne figure pas, et l'on trouve un texte alambiqué, dont le principal mérite est d'avoir été inapplicable. Pour avoir droit à cette liberté de conscience, il fallait souscrire à une déclaration contre le Saint-Siège, évidemment destinée à exclure davantage les catholiques anglais, tout en admettant la Trinité ou l'inspiration de la Bible[47]. L'ambiguïté n'est pas un défaut; il lui arrive même d'être une vertu lorsque les valeurs du consensus l'emportent sur toute autre considération.

Il n'y avait rien là de très philosophique. Mais le mot »tolérance« avait été popularisé par John Locke, et on s'empressa de conférer à l'ensemble de la Glorious Revolution un caractère philosophique qu'elle n'avait certes pas à l'origine[48]. Restait l'épineuse question de la légitimité du pouvoir. En particulier, les ecclésiastiques qui avaient prêté serment d'obéir à Jacques II pouvaient-ils reporter leur allégeance sur Guillaume, devenu opportunément Guillaume III? Un schisme s'ensuivit dans l'Église anglicane. Décidément, les fractures religieuses poursuivaient la société anglaise. Certains hommes d'Église se demandaient, avec angoisse, si l'on pouvait prêter serment à Guillaume après avoir juré fidélité à Jacques. William Sancroft, l'archevêque de Cantorbéry, était destitué; il s'était pourtant opposé à la politique religieuse de Jacques II, mais sans pour autant admettre l'usurpateur Guillaume. On

---

[46] Bernard COTTRET, Michael HEARN, Michel LEMOSSE et al. (dir.), Histoire du Royaume-Uni. Une anthologie, Rosny 2001, p. 155–158.

[47] Bernard COTTRET, La Glorieuse Révolution d'Angleterre, 1688, Paris 1988, p. 142–145.

[48] Ce rôle éclairé de la Glorieuse Révolution a été bien analysé récemment par Hans-Christof KRAUS, Englische Verfassung und politisches Denken im Ancien Régime 1689 bis 1789, Munich 2006.

baptisa du nom de »non-jureurs« ces séparatistes: neuf évêques, quatre cents pasteurs, quelques Écossais et un évêque d'Irlande firent sécession. Une Église anglicane séparée devait exister jusqu'à la fin du XVIIIe siècle. Un non-jureur n'était pas pour autant un révolutionnaire. Le nouvel archevêque de Cantorbéry, Edward Stillingfleet, défendait le droit pour la couronne de nommer de nouveaux évêques à la place du clergé non-jureur[49]. William Sherlock appelait à reconnaître Guillaume, en expliquant qu'après avoir refusé de prêter allégeance au nouveau roi il avait été convaincu par des arguments contraires: »J'ai prié Dieu de tout mon cœur de me dire si je me trompais, avant de quitter mon ministère sur une simple erreur, et, Dieu merci, j'ai reçu la satisfaction que j'attendais«[50]. Sherlock expliquait, citant l'apôtre Paul, qu'il fallait toujours respecter les détenteurs de l'autorité, quand bien même leurs titres eussent été mal assurés. »Que toute personne soit soumise aux autorités supérieures; car il n'y a point d'autorité qui ne vienne de Dieu, et les autorités qui existent ont été instituées par Dieu«, avait déclaré l'auteur de l'épître aux Romains[51]. Peu convaincu par les arguments de son confrère, le révérend John Kettlewell répondait à Sherlock, et il rappelait à l'usage de ses frères non-jureurs comme lui que le christianisme conduisait à la croix[52]. Ou que les persécutés confessaient souvent la vérité[53]. Il mourut non sans trouver le temps de composer un *ars moriendi*[54]. Les non-jureurs étaient les représentants d'un courant dévot interne à l'anglicanisme, qui s'attira souvent

---

[49] Edward STILLINGFLEET, A Vindication of Their Majesties Authority to Fill the Sees of the Deprived Bishops, Londres, R. Chiswell, 1691.

[50] William SHERLOCK, The case of allegiance due to soveraign powers stated and resolved, according to Scripture and reason, and the principles of the Church of England, with a more particular respect to the oath, lately enjoyned, of allegiance to their Their present Majesties, K. William and Q. Mary, Londres, W. Rogers, 1691, préface, non paginée.

[51] N.T. Rom 13, 1.

[52] John KETTLEWELL, The duty of allegiance settled upon its true grounds, according to Scripture, reason, and the opinion of the Church in answer to a late book of Dr. William Sherlock, master of the Temple, entituled, The case of the allegiance due to sovereign powers, stated, and resolved, according to Scripture, &c.: with a more particular respect to the oath lately injoyn'd, Londres, [s.n.] 1691; ID., Christianity, a doctrine of the cross, Londres, J. Hindmarsh, R. Kettlewell, 1691.

[53] ID. A companion for the persecuted, or, An office for those who suffer for right-eousness containing particular prayers and devotions, for particular graces, and for their private or publick wants and occasions, Londres, s. n., 1693.

[54] ID., Death made comfortable, or, The way to dye well consisting of directions for an holy and a happy death: together with an office for the sick and for certain kinds of bodily illness, and for dying persons, and proper prayers upon the death of friends, Londres, R. Kettlewell, 1695.

les quolibets de ses opposants, qui dénonçaient la tartufferie de ces protestants, toujours suspects de ressembler secrètement aux catholiques abhorrés[55].

Le temps des usurpations

Dans l'histoire anglaise, la distinction paulinienne entre les pouvoirs légitimes et illégitimes, tous à leur façon institués par Dieu, prenait un relief singulier. Ce pragmatisme britannique a longtemps surpris les continentaux. En 1714, par exemple, au lendemain de la paix d'Utrecht et à la veille de la disparition de Louis XIV paraissait en France un ouvrage destiné à lever le trouble dans les esprits sous le titre d'»Histoire succincte de la succession à la couronne de la Grande-Bretagne depuis le commencement de la monarchie jusqu'à présent«. 1714, c'était également l'année où Georges Ier de Hanovre accédait au pouvoir, en lieu et place du prétendant Stuart, disqualifié par son attachement au catholicisme romain.

La succession à la couronne de la Grande-Bretagne faisant aujourd'hui un des plus grands sujets d'entretien, déclarait l'auteur, il n'y a aucun doute qu'on aspire à une histoire qui faisant voir clairement et succinctement sur la tête de qui elle a été mise et pour quelles raisons, et sur quels fondements le cours naturel de la succession a été détourné, puisse nous instruire de ce qu'on a cru dans tous les siècles au sujet d'un point si débattu dans le temps présent, et partant nous mette en état d'en bien juger[56].

L'on y reprenait les analyses d'un non-jureur, le révérend George Harbin, qui s'était encore interrogé de façon toute récente sur les ressorts de la légitimité dynastique. Harbin avait rappelé le caractère héréditaire de la succession, contre William Higden, un ancien non-jureur retourné, comme Sherlock avant lui. Higden avait expliqué que rien ne distinguait à la limite la possession *de facto* de la possession *de jure* de la couronne[57]. Harbin ne pouvait pas l'admettre:

C'est du temps des usurpations qui succédèrent à la mort de Charles Ier que l'on commença en ce royaume à prêter allégeance aux pouvoirs en place quels qu'ils fussent. Dans toutes les révolutions qui avaient précédé, les princes qui prenaient possession de la couronne invoquaient le droit et déclaraient la posséder de droit. Mais le Parlement croupion, Cromwell et les usurpateurs qui s'ensuivirent ne pouvaient en aucune

---

[55] Colley Cibber, un temps directeur du Theatre Royal Drury Lane, à Londres, mit à l'affiche en 1717 une adaptation du »Tartuffe« de Molière sous le titre évocateur de »The Nonjuror«.
[56] Histoire succincte de la succession à la couronne de la Grande-Bretagne, s.l. 1714, p. 3.
[57] William HIGDEN, A View of the English Constitution, With Respect to the Sovereign Authority of the Prince, and the Allegiance of the Subject, Londres 1709.

façon le prétendre, et leurs partisans prétendirent que le fait faisait droit; plusieurs livres furent publiés par des papistes, des fanatiques et des déistes à l'appui de cette thèse. Mais les fidèles de l'Église d'Angleterre généralement rejetaient ce principe, et beaucoup de presbytériens étaient d'accord avec eux pour dire que l'on devait prêter allégeance au roi légitime, même quand il avait été chassé, et nombre d'auteurs des deux confessions écrivirent contre le pouvoir de fait[58].

De Guillaume le Conquérant en 1066 à Guillaume d'Orange en 1688, en passant par la guerre des Deux-Roses, la question de la légitimité en Angleterre avait connu bien des aléas[59]. Comment distinguer désormais le droit du fait du fait du droit?

---

[58] George HARBIN, The Hereditary Right of the Crown of England Asserted, Londres, R. Smith, 1713, p. 1.
[59] Bernard COTTRET, Histoire de l'Angleterre. De Guillaume le Conquérant à nos jours, Paris 2007.

REINER MARCOWITZ

VERGANGENHEIT IM WIDERSTREIT

Die Restauration 1814/15–1830

Seit den 1990er Jahren wird in der Bundesrepublik Deutschland kontrovers diskutiert, wie mit der DDR-Vergangenheit umgegangen werden soll[1]: Muss sie »erinnert« werden? Wenn ja, wie soll man diesen Abschnitt deutscher Geschichte moralisch wie politisch »aufarbeiten«? Wo gibt es individuelle, wo sogar kollektive Schuld? Interessanterweise empfahlen bereits frühzeitig Historiker und historisch Gebildete das Frankreich der Restauration als nachahmenswertes Vorbild[2]: Hier – so ihr Argument – sei die Aussöhnung des Alten mit dem Neuen vorbildlich gelungen. Belege dafür wurden gleich mehrere geliefert: erstens die Charte constitutionnelle, die bis in die Begrifflichkeit hinein die monarchische Prärogative dokumentierte, gleichzeitig aber auch die Notwendigkeit von deren verfassungsmäßiger Einhegung konzedierte; zweitens eine Justiz, die nicht blindwütig Rache exekutierte, sondern nur einzelne Exempel statuierte; schließlich drittens eine Restitutionspolitik, die »Entschädigung vor Rückgabe« praktizierte und damit einmal mehr die normative Kraft des Faktischen akzeptierte. Kurzum: In weiser Erkenntnis habe die restaurierte Monarchie nach 1814/15 nicht versucht, das Rad der Geschichte zurückzudrehen; damit habe sie eine wichtige Voraussetzung für die gesellschaftliche Aussöhnung und den inneren Frieden in Frankreich geschaffen.

So überzeugend diese Darstellung vordergründig scheint, so wenig hält sie einer näheren Untersuchung stand, wie im Folgenden gezeigt wird: Hierfür werden zunächst die Genese und die Strukturen der französischen Restauration nach 1814/15 untersucht (I). Dann werden die Vor- und Nachteile des Umgangs mit der Vergangenheit während der Herrschaft Ludwigs XVIII.

---

[1] Eckhard JESSE, Umgang mit der Vergangenheit, in: Werner WEIDENFELD, Karl-Rudolf KORTE (Hg.), Handbuch zur deutschen Einheit, Frankfurt a.M. 1993, S. 648–655; Peter BENDER, Unsere Erbschaft. Was war die DDR – was bleibt von ihr?, Hamburg 1992; Jon ELSTER, Die Akten schließen. Nach dem Ende von Diktaturen, Frankfurt a.M. 2005; Martin SABROW u.a. (Hg.), Wohin treibt die DDR-Erinnerung? Dokumentation einer Debatte, Göttingen 2007.

[2] Rudolf VON THADDEN, Ein Restaurator des Friedens. Wie Ludwig XVIII. das Erbe Napoleons bewältigte, in: Marion DÖNHOFF u.a., Ein Manifest II. Weil das Land Versöhnung braucht, Reinbek b. Hamburg 1993, S. 77f.; Brigitte SAUZAY, Retour à Berlin. Ein deutsches Tagebuch, Berlin 1999, S. 168; ELSTER, Akten (wie Anm. 1), S. 39–60.

beleuchtet (II). Schließlich werden die Gründe für die strukturellen Defizite der »Vergangenheitsbewältigung« in der Epoche der Restauration in Frankreich analysiert (III). In einer Schlussbetrachtung werden die Ergebnisse der Untersuchung resümiert (IV).

I

Die Geschichte Frankreichs war gerade im 19. Jahrhundert – und das meint eben auch die Zeit nach 1814/15 – wie in keinem anderen Säkulum davor oder danach von blutigen Revolutionen und tief greifenden Systemwechseln geprägt[3]. Der ganze Zeitraum bildete einen mit der Grande Révolution zusammenhängenden »cycle continu de révolutions et de coups d'État«[4]. 1830, 1848, 1870/71 sind hierfür die herausragenden Beispiele. So gut kann es also um die innere Aussöhnungsleistung auch der Restauration nicht bestellt gewesen sein. Doch selbst jene Anhänger der These vom Vorbildcharakter der französischen Restauration, die dies konzedieren, postulieren gleichzeitig gerne eine »gute« und eine »schlechte« Restauration, um zumindest den Kern ihrer Argumentation zu retten[5]: Die »gute« verkörpert durch Ludwig XVIII., den ersten Bourbonenherrscher nach 1814, dessen Regierungsstil und -zeit alles das ausgezeichnet habe, was bereits erwähnt wurde, also die Versöhnung von Vergangenheit und Gegenwart sowie eine Vermittlung der aus dem Gegensatz von Revolution und Konterrevolution herrührenden ideologischen Lager und innenpolitischen Gegensätze[6]. Zumindest Ludwig XVIII.

[3] Guillaume de BERTIER DE SAUVIGNY, La Restauration, Paris 1955; André JARDIN, André-Jacques TUDESQ, La France des notables, 2 Bde., Paris 1973; Jean TULARD, Les révolutions de 1789 à 1851, Paris 1985 (dt.: Frankreich im Zeitalter der Revolutionen 1789–1851, Stuttgart 1989); Gudrun GERSMANN, Hubertus KOHLE (Hg.), Frankreich 1815–1830. Trauma oder Utopie? Die Gesellschaft der Restauration und das Erbe der Revolution, Stuttgart 1993; Michael ERBE, Revolutionäre Erschütterung und europäisches Gleichgewicht. Internationale Beziehungen 1785–1830, Paderborn u.a. 2004, S. 101–110.

[4] TULARD, Révolutions (wie Anm. 3), S. 9. Vgl. Jean-Jacques CHEVALLIER, Histoire des institutions et des régimes politiques de la France de 1789 à 1958, Paris [9]2001; Klaus DEINET, Die mimetische Revolution oder die französische Linke und die Re-Inszenierung der Französischen Revolution im 19. Jahrhundert (1848–1871), Stuttgart 2001.

[5] THADDEN, Restaurator (wie Anm. 2), S. 78.

[6] Vgl. ergänzend zur in Anm. 3 angeführten Literatur Jacques BONIN, Paul DIDIER, Louis XVIII. Roi de deux peuples 1814–1816, Paris 1978; Hans-Ulrich THAMER, Ludwig XVIII. 1814–1824, in: Peter Claus HARTMANN (Hg.), Französische Könige und Kaiser der Neuzeit. Von Ludwig XII. bis Napoleon III. 1498–1870, München 1994, S. 367–388.

scheint glaubwürdig jenen Anspruch der zeitgenössischen bourbonischen Propaganda verkörpert zu haben, der zufolge Napoleon I. nicht nur Usurpator, sondern auch Spalter der Nation gewesen sei, so dass nun die restaurierte Monarchie »sauvera l'Europe du malheur de croire qu'il n'y a plus désormais de milieu entre la révolte des peuples et la tyrannie des chefs«, wie eine probourbonische Denkschrift aus dem Frühjahr 1814 warb[7]. Als Ludwig XVIII. starb, folgte ihm sein Bruder, der Graf von Artois, auf dem Thron[8]. Karl X. erscheint als die spiegelbildliche Negativfigur zu seinem Vorgänger und die Personifizierung der »schlechten« Restauration. Tatsächlich war er immer ein prononcierter Parteigänger der Ultra-Royalisten gewesen, der im Gegensatz zu seinem Bruder die absolute Monarchie des Ancien Régime wiederherstellen wollte. Schon mit dem bewusst inszenierten Salbungsakt an der traditionellen Krönungsstätte der Bourbonen, der Kathedrale von Reims, am 29. Mai 1825, stellte der neue Monarch die Weichen demonstrativ auf Reaktion: »Il a un système, qui est aux antipodes du parlementarisme: c'est celui de l'autorité royale à la manière de l'Ancien Régime«[9]. Zudem räumte sein Regime der seit 1789 in ihre Schranken gewiesenen Kirche wieder größere öffentliche Bedeutung ein – die Schändung von Hostien wurde unter drakonische Strafe gestellt und die Zulassung von Frauenorden durch einfache königliche Ordonanz an Parlament und Pairskammer vorbei ermöglicht. Schließlich setzte die Regierung die Entschädigung der während der Revolution enteigneten Aristokraten durch und löste die Pariser Nationalgarde, das Symbol des politischen Mitspracherechts des Bürgertums, auf. Folglich ist Karl X. selbst für jene, die die Restauration als einen gelungenen Versuch gesellschaftlicher Aussöhnung betrachten, die *bête noire*, die durch ihre radikale Rückwärtsgewandtheit alte Gräben wieder aufgerissen und schließlich die Julirevolution von 1830 und damit den endgültigen Sturz der Bourbonen provoziert habe. So verbreitet dieses Schwarz-Weiß-Schema ist, so sehr verkennt es, dass die erste Revolution während der Restauration schon in die Regierungszeit Ludwigs XVIII. fiel – gemeint ist die Rückkehr Napoleons im Frühjahr 1815 und seine Hundert-Tage-Herrschaft[10]. Dieses *intermède* belegt, dass bereits das Regime Ludwigs XVIII. innenpolitisch sehr umstritten war.

---

[7] Aufzeichnung vom 24.3.1814: État de la France. Archives du ministère des Affaires étrangères, Mémoires et documents France, 646: Bourbons 1814–1815, fol. 13r–16r, hier fol. 13rf.

[8] Hans-Ulrich THAMER, Karl X. 1824–1830, in: HARTMANN (Hg.), Könige (wie Anm. 6), S. 389–401.

[9] CHEVALLIER, Histoire (wie Anm. 4), S. 189 (Hervorhebung im Original). Vgl. BERTIER DE SAUVIGNY, Restauration (wie Anm. 3), S. 367–443; TULARD, Révolutions (wie Anm. 3), S. 350–360.

[10] BERTIER DE SAUVIGNY, Restauration (wie Anm. 3), S. 97–116; TULARD, Révolutions (wie Anm. 3), S. 319–323.

II

Die instabile Herrschaft des ersten Königs während der französischen Restauration hing auch mit dem keineswegs durchgängig gelungenen Umgang Ludwigs XVIII. mit der Vergangenheit zusammen. Vielmehr war dieser von Beginn an inkonsequent und widersprüchlich und trug mit dazu bei, dass die restaurierte Monarchie vielen als illegitim erschien und eine vehemente Opposition provozierte. Das fing bereits damit an, dass die viel gerühmte Milde des zurückgekehrten Herrschers stark fremdbestimmt war: einerseits durch die alten Eliten, die sich im Senat konzentrierten und dort nach der Abdankung Napoleons I., aber noch vor der Rückkehr Ludwigs XVIII. aus dem Exil, einen ersten Verfassungsentwurf ausarbeiteten[11]. Dieser enthielt in Art. 25 bereits einen Generalpardon:»Aucun Français ne peut être recherché pour les positions ou les votes qu'il a pu émettre«. Überdies wurden in Art. 17 die bestehenden Eigentumsverhältnisse festgeschrieben:»La peine de la confiscation des biens est abolie«.

Diesen natürlich durchaus egoistischen *fait accompli* der Nutznießer des alten Systems akzeptierte der neue König bereits in seiner ersten Erklärung auf französischem Boden – in Saint-Ouen am 2. Mai 1814[12] – und er fand dann auch Eingang in die Präambel der neuen Charte[13]. Diese bekannte sich ebenfalls dazu, das Alte mit dem Neuen zu verbinden, den Anspruch auf Restauration der traditionellen und legitimen bourbonischen Monarchie mit der Anerkennung der eingetretenen Veränderungen. Das wurde in die schöne Formulierung gekleidet:

En cherchant ainsi à renouer la chaîne des temps, que de funestes écarts avaient interrompue, nous avons effacé de notre souvenir, comme nous voudrions qu'on pût les effacer de l'histoire, tous les maux qui ont affligé la patrie durant notre absence. [...] Le vœu le plus cher à notre cœur, c'est que tous les Français vivent en frères, et que jamais aucun souvenir amer ne trouble la sécurité qui doit suivre l'acte solennel que nous leur accordons aujourd'hui[14].

Art. 9 sicherte zusätzlich noch einmal die Unverletzlichkeit des Eigentums zu, auch der so genannten Nationalgüter – also des nach 1789 enteigneten

---

[11] Peter Claus HARTMANN, Französische Verfassungsgeschichte der Neuzeit (1450–1980). Ein Überblick, Darmstadt 1985, S. 76–86; CHEVALLIER, Histoire (wie Anm. 4), S. 171–177; Volker SELLIN, Die geraubte Revolution. Der Sturz Napoleons und die Restauration in Europa, Göttingen 2001, S. 225–273; Markus J. PRUTSCH, Die Charte constitutionnelle Ludwigs XVIII. in der Krise von 1830. Verfassungsentwicklung und Verfassungsrevision in Frankreich 1814 bis 1830, Marburg 2006.

[12] Erklärung Ludwigs XVIII. von Saint-Ouen vom 2. Mai 1814, in: Michael ERBE (Hg.), Vom Konsulat zum Empire libéral. Ausgewählte Texte zur französischen Verfassungsgeschichte, Darmstadt 1985, S. 144–146.

[13] Charte constitutionnelle du 4 juin 1814, in: ibid., S. 146–165, hier S. 146–151.

[14] Ibid., S. 150.

aristokratischen Grundbesitzes[15] – und Art. 11 verbot schließlich jegliche Nachforschungen über Meinungsäußerungen und Abstimmungen vor der Restauration: »Toutes recherches des opinions et votes émis jusqu'à la restauration sont interdites. Le même oubli est commandé aux tribunaux et aux citoyens«[16].

Diese versöhnlichen Formulierungen mögen sicher auch der persönlichen Einsicht des Monarchen entsprungen sein, indes stand der König hierbei nicht nur – wie gezeigt – unter einem starken inneren Druck, sondern sah sich auch massivem Drängen von Außen gegenüber: Die Regierungen der Siegermächte insistierten auf Vermittlung der gesellschaftlichen Gegensätze, weil sie einsahen, dass nur ein im Inneren befriedetes Frankreich stabil sein konnte und dass dies wiederum eine unabdingbare Voraussetzung für seine außenpolitische Berechenbarkeit und damit die Sicherheit des Friedens in Europa war[17]. Ob die Bourbonen dies gewährleisten konnten, war zunächst durchaus umstritten gewesen: Insbesondere Zar Alexander I. strebte die Inthronisation seines Verbündeten, des ehemaligen französischen Marschalls und schwedischen Kronprinzen Jean-Baptiste Bernadotte an, da er, als Vertreter einer liberalen Politik, eher in der Lage zu sein schien, das Land auszusöhnen. Letztlich setzte sich zwar die britische Regierung mit ihrem eindeutigen Bekenntnis zur Restauration Ludwigs XVIII. durch. Doch noch im November 1815 erinnerten die Verbündeten den neuen Monarchen in einer als Lob verpackten Mahnung einvernehmlich daran, die innenpolitische Beruhigung seines Landes durch eine Politik der Aussöhnung der verfeindeten Lager im Innern zu befördern:

Ils [les gouvernements alliés] savent que Sa Majesté opposera à tous les ennemis du bien public et de la tranquillité de son royaume, sous quelque forme qu'ils puissent se présenter, son attachement aux lois constitutionnelles promulguées sous ses propres auspices, sa volonté bien prononcée d'être le père de tous ses sujets, sans distinction de classe, ni de religion[18].

Das hier und auch in den ersten Regierungsmaßnahmen Ludwigs XVIII. dominierende »pardonner et oublier« knüpfte an eine jahrhundertealte, ja

---

15 Vgl. ibid., S. 152.

16 Ibid.

17 Pierre RAIN, L'Europe et la restauration des Bourbons 1814–1818, Paris 1908; E. J. KNAPTON, Some aspects of the Bourbon Restoration of 1814, in: Journal of Modern History 6 (1934), S. 405–424; BERTIER DE SAUVIGNY, Restauration (wie Anm. 3), S. 33–45; Reiner MARCOWITZ, Großmacht auf Bewährung. Die Interdependenz französischer Innen- und Außenpolitik und ihre Auswirkungen auf Frankreichs Stellung im Europäischen Konzert 1814/15–1851/52, Stuttgart 2001, S. 26–28.

18 Erklärung der Alliierten anlässlich der Mitteilung ihrer neuen Quadrupelallianz vom 20.11.1815 an den französischen König zit. n. Guillaume de BERTIER DE SAUVIGNY, La Sainte-Alliance, Paris 1972, S. 109f., hier S. 110.

bereits in der Antike bekannte Formel an[19]: Schon im alten Griechenland wurden zwischenstaatliche, vor allem aber die damals verbreiteten inneren Konflikte – die *staseis*, also die Bürgerkriege innerhalb einer Polis, – mit dem Gebot zum Beschweigen und Verzeihen der vergangenen Taten auf allen Seiten beendet. In mittelalterlichen und frühneuzeitlichen Friedensverträgen avancierten dann *abolitio, oblivio* oder *remissio* des Geschehenen zu festen Topoi. Alle diese Beschwörungen entwickelten offensichtlich auch immer ihre beabsichtigte heilsame, weil aussöhnende Wirkung. Natürlich konnte Vergessen nicht dekretiert, gleichwohl aber das öffentliche Erinnern sanktioniert werden: Es macht eben doch einen Unterschied, ob die öffentliche Erinnerung gefördert oder unterdrückt wird und ob man den Bezug auf die Vergangenheit im aktuellen gesellschaftlichen Diskurs mehrheitlich für legitim oder verpönt erachtet.

III

Während der französischen Restauration nach 1814/15 wirkte der alte Zauber trotz seiner klassischen Beschwörungsformeln des »oubli« und »pardon« nicht mehr. Vielmehr blieb die Vergangenheit präsent, zumal die ersten Regierungsmaßnahmen Ludwigs XVIII. kein politisches Lager wirklich befriedigten[20]: Die Ultras betrachteten die Charte als schwächliche Konzession an die Revolution und zeigten sich enttäuscht, dass Ludwig XVIII. sie zunächst nicht in wichtige Ämter einsetzte, um das innenpolitische Klima nicht noch weiter aufzuheizen. Ehemalige Revolutionäre und Napoleon-Anhänger düpierte hingegen die Datierung der Verfassung »im 19. Jahr« der Regierung Ludwigs XVIII.[21], da diese Formel bewusst eine Kontinuität zu dem ihnen verhassten Ancien Regime herstellte. Dafür sprach auch die Einführung des Lilienbanners, während die Trikolore, die für zahlreiche französische Siege in den Revolutionskriegen stand, verboten wurde. Empörung löste zudem die Tatsache aus, dass der König 12 000 Offiziere der ehemaligen kaiserlichen Armee auf Halbsold setzte und über 10 000 entließ, während er gleichzeitig eine neue royalistische Garde aufbaute und damit an eine weitere vorrevolutionäre Tradition anknüpfte. Schließlich provozierte die Forderung der

---

[19] Jörg FISCH, Krieg und Frieden im Friedensvertrag, Stuttgart 1997; Christian MEIER, Erinnern – Verdrängen – Vergessen, in: DERS., Das Verschwinden der Gegenwart. Über Geschichte und Politik, München 2001, S. 70–95; ELSTER, Akten (wie Anm. 1), S. 19–38.

[20] BERTIER DE SAUVIGNY, Restauration (wie Anm. 3), S. 77–88; MARCOWITZ, Großmacht (wie Anm. 17), S. 40f.; CHEVALLIER, Histoire (wie Anm. 4), S. 178–181.

[21] Vgl. ERBE, Konsulat (wie Anm. 12), S. 146.

ehemaligen adligen *émigrés* nach Entschädigung und Kompensation für tatsächlich oder vermeintlich ertragenes Unrecht Ängste und Ressentiments in der Bevölkerung. Dazu trug auch die königliche Entscheidung bei, den Katholizismus wieder zur Staatsreligion zu erklären, zumal damit eine Institution erneut an Bedeutung gewann, die weit kompromissloser und rigoroser als der Monarch die Revolution ablehnte und die Konterrevolution predigte.

Diese innergesellschaftlichen Frustrationen und Gegensätze ebneten Napoleon im Frühjahr 1815, wenn auch nur für kurze Zeit, noch einmal den Weg nach Paris und in die Tuilerien. Nach den Cent-Jours und seiner zweiten Restauration verstrickte sich Ludwig XVIII. endgültig in die vielleicht – das sei hier konzediert – »unvermeidlichen« Widersprüche des Versuchs, gesellschaftliche Aussöhnung und politischen Systemwechsel gleichzeitig überzeugend zu praktizieren[22]: Zwar wurde die Charte constitutionnelle beibehalten, doch dieses Mal wurden Gefolgsleute Napoleons hingerichtet und die Verwaltung gesäubert, indem – nach unterschiedlichen Schätzungen – 50 000–80 000 Funktionäre, also ein Viertel bis ein Drittel aller Amtsinhaber, entlassen wurden[23]. Ja, der royalistische Aufstand, der bereits während der Hundert Tage in Süd- und Westfrankreich begonnen hatte, entlud sich nun im »weißen Terror« der Königstreuen gegen Bonapartisten und Jakobiner. Er forderte vor allem im Süden mindestens 2000 Tote und erinnerte spiegelbildlich an die Terreur der Revolution. Damit wurde endgültig offenbar, was im Jahr zuvor noch durch die gemeinsame Erleichterung über das Kriegsende verdeckt worden war: In der Zeit der Restauration standen sich »deux peuples«, »zwei Frankreich«, gegenüber: das eine königlich, wenn nicht – in seiner radikalen Spielart – »ultra-royalistisch«, streng aristokratisch und theokratisch gesonnen, ganz dem Geist des Ancien Régime verhaftet; das andere überwiegend bürgerlich und aufgeklärt-liberal mit Wurzeln in der Zeit der Revolution. Diese ideologische Spaltung des Landes war umso gravierender, als der König nun nicht mehr jene Integrationsfigur war wie zu Beginn der ersten Restauration im Jahr zuvor: Er galt vielen als diskreditiert, weil er sozusagen im »Packwagen der Alliierten« nach Paris zurückgekehrt war und damit seine Wiedereinsetzung für alle noch weitaus deutlicher sichtbar als 1814 der Unterstützung durch die Siegermächte verdankte.

Das böse zeitgenössische Wort vom »Packwagen der Alliierten« zeigte überdies, dass die Französische Revolution auch in puncto politischer Kultur Irreversibles geschaffen hatte: Seit 1789 basierte gesellschaftliches Handeln

---

[22] BERTIER DE SAUVIGNY, Restauration (wie Anm. 3), S. 119–121; TULARD, Révolutions (wie Anm. 3), S. 327–329; MARCOWITZ, Großmacht (wie Anm. 17), S. 39–41; ELSTER, Akten (wie Anm. 1), S. 44–50.
[23] Ibid., S. 49.

in Frankreich auf dem »Prinzip der Diskussion«[24]. Nunmehr existierte eine politische Öffentlichkeit, die sich ihrer Macht bewusst war und daher nach politischer Mitsprache verlangte – im Bereich der politischen Kultur Frankreichs sicher eine der wesentlichsten »bewusstseinsprägenden Nachwirkungen des Zäsurereignisses Revolution«[25]. Mit der Charte constitutionnelle setzte Ludwig XVIII. diesem Anspruch zwar Grenzen – in Form des Zensuswahlrechts und geringer Befugnisse des Parlaments. Doch er wusste, dass er die öffentliche Meinung nicht ignorieren durfte, wollte er nicht eine neue Revolution riskieren. Für die Zeit nach 1815 und den Umgang mit der Vergangenheit von Revolution, Königsmord und Empire bedeutete das: Die Restauration prägten andauernde und erbitterte Diskussionen über die Vergangenheit, die die französische Gesellschaft tief spalteten, ja zeitweise geradezu einer masochistischen Selbstzerfleischung ähnelten. Die Vergangenheit war immer präsent und dadurch auch andauernde Gegenwart:

Zunächst ganz körperlich durch die ehemaligen Soldaten und Offiziere, teilweise Invaliden, die in ein System, die restaurierte Monarchie, zurückkehrten, für das sie nicht gekämpft hatten und das sie entließ oder auf *demisolde* setzte[26]. Hinzu kam die ehemalige »brumairianische Elite«[27], die sich nunmehr deklassiert und diskreditiert, ja teilweise depossediert fühlte. Schließlich die *émigrés*, die vielleicht subjektiv berechtigte Ansprüche auf Wiedergutmachung – ideell wie materiell – erhoben, doch objektiv innergesellschaftlichen Hass und Zwist provozierten, weil sie als die Personifizierung einer ungerechten Siegerjustiz galten. Präsent war die Vergangenheit im öffentlichen Diskurs aber auch durch die Vielzahl von Bilderbögen, Karikaturen und Journalen, die die Zensur nie gänzlich unterbinden konnte – selbst nach ihrer Verschärfung in den 1820er Jahren nicht[28].

---

[24] Crane BRINTON, Die Revolution und ihre Gesetze, Frankfurt a.M. 1959, S. 252. Vgl. ibid., S. 347 sowie MARCOWITZ, Großmacht (wie Anm. 17), S. 12f.; Isabelle BACKOUCHE, La monarchie parlementaire 1815–1848 de Louis XVIII à Louis-Philippe, Paris 2000.

[25] Rolf REICHARDT, Von der politisch-ideengeschichtlichen zur soziokulturellen Deutung der Französischen Revolution, in: GG 15 (1989), S. 115–143. Vgl. Gudrun GERSMANN, Hubertus KOHLE, Die Gesellschaft der Restauration und das Erbe der Französischen Revolution – zur Problemlage, in: DIES. (Hg.), Frankreich 1815–1830 (wie Anm. 3), S. 7–14.

[26] BERTIER DE SAUVIGNY, Restauration (wie Anm. 3), S. 236–267.

[27] Werner GIESSELMANN, Die brumairianische Elite. Kontinuität und Wandel der französischen Führungsschicht zwischen Ancien Régime und Julimonarchie, Stuttgart 1977.

[28] Christine PIETTE, Die Vermittlung der revolutionären Tradition im Frankreich der Restauration, in: GERSMANN, KOHLE (Hg.), Frankreich 1815–1830 (wie Anm. 3), S. 81–96; Ruth JAKOBY, Wer hat Angst vor alten Büchern? Polizei, Presse und Politik in der Restauration, in: ibid., S. 111–124.

In diesem Zusammenhang ist der Skandalerfolg besonders illustrativ, den das 1818/19 entstandene Monumentalgemälde von Théodore Géricault über den Untergang des französischen Kriegsschiffs »Medusa« vor der westafrikanischen Küste auslöste[29]. Ein »Skandalerfolg«, weil es nicht die sinkende Fregatte zeigte, sondern jenes Floß, auf dem 15 Mann der Besatzung überlebt hatten – 15 von ehemals 150. Die übrigen waren gestorben – aufgrund der Entbehrungen, aber auch wegen der grausigen Überlebenskämpfe bis hin zu kannibalistischen Szenen, die sich auf dem Floß abgespielt hatten. Am Ende waren nur jene davongekommen, die die physische und psychische Stärke besaßen, ein solches Erlebnis durchzustehen, vielleicht auch über eine gehörige Portion Skrupellosigkeit verfügten, um sich gegenüber ihren Leidensgenossen durchzusetzen, oder einfach nur Glück gehabt hatten.

Aber nicht nur dieser völlige Zusammenbruch menschlicher Ordnung und zivilisatorischer Werte erschütterte die Pariser Salons, sondern auch die Ursache des vorangegangenen Schiffbruchs: Die »Medusa« war nämlich am 2. Juli 1816 wegen ihres unfähigen Kapitäns, Hugues Duroy Vicomte de Chaumareys, auf eine gefährliche Sandbank aufgelaufen und dann binnen kurzem zerbrochen, wie schon der 1817 veröffentlichte Bericht zweier Überlebender so überzeugend – und publikumswirksam – bezeugt hatte, dass er bereits ein Jahr später in zweiter erweiterter Auflage erschien und ins Deutsche und Englische übersetzt wurde[30]. Da die Disziplin an Bord von Beginn der Reise an gestört war – nicht zuletzt aufgrund der fehlenden Autorität des Kapitäns –, kam es im Angesicht der Katastrophe zum völligen Chaos, in dem jeder nur an sein eigenes Überleben *coûte que coûte* dachte. Schuld an allem, so die vorherrschende Deutung des Geschehens, die für unser Thema besonders relevant ist, war letztlich die Tatsache, dass nach der Rückkehr der Bourbonen Ämter nicht aufgrund von Erfahrung und Fähigkeit, sondern gemäß erwiesener Königstreue vergeben wurden. So auch im Fall der Schiffsführung der »Medusa«: Der Vicomte de Chaumareys hatte den Oberbefehl erhalten, obwohl er noch nie eine Fregatte kommandiert hatte, indes als ein überzeugter Monarchist galt. Unter den ihm unterstellten Offizieren gab es hingegen sehr erfahrene Seeleute, die allerdings – im Gegensatz zu Chaumareys – mit dem Makel behaftet waren, dass sie bereits unter Napoleon gedient hatten. Vor diesem Hintergrund avancierte die »Medusa« rasch zur verstörenden Allegorie auf das Staatsschiff Frankreich, die alle jene bestätigte – und derer gab es eben viele –, die auch an seiner

---

[29] Jean-Baptiste SAVIGNY, Alexandre CORRÉARD, Der Schiffbruch der Fregatte Medusa, Berlin 2005.

[30] Jean-Baptiste SAVIGNY, Alexandre CORRÉARD, Naufrage de la frégate »La Méduse« faisant partie de l'expédition du Sénégal en 1816, Paris 1817. Vgl. DIES., Schiffbruch (wie Anm. 29), S. 172–174.

Spitze eine unfähige Führung unterstellten und deshalb den Untergang ihres Landes prophezeiten.

Schließlich lebte die Vergangenheit auch immer wieder im politischen Diskurs auf: Natürlich vor allem da, wo sie expressis verbis behandelt wurde – wie 1825 bei der Debatte über die »milliard des émigrés«, d.h. die Entschädigung jener, deren Güter in der Revolution enteignet und als Nationalgüter verkauft worden waren[31]. Da die Finanzierung größtenteils über Rentenwerte erfolgte, also nur in geringem Maße zu Lasten des Staatshaushalts ging, und sich die gesamte Summe überdies lediglich auf 630 Millionen Francs belief, war die erregte öffentliche Debatte vor allem ein psychologischer Ausweis der inneren Zerrissenheit der französischen Gesellschaft. In den unterschiedlichen Antworten auf die Entschädigungsfrage artikulierten sich die verschiedenen historisch bedingten Konfliktlinien und geschichtspolitisch aufgeladenen Diskurse der Zeit: Erstens gab es die gesellschaftliche Konfrontation zwischen *anciens propriétaires* und *acquéreurs*, zwischen alten und neuen Grundbesitzern; zweitens kam eine Flut von Broschüren und Pamphleten hoch, in denen das Für und Wider der Emigrantengesetze der Revolution untersucht und je nach politischer Position des Verfassers für legitim oder illegitim erklärt wurde; drittens wurden zahlreiche Parlamentsdebatten zum Problem »Rückgabe oder Entschädigung« geführt, deren Argumentation sich letztlich immer auch um die Einschätzung der Revolution und ihre Einordnung in die nationale Vergangenheit drehte[32].

Bezeichnenderweise war die Vergangenheit aber auch in ganz anderen politischen Zusammenhängen präsent, wie sich 1822/23 in den Debatten der Abgeordnetenkammer über eine mögliche Intervention französischer Truppen in Spanien zeigte, wo der absolutistisch regierende König Ferdinand VII. durch einen Putsch fortschrittlicher Militärs bedroht wurde[33]. Beispielsweise provozierte der damalige ultraroyalistische Ministerpräsident Jean-Baptiste de Villèle die Empörung der liberalen Opposition, als er in einer Parlamentsdebatte am 6. Februar 1823 bemerkte, die Regierung habe nur die Wahl zwischen einer Bekämpfung der Revolution jenseits der Pyrenäen oder einer Verteidigung Frankreichs an seiner Nordgrenze. Dies drückte zwar lediglich die zutreffende Sorge vor einer Revolutionierung Frankreichs durch die spanischen Ereignisse und einem dann folgenden neuen Krieg mit den

---

[31] Almut FRANKE, Le milliard des émigrés. Die Entschädigung der Emigranten im Frankreich der Restauration (1814–1830), Diss. Phil. Bochum 1997.

[32] Ibid., S. 10. Vgl. Wolfgang SCHMALE, Geschichte Frankreichs, Stuttgart 2000, S. 196f.

[33] Reiner MARCOWITZ, Kongressdiplomatie 1815–1823: Frankreichs Rückkehr in das Europäische Konzert, in: Francia. Forschungen zur westeuropäischen Geschichte 24/3 (1997), S. 1–22; DERS., Großmacht (wie Anm. 17), S. 70f.; David SKUY, Assassination, Politics, and Miracles. France and the Royalist Reaction of 1820, Montreal 2003.

übrigen europäischen Großmächten aus, doch glaubten sich die Kritiker einer Spanien-Invasion nun in ihrem Verdacht bestätigt, die französische Regierung unterwerfe sich dem Druck der einstigen Gegner und Siegermächte der Revolutionskriege.

Der liberale Abgeordnete Jacques-Antoine Manuel wiederum provozierte drei Tage später einen Eklat, als er ebenfalls im Parlament das gängige Argument der Kriegsbefürworter, man rette so das bedrohte Leben Ferdinands VII., mit dem Hinweis parierte, Ludwig XVI. habe seines gerade nach der Intervention der antirevolutionären Koalitionsmächte verloren. Das klang zumindest für die Ultra-Royalisten wie eine Rechtfertigung des Königsmords von 1793 und trug Manuel sogar den – verfassungswidrigen – Ausschluss aus der Kammer ein, obwohl er sich gegen die ihm unterstellte Wertung entschieden verwahrte. Einmal mehr zeigte sich hier die Zerrissenheit einer um die Vergangenheit geradezu zentrierten und sich gleichzeitig über sie zerstreitenden und zerspaltenden Gesellschaft: Vergangenheit und Gegenwart schienen ihr nicht mehr getrennt voneinander und wurden dementsprechend auch nicht mehr unabhängig voneinander bewertet. Vielmehr prägte die historische Erinnerung immer auch die Beurteilung des Gegenwärtigen, selbst da, wo es eine solche Verbindung logisch-sachlich gar nicht gab.

Vor diesem Hintergrund konnte das in der Charte constitutionnelle angemahnte, aber auch versprochene Beschweigen nicht funktionieren. Vielleicht – diese These sei hier aufgestellt – konnte es einfach nicht »mehr« funktionieren, wie auch andere Beispiele aus dieser und späterer Zeit belegen[34]: Zwar findet sich das Gebot des Vergessens zumindest in Einzelfällen noch bis ins frühe 20. Jahrhundert – zuletzt anlässlich des Friedensvertrages mit der Türkei in Lausanne 1923 –, aber von gelebter Praxis war es da längst zur leeren rhetorischen Floskel geworden, die keine kollektive Wirkung mehr entfalten konnte. Was über Jahrhunderte wohl tatsächlich zur inneren Aussöhnung beigetragen hatte, kollidierte nun mit der neuen Struktur gesellschaftlichen Lebens: Schon das 19. Jahrhundert markierte hier in vielerlei Hinsicht einen Umbruch hin zu einer zunehmenden Demokratisierung, nicht unbedingt des politischen Systems im engeren Sinne – wenngleich sich hierfür zumindest in Westeuropa natürlich auch Beispiele finden ließen – wohl aber im Hinblick auf eine größere Öffentlichkeit und Publizität, die jenes von oben verordnete Vergeben und Vergessen früherer Jahrhunderte obsolet machte. Auch in dieser Hinsicht markieren die Revolutionskriege eine Scheidelinie: einerseits zwischen den Kabinettskriegen des frühneuzeitlichen Mächtesystems und den großen Volkskriegen des anbrechenden Zeitalters der Nationalstaaten, andererseits zwischen der Vorherrschaft der aus der Epoche

---

[34] MEIER, Erinnern (wie Anm. 19); ELSTER, Akten (wie Anm. 1).

des Absolutismus stammenden leichter steuerbaren Autokratien und den sich zunehmend durchsetzenden Verfassungsstaaten, deren aktive und plurale politische Öffentlichkeit sich autoritären Redeverboten und Schweigegeboten entzog. Insofern verwundert es auch nicht, dass schon die erste Restauration Ludwigs XVIII. zu keinem Zeitpunkt wirklich gefestigt war, sondern durch eine linke und rechte Fundamentalopposition bedrängt wurde, der es nicht um eine Reform des Bestehenden, sondern um einen Systemsturz ging[35]. Auf der Rechten waren dies die Ultra-Royalisten – vor allem adlige Grundbesitzer und ehemalige Emigranten –, die bereits während der ersten Restauration eine Rückkehr Frankreichs zu vorrevolutionären Zuständen, womöglich dem mittelalterlichen, patriarchalischen Königtum verlangt hatten. Auf der Linken standen ihnen die Konstitutionellen oder Liberalen gegenüber, die aus dem fortschrittlichen Teil von Aristokratie und Bürgertum stammten und für eine noch weiter gehende Parlamentarisierung Frankreichs nach britischem Vorbild eintraten. Beiden gemeinsam war die Beschwörung der Vergangenheit – wenngleich jeweils unterschiedlich interpretiert –, um das aktuelle gesellschaftliche und politische System zu diskreditieren, wofür Parlament und Presse eine ausreichende Bühne boten.

IV

Fassen wir noch einmal zusammen: Hier ging es nicht um ein persönliches Wert- oder Unwerturteil – Ludwig XVIII. hat durch seinen moderaten Kurs sicher mehr zur Aussöhnung der französischen Gesellschaft in der Zeit der Restauration beigetragen als sein ultrakonservativer Bruder Karl X., doch auch ihm ist es nicht gelungen, den ursprünglich postulierten »oubli« und »pardon« tatsächlich in gesellschaftliche Praxis zu überführen. Hätte es eine Alternative gegeben? Der Königsweg zwischen Erinnerung und Vergessen gleicht dem Segeln zwischen Scylla und Charybdis – zu viel Erinnerung lähmt, ja kann zur Selbstzerstörung führen, zu wenig vermag vordergründig heilsam zu wirken, produziert jedoch auch neue Ungerechtigkeit und bleibt deshalb moralisch unbefriedigend. Gefragt ist also »eine subtile Mischung aus Erinnern und Vergessen«[36]. Im Falle der französischen Restauration nach 1814/15 kam erschwerend hinzu, dass der mit der Revolution von 1789 eingetretene Riss in der französischen Gesellschaft zu tief war, als dass er

---

[35] Michael ERBE, Geschichte Frankreichs von der Großen Revolution bis zur Dritten Republik 1789–1884, Stuttgart 1982, S. 170–180; MARCOWITZ, Großmacht (wie Anm. 17), S. 12f.

[36] Timothy GARTON ASH, Mesomnesie, in: Transit 22 (2001/02), S. 32–48, hier S. 42.

binnen einer Generation hätte verarbeitet werden können. Es bedurfte derer mindestens zwei, drei, bis sich Ende der 1870er die III. Republik endgültig in Frankreich konstituierte, vielleicht gelang die innergesellschaftliche Aussöhnung aber auch erst im 20. Jahrhundert, ja sogar erst in der V. Republik, die mit den Zweihundertjahr-Feiern 1989 auch das Ende der Revolution postulierte[37]. Doch manche gehen ja sogar so weit zu behaupten, dass selbst aktuelle innerfranzösische Auseinandersetzungen noch durch die alte *grande querelle* geprägt seien. Für die geschichtswissenschaftliche Erkenntnis relevanter ist die Feststellung, dass unter den Bedingungen einer seit 1789 zunehmend offeneren Gesellschaft alte Mechanismen der Vergangenheitsbewältigung offensichtlich nicht mehr funktionierten, ja nicht mehr funktionieren konnten. Insofern kann der französische Fall von Anfang des 19. Jahrhunderts zwar kein Vorbild sein – auch nicht für das vereinigte Deutschland unserer Tage –, doch zumindest ist er ein Vorbote jener neuen Entwicklung, die den betroffenen Gesellschaften die ebenso schwierige wie belastende und nie gänzlich befriedigende Gratwanderung zwischen notwendigem Erinnern und legitimem Vergessen abverlangt.

---

[37] François FURET, La Révolution de Turgot à Jules Ferry, 1770–1880, Paris 1988; Jean-Clément MARTIN, Révolution et contre-révolution en France 1789–1989. Les rouages de l'histoire, Rennes 1996.

VOLKER SELLIN

DIE RESTAURATION IN ITALIEN

Die folgenden Überlegungen beschränken sich auf diejenigen Aspekte der Restauration in Italien, aus denen ein Beitrag zum Thema der Tagung zu erwarten ist. Zu Leitfragen für den angestrebten historischen Vergleich sind Vergeben und Vergessen im Vergangenheitsdiskurs nach Konflikten bestimmt worden. Unter der Bereitschaft zu Vergebung und Vergessen ist eine Einstellung zu verstehen, die sich auf wirkliches oder vermeintliches Unrecht bezieht, das seiner Natur nach nicht rückgängig gemacht werden kann. Nach der Konzeption der Tagung kommen dabei nur schmerzhafte Verletzungen in Betracht, die ein erheblicher Teil einer Gesellschaft erlitten hat. Unrechts- und Gewalterfahrungen von Einzelnen müssen ebenso ausgeklammert bleiben wie die bloße Enttäuschung über die Nichterfüllung von Erwartungen. Handlungen oder Prozesse, die Gegenstand von Vergebung und Vergessen sein können, müssen abgeschlossen sein. Eine fortdauernde Kränkung oder Verfolgung kann man ihrer Natur nach nicht vergessen. Dass ein Opfer seinem Peiniger im Augenblick der Tat vergibt, ist zwar grundsätzlich vorstellbar, liegt jedoch schon deshalb außerhalb des Tagungsthemas, weil nach Vergangenheitsdiskursen gefragt wird.

Restaurationen hat es in der Geschichte mehrfach gegeben. Wenn keine Zeitbestimmung hinzugefügt wird, ist in der Regel die Restauration nach dem Zusammenbruch der Herrschaft Napoleons gemeint. Restauration ist allerdings ein unscharfer und mehrdeutiger Begriff. Zunächst kann er sowohl einen Vorgang als auch die Epoche bezeichnen, die durch den Vorgang geprägt wurde. Als Vorgang verstanden, kann das Wort die getreue Wiederherstellung von Zerstörtem, aber auch eine zeitgemäße Erneuerung und Stärkung bedeuten, die mit Anpassung und Neugestaltung verbunden ist. Nur in diesem Sinne konnte die französische Nationalversammlung Ludwig XVI. in der Nachtsitzung des 4. August 1789 als »restaurateur de la liberté française« feiern[1], denn die Beschlüsse dieser Nacht legten den Grund für eine ganz neue Rechts- und Sozialordnung, die in dieser Form zuvor in keiner Epoche der Geschichte Frankreichs existiert hatte.

Auch im Hinblick auf das Zeitalter des Wiener Kongresses steht der Begriff Restauration für die Wiedergewinnung einer europäischen Gesamtordnung, die das Ancien Régime in vieler Hinsicht weit hinter sich ließ. Wichtiger als die Wiederherstellung vergangener Wirklichkeit im Einzelnen war die dauer-

[1] Dekret der Nationalversammlung vom 11. August 1789, Art. 17, in: J. M. ROBERTS (Hg.), French Revolution Documents, Bd. 1, Oxford 1966, S. 153.

hafte Stabilisierung des europäischen Staatensystems im Ganzen. Aus diesem Grunde wurde die im Zeichen der Restauration geschaffene Ordnung auch nicht als etwas Statisches oder als ein einmaliger Wurf verstanden. So legten die Bundesakte von 1815 und die Wiener Schlussakte von 1820 für die künftige Entwicklung des Konstitutionalismus im Bereich des Deutschen Bundes bestimmte Grundsätze fest, und zur Sicherung des inneren und äußeren Friedens in Europa vereinbarten die Großmächte Verfahren, die in Krisenfällen ein gemeinsames Vorgehen ermöglichen sollten.

Dieses dynamische Verständnis von Restauration ist nicht nur der eigentliche Grund dafür, dass wir von einem ganzen Zeitalter der Restauration sprechen, sondern erklärt auch, warum der Begriff auf die unterschiedlichsten staatsrechtlichen Gegebenheiten in Europa angewandt werden kann. Frankreich, die Vereinigten Niederlande, das Königreich Polen und von 1818 an auch eine wachsende Zahl von deutschen Mittelstaaten führten im Zeitalter der Restauration Verfassungen ein; dagegen herrschte in Preußen, in Österreich, in Spanien und in den italienischen Staaten überwiegend bürokratischer Absolutismus. Trotz dieser Unterschiede gilt in der nationalen Erinnerung all dieser Länder das Zeitalter, das mit dem Sturz Napoleons einsetzte, als Epoche der Restauration. Restauration konnte offensichtlich beides sein: die Gewährung und die Aufhebung von Verfassungen, Modernität und Reaktion, Reformpolitik und Reformfeindschaft.

Italien zerfiel am Vorabend der Abdankung Napoleons in vier Herrschaftszonen[2]. Ein breiter Gebietsstreifen entlang der Westküste der Apenninenhalbinsel von Piemont bis Latium war seit 1802 schrittweise in das französische Kaiserreich inkorporiert worden. Das im Jahre 1805 durch Umwandlung der bisherigen *Repubblica Italiana* gegründete Königreich Italien (*Regno d'Italia*) mit der Hauptstadt Mailand, das sich zuletzt aus der Lombardei, Venetien, Istrien und Dalmatien sowie den Marken zusammensetzte, war eine selbstständige staatsrechtliche Einheit, jedoch in Personalunion mit Frankreich verbunden. Das 1806 von französischen Truppen besetzte Königreich Neapel wurde seit 1808 von Napoleons Schwager Murat regiert. Die vierte Zone bildeten die Inseln Sizilien und Sardinien, die Napoleon nicht unter seine Herrschaft hatte bringen können. In Palermo hatte der Bourbone Ferdinand IV. von Neapel, in Cagliari König Viktor Emanuel I. von Sardinien Zuflucht gefunden. Von wenigen Ausnahmen abgesehen, wurde 1814 und 1815 die vormalige Staatenvielfalt wiederhergestellt. Dementsprechend hat Italien nach dem Sturz Napoleons nicht eine, sondern viele Restaurationen erlebt.

Am Anfang stand die Rückkehr der vormaligen Fürsten. Von der Rückkehr der Bourbonen nach Frankreich unterschied sich die der italienischen

---

[2] Vgl. Alfonso SCIROCCO, L'Italia del Risorgimento 1800–1871, Bologna [2]1993, S. 14.

Herrscher vor allem in zweifacher Hinsicht. Zum einen waren die italienischen Monarchien nicht wie die französische dereinst von einer frei gewählten Nationalvertretung wie dem Konvent gestürzt, sondern durch Eingriff von außen beseitigt worden. Zum andern wurde keiner der italienischen Herrscher wie Ludwig XVIII. auf Beschluss eines nationalen Verfassungsorgans wie dem napoleonischen Senat zurückgerufen; vielmehr kamen sie aus eigenem Antrieb, nachdem die Großmächte ihnen mit dem Sieg über das französische Kaiserreich den Weg freigemacht hatten. Man könnte daher behaupten, dass die Restauration 1814 über das Land hereinbrach, wie achtzehn Jahre zuvor General Bonaparte darüber hereingebrochen war. Aus der Mitte der italienischen Gesellschaft ging keine Bewegung mit dem Ziel einer alternativen und selbstbestimmten Neuordnung des Landes hervor. Das bestätigt die Folgenlosigkeit des Mailänder Aufstands vom 20. April 1814, dem der napoleonische Finanzminister Giuseppe Prina zum Opfer fiel, ebenso wie die vergeblichen Versuche Federico Confalonieris, das *Regno d'Italia* oder wenigstens die Lombardei mit britischer Unterstützung in eine unabhängige konstitutionelle Monarchie zu verwandeln. Zuvor hatten sich die Pläne von Eugène Beauharnais zerschlagen, die ihm als Vizekönig des *Regno* von Napoleon übertragene Herrschaft in die neue Zeit hinüberzuretten, und ein Jahr später scheiterte auch der König von Neapel, Joachim Murat, bei dem Versuch, Italien unter seiner Regierung zu einigen. Weder Beauharnais noch Murat hatten es vermocht, die erforderliche Unterstützung im Lande zu mobilisieren. Weder auf gesamtitalienischer noch auf partikularstaatlicher Ebene – bezogen auf die napoleonischen Staatsschöpfungen – kann daher davon die Rede sein, dass die Restauration eine manifeste und von einer nennenswerten Fraktion der Gesellschaft getragene Kundgebung eines auf alternative politische Lösungen gerichteten Nationalwillens überrollt hätte.

Italien hatte bereits 1799 im Zuge des zweiten Koalitionskriegs gegen Frankreich eine Restauration erlebt, als die russisch-österreichische Armee unter Führung des Generals Suvorov die seit Bonapartes Eingreifen in Italien entstandenen Jakobinerrepubliken zerstörte. Zum traumatischen Erlebnis wurde insbesondere das Strafgericht, das Ferdinand IV. von Neapel mit Unterstützung des britischen Admirals Nelson und unter Bruch einer Kapitulationsvereinbarung damals über die Träger der Parthenopäischen Republik verhängte. 119 Patrioten, mit einem weit überproportionalen Anteil der Elite des Landes, wurden zum Tode verurteilt und hingerichtet[3]. In der nationalen Erinnerung der Italiener lebt dieses Ereignis bis heute fort. Mit der französischen Republik von 1792 lassen sich die italienischen Jakobinerrepubliken allerdings nicht vergleichen. Sie verdankten ihre Entstehung allein dem

---

[3] Giuseppe GALASSO, Storia del Regno di Napoli, Bd. 4, Il Mezzogiorno borbonico e napoleonico (1734–1815), Turin 2007, S. 923–932.

Schutz der französischen Armeen und wurden lediglich von einer kleinen, vor allem bürgerlichen und intellektuellen, Oberschicht getragen.

Da die italienischen Restaurationen von 1814 und 1815 weder wie 1799 Republiken beseitigten noch wie die französische Restauration von 1814 mit der Gewährung von Verfassungen verbunden waren, handelte es sich im Kern um die Ersetzung der napoleonischen Militärdiktatur durch den Absolutismus der vormaligen Herren. Der neue Absolutismus war jedoch nicht mehr der alte. Wie der piemontesische Staatsmann und Schriftsteller Massimo d'Azeglio in seinen Memoiren berichtet, verstanden das am Anfang nur die wenigsten. Auf die Nachricht vom Sturz Napoleons habe sich unter den Menschen in seiner piemontesischen Heimat zunächst große Erleichterung darüber breit gemacht, dass Napoleon nicht länger ihr »Herr« sei und dass sie »wieder frei und unabhängig würden«; d'Azeglio fuhr fort: »Wer Turin an diesem Tag nicht erlebt hat, der weiß nicht, was bei einem Volke Freude heißt, die sich bis zum Delirium steigert«[4]. Für die Mehrheit der Bürger seien »die Restaurationen [...] eine Rückkehr zum Leben, eine Zeit zum Ausruhen, ein Grund des Glücksgefühls und die Befreiung von einer drückenden und verhassten Tyrannis« gewesen[5]. Im Überschwang ihrer Freude hätten sie zunächst nicht durchschaut, dass in Wirklichkeit die Kontinuität der Unfreiheit das Hauptkennzeichen der Restauration gewesen sei. Napoleon habe den zurückkehrenden Fürsten nämlich ein Instrumentarium effektiver Machtausübung hinterlassen, das dem Absolutismus des 18. Jahrhunderts in vergleichbarer Perfektion nicht entfernt zur Verfügung gestanden habe, nämlich »Polizei und Bürokratie« und damit »die einfallsreichsten Maschinen und Instrumente, die der Despotismus jemals ersonnen habe, seit er die Menschheit beherrsche«[6]. Auf die damit gegebenen Möglichkeiten hätten die restaurierten Herren nicht verzichten wollen und daher den napoleonischen Despotismus aufrechterhalten. Vervielfacht und »im Gewande eines Jesuiten« habe Napoleon in Italien weiterregiert[7].

---

4 Massimo D'AZEGLIO, I mei ricordi, hg. von Arturo POMPEATI, Turin 1958 (Nachdruck 1979), S. 181: »Ma finalmente venne pure quel giorno benedetto della gran nuova, che Napoleone non era più nostro padrone, e che eravamo o stavamo per tornar liberi ed indipendenti! Chi non ha veduto Torino in quel giorno, non sa che cosa sia l'allegrezza d'un popolo portata al delirio«.
5 Ibid., S. 278:»nell'opinione della maggiorità, che per legge di natura sono composte sempre de' meno avveduti, le restaurazioni erano state un ritorno alla vita, un riposo, una felicità, una liberazione d'una tirannia grave ed odiata«.
6 Ibid., S. 190: »[Napoleone] lasciava all'Europa in regalo, per sua memoria, le macchine e gl'istrumenti più ingegnosi che abbia mai saputo trovare il despotismo, da quando cominciò ad infierire sulla specie umana: Polizia e Burocrazia«.
7 Ibid.: »I Principi, come i ministri reduci dagli esigli, trovarono comodo di accettare l'eredità di Napoleone con benefizio d'inventario: tenersi la polizia, la burocrazia, più, le imposte, gli eserciti fuor di proporzione, e via via; ma il buon ordine giudiciario ed amministrativo, l'impulso alle scienze ed al merito, l'uguaglianza delle classi, il miglioramento e l'aumento delle comunicazioni, la libertà di coscienza e tant'altre otti-

Das kann nicht überraschen, wenn man bedenkt, dass viele europäische Staaten im Laufe des 18. Jahrhunderts in einen dynamischen Prozess der Erneuerung eingetreten waren, lange bevor sie von der Revolution und den napoleonischen Reformen erfasst wurden. Als die österreichischen Truppen im Frühjahr 1814 in die Lombardei einzogen, mussten sie feststellen, dass Napoleon mit seinem Zentralismus und der Beseitigung adliger Sonderrechte in dieser alten habsburgischen Provinz nur vollendet hatte, was Maria Theresia und besonders Joseph II. einst begonnen hatten[8]. Insofern hatte Napoleon dem Land keine prinzipiell fremdartigen und schon gar keine revolutionären Institutionen aufgezwungen, sondern lediglich die von der Donaumonarchie im ureigensten Interesse seit langem angebahnte Modernisierung des Staates vorangetrieben. Dass Restauration im Sinne der Rückkehr zu den Verhältnissen, die vor dem Eingreifen Napoleons in Italien im Jahre 1796 geherrscht hatten, unter diesen Umständen keine ernsthafte Option sein konnte, liegt auf der Hand.

Dementsprechend machte die anfängliche Euphorie, die d'Azeglio schilderte, später der Ernüchterung Platz. Doch nicht nur die innenpolitische Neuordnung in den einzelnen Staaten gab alsbald vielfältigen Anlass zur Unzufriedenheit. Auch die äußere Neuordnung Italiens durch die Großmächte stieß ausgerechnet an denjenigen drei Stellen auf Kritik, an denen die Restaurationspolitik von der Wiederherstellung der traditionellen Staatengliederung abgesehen hatte: in Venedig, in Genua und auf Sizilien. Weder Venedig noch Genua erlangten ihre Unabhängigkeit und schon gar nicht ihren Status als Republiken wieder. Aufgrund des Friedens von Campo Formio von 1797 war Venedig bereits acht Jahre lang Bestandteil der Habsburgermonarchie gewesen, bis es nach dem dritten Koalitionskrieg 1805 mit dem *Regno d'Italia* vereinigt wurde. Jetzt wurde es erneut dem Kaisertum Österreich zugeschlagen und mit der Lombardei zu einem historisch neuen Gebilde, dem Lombardo-Venezianischen Königreich (*Regno Lombardo-Veneto*) zusammengefügt, das die österreichische Hegemonie über die Halbinsel sichern sollte.

Genua war nach der Eroberung der ligurischen Küste durch britische Truppen im Frühjahr 1814 zunächst durch den britischen General Lord William Cavendish Bentinck vorläufig wieder als unabhängige Republik konstituiert worden. Trotz der diplomatischen Bemühungen des Marchese

me parti del governo del gran guerriero se le gettarono dietro le spalle. In Italia, in ispecie, lo stato politico, il despotismo nuovo, poté definirsi: Napoleone vestito da gesuita«.

[8] Vgl. hierzu Marco MERIGGI, Amministrazione e classi sociali nel Lombardo-Veneto (1814–1848), Bologna 1983, S. 31, wo die Eindrücke des provisorischen Gouverneurs von Mailand, des Grafen Bellegarde, von der josephinisch-napoleonischen Kontinuität in der Verwaltung mit den Worten umschrieben werden: »la rivoluzione amministrativa di Napoleone [...] non è che il naturale proseguimento delle tendenze giuseppine«.

Agostino Pareto bei den in Paris versammelten Monarchen im Mai 1814 und
des Marchese Antonio Brignole Sale auf dem Wiener Kongress wurde Genua
am 12. November 1814 dem Königreich Sardinien inkorporiert. Den Ein-
wand der beiden Diplomaten, dass zwischen der piemontesischen Mi-
litärmonarchie auf aristokratisch-bäuerlicher Grundlage, einem reinen »Stato
continentale«, und der handeltreibenden Republik an der Küste, einem »Stato
puramente marittimo«, in sozialer und wirtschaftlicher Hinsicht der größte
denkbare Gegensatz bestehe, ließen die Großmächte nicht gelten[9]. Zweck des
Zusammenschlusses war wie bei der Gründung des Königreichs der Vereinigten Niederlande und der Verlegung Preußens und Bayerns an den Rhein
im Zuge der territorialen Neuordnung Deutschlands die Aufrichtung einer
territorialen Barriere gegenüber dem auch nach der Verbannung Napoleons
weiterhin als gefährlich eingestuften Frankreich. Als Agostino Pareto vom
britischen Außenminister Castlereagh und Kaiser Franz I. von Österreich
vorgehalten wurde, dass die Staatsform der Republik überholt sei, schlug der
Genuese vergeblich die Umwandlung seiner Republik in ein Fürstentum oder
ersatzweise die Eingliederung in die Lombardei vor, sofern diese die Unabhängigkeit erlange[10].

Sizilien schließlich war mit Neapel in Personalunion verbunden gewesen.
Das Königspaar, Ferdinand IV. von Bourbon und Maria Carolina von
Habsburg, hatte sich nach der Besetzung des Königreichs Neapel durch
französische Truppen im Jahre 1806 unter britischem Schutz auf der Insel
halten können. Nachdem Ferdinand IV. 1815 jedoch nach Neapel zurückgekehrt war, verwandelte er die Personalunion unter dem Namen eines
Königreichs beider Sizilien (*Regno delle due Sicilie*) in eine Realunion.
Sizilien wurde fortan von Neapel aus regiert, und da Ferdinand die von den
Franzosen dort geschaffenen Institutionen im Wesentlichen aufrechterhielt,
wurden im Interesse der Vereinheitlichung der Verwaltung und des Rechts die
napoleonischen Reformen einschließlich des Code Napoléon in den
folgenden Jahren zum großen Teil nachträglich auf Sizilien eingeführt. Die
unter dem Patronat von Lord Bentinck im Jahre 1812 in Sizilien geschaffene
Verfassung nach britischem Vorbild wurde außer Kraft gesetzt[11]. Das war das
genaue Gegenteil von Restauration im Sinne der Wiederherstellung verletzten
Rechts. Die Wiedererlangung der Unabhängigkeit von Neapel blieb von nun

---

[9] Agostino Pareto ai membri del Governo provvisorio, Paris, 12.5.1814, in: Nicomede BIANCHI, Storia documentata della diplomazia europea in Italia dall'anno 1814
all'anno 1861, Bd. 1, Turin 1865, S. 345.

[10] Agostino Pareto ai membri del Governo provvisorio, Paris, 20.5.1814, ibid.,
S. 350–352. Kaiser Franz soll erklärt haben: »Vous voyez que les républiques ne sont
plus d'usage«; vgl. Agostino Pareto ai membri del Governo provvisorio, Paris,
28.5.1814, ibid., S. 353.

[11] Rosario ROMEO, Il Risorgimento in Sicilia, Bari 1970, S. 152.

an bis zur Zerstörung der Bourbonenmonarchie durch Garibaldi und seine Freischärler im Jahre 1860 das vorrangige Ziel der Sizilianer.

Aus Sicht der Betroffenen handelte es sich in allen drei Fällen – in Venedig, in Genua und auf Sizilien – um ein Unrecht. Die Neuordnung rief daher an allen drei Stellen das Verlangen nach Revision hervor. Die Regierung in Turin behielt in den Revolutionen von 1821 und 1848 das Verhalten der Genuesen stets sorgfältig im Auge, um Separationsbestrebungen rechtzeitig entgegenwirken zu können. Sizilien versuchte sowohl in der Revolution von 1820 als auch durch eine Erhebung von 1837 sowie schließlich in der Revolution von 1848, die Unabhängigkeit von Neapel wiederzugewinnen. Höhepunkte erreichten diese Bestrebungen am 13. April 1848, als das sizilianische Parlament König Ferdinand II. von Bourbon und seine Dynastie absetzte, und am 11. Juni desselben Jahres, als es stattdessen den Prinzen Ferdinand von Savoyen unter dem Namen Karl Amadeus auf den Thron von Palermo berief.

Während der Verlust der Selbstständigkeit Genuas und Siziliens über den Kreis der Bewohner dieser Provinzen hinaus nur wenig beklagt wurde, berührte die erneute Eingliederung Venedigs in die Habsburgermonarchie in den Jahrzehnten nach dem Wiener Kongress den Prozess der italienischen Nationsbildung und wurde daher alsbald zu einer Frage von gesamtitalienischer Bedeutung. Das primäre Ziel der Venezianer selbst blieb allerdings noch lange die Wiedererlangung der partikularstaatlichen Unabhängigkeit, und zwar nicht nur im Verhältnis zu Österreich, sondern auch im Verhältnis zur Lombardei. Entgegen der Absicht Karl Alberts von Sardinien, als ersten Schritt zur Schaffung eines italienischen Nationalstaats ganz Norditalien unter seinem Szepter zu einigen, rief im März 1848 nach der Vertreibung der österreichischen Truppen Daniele Manin in Venedig zunächst die Republik aus. Noch in der Revolution von 1848 kämpften die italienischen Gegner Österreichs also für entgegengesetzte Ziele: nationale Einheit auf der einen, partikularstaatliche Unabhängigkeit auf der anderen Seite[12]. Vergeben und Vergessen wären im Hinblick auf die österreichische Herrschaft über die Lombardei und Venetien nur unter der Bedingung denkbar gewesen, dass die Venezianer ihren Anspruch auf Unabhängigkeit und die Italiener insgesamt ihre Hoffnungen auf nationale Einheit begraben hätten. Im Unterschied zum Jahre 1848 hatte die Nationalbewegung in Italien – nicht anders als in Deutschland – beim Sturz Napoleons noch ganz in den Anfängen gestanden. Es wäre daher ein Anachronismus, wollte man behaupten, dass die

---

[12] Zur Entwicklung des Gegensatzes von nationalen und partikularstaatlichen Zielsetzungen in Deutschland vgl. Volker SELLIN, Nationalbewusstsein und Partikularismus in Deutschland im 19. Jahrhundert, in: Jan ASSMANN, Tonio HÖLSCHER (Hg.), Kultur und Gedächtnis, Frankfurt a.M. 1988, S. 241–264; vgl. auch die italienischsprachige Fassung: Volker SELLIN, Coscienza nazionale e particolarismo nella Germania nel XIX secolo, in: Rivista Storica Italiana 113 (2001), S. 497–518.

Restauration die nationalen Bestrebungen der Italiener durchkreuzt habe. Dass die Restauration jedoch den damaligen Status quo zementierte und Italien sowohl innerstaatlich als auch national zum politischen Immobilismus verdammte, wurde erst im Laufe der Zeit erkennbar. Im Übrigen muss – wie schon in den Fällen Genua, Sizilien und Venedig – die Frage, wodurch und in welchem Maße die Restauration in Italien Gräben aufriss oder gewachsene Ansprüche verletzte, von Staat zu Staat unterschiedlich beantwortet werden. Ausgerechnet Metternich machte die Wiedereinsetzung Ferdinands IV. von Neapel davon abhängig, dass dieser eine Reaktion nach Art der blutigen Restauration von 1799 vertraglich ausschloss. So sollte der Verkauf der Nationalgüter anerkannt, die Staatsschuld garantiert und niemand wegen seines Verhaltens während des Franzosenjahrzehnts zur Rechenschaft gezogen werden; jedem Bürger sollte der Zugang zu allen zivilen und militärischen Ämtern offenstehen[13].

Die in vielen italienischen Staaten von den zurückkehrenden Fürsten unternommenen Versuche, im Zuge einer Art von feudalständischer Reaktion die ehemaligen, zumeist aus dem Adel stammenden Beamten wieder einzusetzen, besonders ausgeprägt in Piemont nach der Rückkehr Viktor Emanuels I., scheiterten bereits nach wenigen Jahren, weil man die effiziente napoleonische Verwaltungsorganisation schon aus fiskalischen Gründen nicht wieder aufheben konnte, die vornapoleonischen Beamten den damit verbundenen Anforderungen jedoch nicht gewachsen waren. Ein bezeichnendes Beispiel für diese Entwicklung ist die massive Wiedereinsetzung vieler zunächst entlassener Beamter im ehemaligen *Regno d'Italia*. Nach Berechnungen von Marco Meriggi sank der Anteil der Adelspersonen in den staatlichen Spitzenpositionen der Lombardei von 81 % im Jahre 1816 auf 67 % im Jahre 1822 und auf 28 % im Jahre 1838. Umgekehrt stieg der Anteil der unter Napoleon geschulten Beamten von 32 % im Jahre 1816 auf 61 % im Jahre 1822 und auf 64 % im Jahre 1838[14]. Dasselbe Bild bietet das Königreich Sardinien. In der Diplomatie wurden die Interessen dieses Staates nach Wiedererlangung der Unabhängigkeit sogar von Anfang an von Persönlichkeiten wahrgenommen, die während der Zugehörigkeit Piemonts zum französischen Kaiserreich bereits hohe Ämter bekleidet hatten. Auf ihre Kenntnisse und ihre Erfahrung konnte der König nicht verzichten. So wurde Sardinien auf dem Wiener Kongress durch den Marchese Asinari di San Marzano vertreten, der unter Napoleon Mitglied des Senats und französischer Gesandter in Berlin gewesen war. Noch im Jahre 1814 wurde San Marzano zum Kriegsminister und 1817

---

[13] Vgl. Alliance entre l'empereur d'Autriche et Ferdinand IV roi des Deux-Siciles, 29.4.1815, Art. II, in: Recueil des traités, conventions et actes diplomatiques concernant l'Autriche et l'Italie, Paris 1859, S. 173. Vgl. dazu: Walter MATURI, Il congresso di Vienna e la restaurazione dei Borboni a Napoli, Teil 2, in: Rivista Storica Italiana, Serie V, Bd. 3, Heft 4 (1939), S. 52–54.

[14] Marco MERIGGI, Il Regno Lombardo-Veneto, Turin 1987, S. 83.

zum Außenminister berufen, während Prospero Balbo, der im Kaiserreich Rektor der Universität Turin gewesen war, im September 1819 das Amt des Innenministers übernahm[15]. Im Kirchenstaat wurden die oberen Chargen der Verwaltung allerdings sogleich in die Hände von Geistlichen zurückgelegt. Kontinuitäten gegenüber der napoleonischen Herrschaft zeigen sich auch auf dem Gebiet der Militärpolitik: Die verhasste Konskription wurde in der Lombardei und in Venetien 1819, in Piemont 1816 und in Neapel 1818 wieder eingeführt[16]. Bei allen Unterschieden im Detail halten die Erinnerungen Massimo d'Azeglios also der Überprüfung stand.

Vor allem wegen der Konskription und des rigorosen Fiskalismus war das napoleonische Regime als drückend empfunden worden. Die anfängliche Hoffnung auf Verringerung der Belastungen zerschlug sich jedoch nicht nur im Bereich der Fiskal- und Militärpolitik, sondern auch im Hinblick auf die wirtschaftlichen Spielräume der Untertanen. Die Ursachen reichten vom Einströmen englischer Waren nach Wegfall der Kontinentalsperre über die europäische Wirtschaftskrise von 1816 und 1817, den Verfall der Agrarpreise nach 1818 und die Verlegung der Handelswege in den von Österreich beherrschten Gebieten bis zu den Kosten der österreichischen Okkupationsarmee in Neapel. Infolgedessen wuchs schon bald die Unzufriedenheit mit dem politischen Kurs der durch die Restauration geschaffenen Regime. Im Kirchenstaat wurde bereits 1817 ein Aufstandsversuch im letzten Augenblick vereitelt; 1820 brachen in Neapel und Sizilien und 1821 in Piemont Revolutionen aus, während eine Verschwörung der *Federati lombardi* von der österreichischen Polizei ebenfalls vorzeitig aufgedeckt wurde. In diesen wesentlich von der Carboneria und anderen Geheimgesellschaften geschürten Revolutionen kam die Enttäuschung darüber zum Ausbruch, dass auf die Zwangsherrschaft Napoleons nicht, wie erhofft, ein Zeitalter der Liberalität, der politischen Partizipation und der Prosperität gefolgt war. Die Revolutionen stellten jedoch nicht die sechs Jahre zuvor erfolgte Restauration der Monarchien als solche, sondern deren seither verfolgte Politik in Frage.

Fragt man nach Behandlung und Stellenwert der Restauration in der politischen Debatte der Epoche nach 1814, so stößt man dementsprechend weit weniger auf einen Vergangenheits- als vielmehr auf einen Gegenwarts-, ja Zukunftsdiskurs. In der Entwicklung dieses Diskurses bildeten die Revolutionen von 1820 und 1821 in Neapel und Piemont einen scharfen Einschnitt. Erst die Niederschlagung dieser Revolutionen durch österreichische Truppen machte offenbar, dass der für die künftige nationale und demokratische Entwicklung Italiens folgenreichste Aspekt der auf dem Wiener Kongress geschaffenen Neuordnung nicht so sehr die Rückkehr der

---

[15] SCIROCCO, Italia (wie Anm. 2), S. 65; Rosario ROMEO, Dal Piemonte sabaudo all'Italia liberale, Turin ²1964, S. 12; Paola NOTARIO, Narciso NADA, Il Piemonte sabaudo. Dal periodo napoleonico al Risorgimento, Turin 1993, S. 125, 137, 131.
[16] MERIGGI, Regno (wie Anm. 14), S. 205; SCIROCCO, Italia (wie Anm. 2), S. 61.

traditionellen Monarchien und die durch die Instrumentalisierung der büro-
kratischen Reformen Napoleons bewirkte Verschärfung des Absolutismus
waren, sondern vielmehr die Errichtung der österreichischen Hegemonie über
die Halbinsel. Die österreichische Intervention des Jahres 1821 wurde deshalb zu einem Schlüsselerlebnis der italienischen Freiheitsbewegung. Sowohl
der König von Neapel als auch der König von Sardinien waren zunächst vor
der Revolution zurückgewichen und hatten Verfassungen – in beiden Fällen
die spanische Verfassung von 1812 – konzediert, und in Neapel hatte das
Parlament seine Arbeit bereits aufgenommen. Österreich erzwang hier wie
dort die Aufhebung der Verfassung und die Wiederherstellung des Absolutismus. Österreichische Truppen blieben in der Folgezeit auf Jahre im Land, um
ein erneutes Aufflammen der Revolution zu verhindern.

Erst die Erfahrungen des Jahres 1821 machten jedermann klar, dass die
Restaurationen, die nach dem Zusammenbruch Napoleons über Italien
hinweggegangen waren, einen Teil der europäischen Neuordnung bildeten,
die gegen den Willen der Großmächte nicht verändert werden konnte. Die
Frage nach der Restauration in Italien muss daher doppelt gestellt werden:
auf italienischer und auf europäischer Ebene. Alles bisher Gesagte bezog sich
auf die Vorgänge in Italien, und das heißt: auf Kontinuität und Veränderung in
den einzelnen italienischen Staaten. In übergeordneter Perspektive dagegen
gehören zur Restauration in Italien nicht nur die vielfältigen italienischen
Restaurationen, sondern in erweiterter Dimension auch die europäische
Restauration in ihren Rückwirkungen auf Italien. Im Rahmen der europä-
ischen Neuordnung war der italienischen Staatenwelt eine ganz bestimmte
Funktion zugewiesen worden: Italien sollte von Süden her die österreichische
Hegemonialstellung in Mitteleuropa sichern, die im Zusammenspiel mit der
Seemacht Großbritannien ihrerseits dazu dienen sollte, die kontinentalen
Flügelmächte Russland und Frankreich in Schach zu halten. Nach Über-
zeugung des österreichischen Staatskanzlers Metternich konnte Italien diese
Funktion allerdings nur so lange erfüllen, wie es gegen die Einflüsse der
Revolution immun blieb. Das aber konnte auf Dauer nur gelingen, wenn
Österreich seine Kontrolle über die Halbinsel behauptete. Bereits am
7. September 1814 hatte Metternich dem päpstlichen Kardinalstaatssekretär
Ettore Consalvi erklärt, Österreich sehe sich gegen seinen Willen zum
Wiedererwerb der Lombardei gezwungen, weil es im Interesse der Ruhe
Europas unumgänglich sei, in Mailand »le jacobinisme italien et le royaume
unique d'Italie« auszurotten. Diese Stadt sei nämlich »der Mittelpunkt der
bekannten beiden großen Projekte […], die darauf abzielten, aus Italien einen
einzigen Staat zu machen und es dabei zur Nation zu erheben«[17]. Noch vor

---

[17] Consalvi an Pacca, Wien, 8.9.1814, in: Alessandro ROVERI (Hg.), La missione
Consalvi e il congresso di Vienna, Bd. 1, Rom 1970, S. 422: »essendo quella città il
centro di questi due grandi piani, tendenti a fare della Italia un solo Stato, e richiamar-
la alla qualità di nazione«.

dem Zusammentritt des Wiener Kongresses hatte Metternich somit klar gemacht, dass Österreich seine künftige Stellung in Italien in erster Linie dazu nutzen wolle, um dort jegliche auf Verfassung und nationale Einheit gerichtete politische Bewegung zu unterdrücken.

Aus der Erkenntnis, dass der Schlüssel zur demokratischen Entwicklung Italiens bei der Großmacht Österreich liege, zog eine wachsende Zahl von politischen Akteuren den Schluss, dass die nach dem Sturz Napoleons entstandene und durch den Wiener Kongress sanktionierte politische Ordnung Italiens nur im Rahmen eines gesamteuropäischen Revirements verändert werden könne. Wenn das Revirement auf revolutionärem Weg versucht werden sollte, dann durfte es nicht wie 1820 und 1821 bei isolierten Erhebungen in einzelnen Staaten bleiben. Wenigstens musste ganz Italien sich erheben; aussichtsreicher noch erschienen Revolutionen, die ganz Europa erfassten. In diese Richtung bewegten sich die Gedanken des Genuesen Giuseppe Mazzini, der mit der Gründung des Giovine Italia 1831 und des Giovine Europa 1834 genau diese beiden Perspektiven verfolgte. In einem offenen Brief forderte er König Karl Albert von Sardinien bei dessen Thronbesteigung im Jahre 1831 auf, seinen Hals nicht länger unter den »deutschen Knüppel« (*bastone tedesco*) zu beugen und Österreich stattdessen im Namen Italiens den Handschuh hinzuwerfen[18]. Einem solchen Akt würden sich alle freiheitsliebenden Italiener in solcher Zahl spontan anschließen, dass Österreich gezwungen wäre, sich aus Italien zurückzuziehen. Das verfassungspolitische Ziel Mazzinis war allerdings die unitarische Republik und nicht eine Form der Monarchie.

Die Verschwörergruppe unter Führung von Ciro Menotti suchte im Februar 1831 die durch die Julirevolution in Frankreich und die gleichzeitigen Revolutionen in Belgien und Polen entstandene europäische Konjunktur zu nutzen. Der von ihr in den Herzogtümern Mittelitaliens, Modena, Reggio und Parma, und in weiten Teilen des Kirchenstaats angezettelte Aufstand wurde allerdings schon nach wenigen Wochen wiederum durch österreichische Truppen niedergeschlagen. Die europäische Revolution von 1848 und die Krise, in die sie den Vielvölkerstaat stürzte, bot Anlass für einen weiteren Versuch, die europäische Ordnung von 1815 zu überwinden. Erreicht wurde das Ziel Ende der fünfziger Jahre schließlich in einer Kombination von diplomatischer Aktion, Staatenkrieg und revolutionärem Volkskrieg, die durch die Namen Cavour und Garibaldi gekennzeichnet ist.

Bis dahin hatten die oppositionellen Bewegungen in Italien eine tief greifende Entwicklung durchgemacht. Aus den wiederholten österreichischen

---

18 Giuseppe MAZZINI, A Carlo Alberto di Savoia. Un Italiano (1831), in: Giuseppe MAZZINI, Opere, hg. von Luigi SALVATORELLI, Bd. 2: Scritti, Meiland, Rom 1939, S. 139; S. 141:»Cacciate il guanto all'Austriaco, e il nome d'Italia sul campo: quel vecchio nome d'Italia farà prodigi. Fate un appello a quanto di generoso, e di grande è nella nostra contrada«.

Interventionen war, wie dargelegt, zunächst die Lehre gezogen worden, dass grundlegende Reformen in den einzelnen Staaten nicht durchgesetzt werden könnten, wenn Italien als Ganzes nicht zuvor die äußere Unabhängigkeit erlangt hätte. Auf die Entmachtung Österreichs zielte dementsprechend von nun an die Stoßrichtung der sich entfaltenden Freiheitsbewegung, und weil dieses Ziel von keinem einzelnen Staat im Alleingang erreicht werden konnte, wurde aus der Freiheitsbewegung alsbald eine Bewegung, die neben der Freiheit zugleich die nationale Einheit Italiens auf ihre Fahnen schrieb. Nationale Einheit und äußere Unabhängigkeit erschienen als Vorbedingung verfassungspolitischer Freiheit. Da Österreich ein multinationaler Staat war, strebte es um seiner Selbsterhaltung und um Erhaltung der europäischen Ordnung willen, die es mittrug und von der es getragen wurde, danach, nicht nur in Italien, sondern in seinem gesamten Einflussbereich alle nationalen und demokratischen Bestrebungen zu unterdrücken. In Deutschland bildeten in der Epoche zwischen dem Wiener Kongress und der Revolution von 1848 der Deutsche Bund und die Heilige Allianz die wesentlichen Instrumente der österreichischen Hegemonie. Da in Italien keine dem Deutschen Bund vergleichbare Institution geschaffen worden war, bestanden die Instrumente der österreichischen Hegemonie dort vor allem in der Herrschaft über die großen und wirtschaftlich fortgeschrittenen Provinzen Lombardei und Venetien. Viktor Emanuel I. von Sardinien beklagte sich schon im Jahre 1814 über die Vormachtstellung, die Österreich dadurch innerhalb der italienischen Staatenwelt gewann, eine Vormachtstellung, die umso gefährlicher erschien, als Österreich die beiden Provinzen straff von Wien aus regierte, während die Lombardei im 18. Jahrhundert ein hohes Maß an Autonomie besessen hatte[19]. Weitere Trümpfe in der Hand Österreichs waren der Einfluss, den es als katholische Macht auf den Kirchenstaat ausübte, die dynastische Verbindung des Hauses Habsburg mit Modena, Parma und der Toskana sowie die Vereinbarungen, durch die der österreichische Staatskanzler Metternich den König beider Sizilien, Ferdinand I., am 12. Juni 1815 verpflichtet hatte, keine institutionelle Veränderung in seinen Staaten zuzugestehen, »qui ne pourrait se concilier, soit avec les anciennes institutions monarchiques, soit avec les principes adoptés par S. M. Impériale et Royale Apostolique pour le régime intérieur de ses provinces italiennes«[20]. Da nicht zu erwarten war, dass Österreich sich in absehbarer Zeit zur Umwandlung seiner italienischen Provinzen in Verfassungsstaaten entschließen würde, hatte Metternich damit de facto auch den Verzicht Ferdinands auf das Zugeständnis einer Verfassung erwirkt. Bekanntlich bot der Vertrag vom Juni 1815 jenseits aller Vereinbarungen des

[19] Nicomede BIANCHI, Storia della politica austriaca rispetto ai Sovrani ed ai governi italiani dall'anno 1791 al maggio del 1857, Savona 1857, S. 26f.
[20] Traité d'alliance défensive entre l'empereur d'Autriche et le roi des Deux-Siciles, signé à Vienne, 12.6.1815, article secret et séparé II, in: Recueil (wie Anm. 13), S. 203. Vgl. dazu MATURI, Congresso (wie Anm. 13), S. 58–60.

Europäischen Konzerts auf den Kongressen in Troppau und Laibach die rechtliche Handhabe für die österreichische Intervention in Neapel im Jahre 1821.

Vorrangige Ziele der sich entfaltenden Freiheits- und Einheitsbewegung (Risorgimento) waren dementsprechend die Beseitigung der österreichischen Herrschaft über die Lombardei und Venetien und die Brechung des bestimmenden Einflusses Österreichs auf die innenpolitische Entwicklung im übrigen Italien. Als Vincenzo Gioberti im Jahre 1843 in dem Buch »Del primato morale e civile degli italiani« zur Herstellung der nationalen Einheit Italiens einen Bund der bestehenden Staaten unter Vorsitz des Papstes vorschlug, entgegnete Cesare Balbo 1844 in seiner Schrift »Delle speranze d'Italia«, die Gründung eines Staatenbunds sei unmöglich, »solange ein großer Teil Italiens zu einer auswärtigen Macht gehöre«[21]. Dementsprechend stellte er Überlegungen darüber an, wie Österreich zur Preisgabe der beiden Provinzen veranlasst werden könnte. Militärische Mittel schloss er angesichts der bestehenden Machtverhältnisse aus. Stattdessen schlug er einen Gebietstausch vor. Wenn demnächst das Osmanische Reich zusammenbreche, werde Großbritannien darauf dringen, dass Österreich einen Teil des Balkans in Besitz nehme, damit nicht allein Russland sich dort festsetze. Dem Gedanken des europäischen Gleichgewichts würde es allerdings widersprechen, wenn Österreich auf dem Balkan expandierte, ohne an anderer Stelle auf einen Teil seines Staatsgebiets zu verzichten. Im Zuge der erforderlichen territorialen Umschichtungen bestehe daher in einer solchen Konstellation die Chance, Österreich mit Hilfe der Großmächte einvernehmlich zur Preisgabe der Lombardei und Venetiens zu bewegen. Balbo betrachtete die italienischen Probleme von vornherein im Horizont der europäischen Gesamtordnung und suchte nach Möglichkeiten, sie im Einklang mit dieser Ordnung zu lösen.

Dass eine Liberalisierung der politischen Verhältnisse in den italienischen Staaten nicht zu erhoffen sei, solange Österreich die Hegemonie über die Halbinsel ausübe, war zur allgemeinen Überzeugung geworden. Zu den Schriften, die diese Überzeugung in den vierziger Jahren zum Ausdruck brachten, gehört die Abhandlung von Massimo d'Azeglio über die jüngsten Vorfälle in der Romagna »Degli ultimi casi di Romagna« von 1846. Im September 1845 hatte sich in Rimini, das zum Kirchenstaat gehörte, ein Aufstand ereignet, der von päpstlichen Truppen niedergeschlagen wurde. D'Azeglio stellte den Vorgang gleich zu Beginn seiner Ausführungen in den Zusammenhang des Problems der italienischen Unabhängigkeit. Auch wenn der Aufstand selbst keine größere Wirkung erlangt habe, so hätten die Vorfälle doch die ungelöste Frage der italienischen Unabhängigkeit erneut ins Bewusstsein gerufen, weil er zum wiederholten Mal gezeigt habe, dass sich

---

[21] Cesare BALBO, Delle speranze d'Italia, Paris 1844, S. 38: »La confederazione è impossibile finchè una gran parte d'Italia è provincia straniera«.

die freiheitsfeindlichen Regime nur halten könnten, solange Österreich Italien beherrsche[22].

In einem Rückblick auf das italienische Risorgimento beschrieb Vincenzo Gioberti im Jahre 1851 die Lage am Vorabend der Revolution von 1848 mit den Worten:

Europa war ruhig; niemand achtete auf uns, außer dem Barbaren, der uns unterdrückt« (damit ist Österreich gemeint);»niemand kümmerte sich um unser Elend und um unsere Schmerzen. Österreich hatte die ganze Halbinsel in seiner Hand, teils in unmittelbarer Herrschaft, teils durch den Arm unserer Fürsten, welche wieder die alte Funktion von Reichsvasallen und Reichsvikaren angenommen hatten[23].

Die Schrift »Del rinnovamento civile d'Italia«, aus der das Zitat stammt, ist der Frage gewidmet, welche Aussichten und Strategien der Freiheits- und Einheitsbewegung nach dem Scheitern der Revolution geblieben seien. Auch Gioberti erhoffte sich die Lösung von einer Erneuerung im europäischen Maßstab. Er setzte auf das Wirken der »modernen Revolution« in Europa, die sich früher oder später überall durchsetzen müsse. Von ihrer Durchsetzung erwartete er die Erfüllung von drei zentralen Bedürfnissen der gegenwärtigen europäischen Gesellschaften: »der Herrschaft der Vernunft« durch politische Partizipation,»der nationalen Selbstbestimmung und der Emanzipation der Massen«[24]. Jetzt, nach der gescheiterten Revolution von 1848, sprach Gioberti offen aus, dass die italienische Frage eine europäische Frage sei. So machte er für die gegenwärtige Zerrüttung der politischen Verhältnisse in Italien den Wiener Kongress und die durch ihn bewirkte Neuordnung Europas verantwortlich. Der Kongress habe versucht, dem säkularen und unaufhaltsamen Voranschreiten der modernen Revolution künstlich Einhalt zu gebieten. In dieser Absicht habe er die Herrschaft der Vernunft (*la maggioranza del pensiero*) beseitigt und stattdessen »das Monopol der öffentlichen Angelegenheiten den Unfähigen und Mittelmäßigen« übertragen, weil er das Nationalprinzip missachtet und die Staaten nach Grundsätzen gegliedert habe, die dem nationalen Gedanken schadeten, und weil er, statt die Massen zu emanzipieren, deren Lage noch verschlimmert habe[25]. Trotz dieser Kritik am Wiener Kongress handelt es sich bei Giobertis Schrift nicht um einen Vergangenheitsdiskurs. Der historische Rückblick diente dem Autor vielmehr dazu, seine politischen Empfehlungen in eine geschichtsphilosophische Perspektive zu rücken und ihnen dadurch ideologische Stoßkraft zu verleihen.

---

[22] Massimo D'AZEGLIO, Degli ultimi casi di Romagna, Lugano 1846, S. 4.
[23] Vincenzo GIOBERTI, Del rinnovamento civile d'Italia, hg. von Fausto NICOLINI, Bd. 1, Bari 1911, S. 25.
[24] Ibid., Bd. 2, Bari 1911, S. 178:»la maggioranza del pensiero, la costituzione delle nazionalità e la redenzione delle plebi«.
[25] Ibid., S. 179.

Die Feindschaft gegen Österreich wurde zum Signum der italienischen Nationalbewegung. Camillo di Cavour sprach in einem Artikel der Zeitschrift »Il Risorgimento« am 28. März 1848 vom »verhassten österreichischen Joch« (*l'odiato giogo dell'Austria*), dem Italien unterworfen sei[26]. Verstärkt wurde die Empörung gegen die Fremdherrschaft durch die wachsende Zahl von politischen Märtyrern. 1842 war der Bericht Silvio Pellicos über seine zehnjährige Kerkerhaft auf der Festung Spielberg bei Brünn in Mähren erschienen, »Delle mie prigioni«. Die Fokussierung der Nationalbewegung auf Österreich erklärt die überwältigende Zustimmung, die Cavour nach den geheimen Vereinbarungen mit Napoleon III. in Plombières 1858 im ganzen Land erhielt. Als Viktor Emanuel II. am 10. Januar 1859 bei der Eröffnung der neuen Sitzungsperiode des Parlaments in Turin erklärte, bei aller Vertragstreue sei er »nicht unempfänglich gegenüber dem Schmerzensschrei (*grido di dolore*), der aus so vielen Teilen Italiens zu ihm gelange«, erhob sich auf der gesamten Halbinsel eine Welle der Begeisterung, und Tausende von Freiwilligen strömten nach Piemont, um an dem bevorstehenden Kampf zur Befreiung Italiens teilzunehmen[27].

Durch die Kriege von 1859 und 1866 wurde die Herrschaft Österreichs über Italien gebrochen. Damit war eine Situation erreicht, die erneut Anlass bieten könnte zu der Frage, ob und gegebenenfalls wann sich eine Bereitschaft zum Vergeben und Vergessen entwickelt habe. Der Abschluss des Dreibunds 1882 könnte als Zeichen für diese Bereitschaft gedeutet werden. Sie wurde allerdings je länger je mehr überlagert durch die Entfaltung des italienischen Irredentismus, der im Mai 1915 zum Eintritt Italiens in den Ersten Weltkrieg auf Seiten der Entente führte. Die Entwicklung des österreichisch-italienischen Verhältnisses nach 1918 kann im Rahmen einer Reflexion auf die Folgen der Restauration außer Betracht bleiben.

Abschließend bleibt festzuhalten, dass man die Restauration von 1814 und 1815 in Italien – im Unterschied zu anderen Ereignissen, die im Programm der Tagung berücksichtigt sind, und auch im Gegensatz zu den Restaurationen von 1799 – schwerlich als traumatisches Erlebnis bezeichnen kann

---

[26] Camillo DI CAVOUR, La Germania, la Prussia e l'Inghilterra e la rivoluzione italiana del 1848, Teil 1 (aus: Il Risorgimento, 28.3.1848), in: Domenico ZANICHELLI (Hg.), Gli scritti del Conte di Cavour, nuovamente raccolti e pubblicati, Bd. 1, Bologna 1892, S. 246: »L'Inghilterra non vuole che la Francia estenda le sue frontiere oltre le Alpi? Ora l'Italia libera e forte non formerà essa un più valido propugnacolo a queste frontiere contro qualsiasi ambizione che un'Italia scontenta, rotta, fremente e pronta ognora ad invocare un aiuto straniero per scuotere l'odiato giogo dell'Austria?«

[27] Die entscheidenden Sätze der Thronrede bei SCIROCCO, Italia (wie Anm. 2), S. 384: »Il nostro paese, piccolo per territorio, acquistò credito nei consigli dell'Europa, perché grande per le idee che rappresenta, per le simpatie che esso ispira. Questa condizione non è scevra di pericoli, giacché, nel mentre rispettiamo i trattati, non siamo insensibili al grido di dolore che da tante parti d'Italia si leva verso di noi«.

Von wenigen Ausnahmen abgesehen, verlief der Übergang zur Neuordnung unblutig. Ein Strafgericht über diejenigen, die mit Napoleon oder mit den von Napoleon eingesetzten Regierungen zusammengearbeitet hatten, fand nicht statt. Fast überall wurde – hier und da nach einer kurzen Übergangszeit – ein großer Teil der geschulten Beamten der napoleonischen Verwaltung übernommen. Die Verkäufe der Kirchengüter wurden nicht rückgängig gemacht.

Die politische Unzufriedenheit, die in den Folgejahren zur Ausbreitung der Geheimgesellschaften und 1820 und 1821 zu den Revolutionen im Königreich beider Sizilien und in Piemont führte, bezog sich nicht unmittelbar auf die Umwälzung von 1814 und 1815, sondern auf den politischen Kurs, den die damals wiedereingesetzten Regierungen eingeschlagen hatten. Die Unterdrückung der beiden Revolutionen durch österreichische Truppen wurde zum Schlüsselerlebnis, weil sie die Ohnmacht der partikularstaatlichen Freiheitsbewegungen offenbarte. Eine Folge war die Einsicht, dass verfassungspolitische Freiheit nur auf der Grundlage nationaler Einheit und Unabhängigkeit und diese selbst nur im Rahmen einer Revision der auf dem Wiener Kongress geschaffenen europäischen Neuordnung erreicht werden könnten. Wenn schon nicht den Umbruch von 1814, so könnte man die gescheiterten Revolutionen von 1820 und 1821 wie auch die ungezählten weiteren Aufstandsversuche bis hin zu Carlo Pisacanes Landung bei Sarpi in der Nähe von Salerno im Sommer 1857 unter der Fragestellung erörtern, ob im Hinblick auf die politischen und strafrechtlichen Folgen eine Bereitschaft zur Vergebung und zum Vergessen erkennbar gewesen sei. Die Akteure und Opfer der revolutionären Aktionen haben sich als Helden und Märtyrer des Risorgimento in das nationale Gedächtnis der Italiener eingeprägt und sind als solche bis heute unvergessen. Als Opfer der Restauration lassen sie sich jedoch nicht bezeichnen. Der politische Diskurs des italienischen Vormärz und der fünfziger Jahre richtete sich auf ein politisches Ziel: die Schaffung eines nationalen Staates. Die Frage, wann und durch wen der Zustand einmal geschaffen worden sei, den man zu überwinden hoffte, war demgegenüber zweitrangig. Zum Zeitpunkt des Zusammenbruchs des napoleonischen Kaiserreiches und seiner italienischen Satellitenstaaten selbst hatten die Ideen der Freiheit und Einheit nur wenige Anhänger gezählt. Erst im Zuge der Entfaltung der italienischen Nationalbewegung und angesichts der Erfahrung des durch Österreich erzwungenen politischen Immobilismus keimte der Widerstand gegen die 1814 und 1815 geschaffene Neuordnung. Unter diesen Voraussetzungen stellte sich nicht die Frage nach Vergeben und Vergessen vergangener Kränkungen, sondern nach Überwindung eines Zustands, der dem stetig wachsenden Bedürfnis der Nation nach Freiheit und Selbstbestimmung widersprach. Die Restauration wurde nicht zum Gegenstand eines Vergangenheitsdiskurses. Vielmehr wurden die durch die Restauration geschaffenen Verhältnisse zum Gegenstand eines sich im Laufe der Jahrzehnte bis 1860 immer stärker verdichtenden Gegenwarts- und Zukunftsdiskurses.

MARC OLIVIER BARUCH

MÉMOIRE COURTE OU REPENTANCE D'ÉTAT?

Fonctions politiques du souvenir de la Seconde Guerre mondiale
dans la France d'après 1945

Il n'est évidemment pas sans importance scientifique et symbolique que ce
soit au sein d'un lieu consacré à l'histoire et au rapprochement franco-
allemands qu'un colloque se propose d'aborder, dans un large spectre chronologique, la manière dont des pays ont réussi, après des bouleversements politiques et sociaux de toutes sortes – occupation, guerre civile, révolution – à
établir un nouvel équilibre et une paix intérieure.

Le cas de la France après la libération de 1944–1945 rentre sans conteste à
cet égard pleinement dans la problématique générale ainsi posée. Il y rentre
même triplement, dans la mesure où le pays dont héritèrent les équipes re-
groupées autour du général de Gaulle était appelé à sortir – en vainqueur qui
plus est – d'une époque où avaient coexisté les trois facteurs de déstabilisa-
tion mis en évidence ici: occupation militaire, née d'une défaite massive,
révolution politique, au contenu idéologique affirmé, guerre civile enfin, au
moins en certaines fractions du territoire.

Mais, et ce sera sans doute un des apports de notre rencontre comme ce l'est
déjà d'une historiographie en plein renouvellement, cette indiscutable exception française (qui, avec les châteaux de la Loire et les vins, constitue un des
vecteurs de l'orgueil national) mérite sans doute d'être relativisée. Épurations
puis amnisties, tentatives de cicatrisation d'une identité nationale blessée, mais
aussi, à distance, rejeux mémoriels et instrumentalisations politiques furent en
effet le lot de bien des communautés humaines au sortir de conflits brutaux non
seulement parce qu'ils faisaient se combattre, comme le veut une vision iréni-
que mais largement anhistorique, des »Français qui ne s'aimaient pas«, mais
surtout parce qu'ils opposaient frontalement des systèmes de valeurs antagoni-
ques.

Plaçons-nous donc, pour un temps, face au dilemme qu'eurent à gérer, à
l'automne 1944, ceux qui eurent la responsabilité de tenir les rênes de la
France libérée, mais pas encore victorieuse.

Le 14 octobre 1944, le général de Gaulle prononce à la radio un discours, le
premier depuis la brève allocution, toute d'émotion, qui suivit la libération de
Paris. Dans ce long message, qui a valeur de manifeste de l'action des pouvoirs publics pour les mois à venir, le chef du gouvernement provisoire évoque en une phrase l'épuration, qui ne saurait toucher qu'»une poignée de

misérables et d'indignes, dont l'État fait et fera justice«, puisque »l'immense majorité d'entre nous furent et sont des Français de bonne foi«[1].

Usant avec science des temps – passé, présent, futur – le général de Gaulle, comme souvent alors, dit ce que les Français veulent croire. Il est pleinement, ce faisant, dans son rôle de chef du gouvernement d'une nation à rebâtir, dont il a mobilisé les élites un mois plus tôt, le 12 septembre. Réunissant au palais de Chaillot, en présence du gouvernement et du Conseil national de la Résistance, représentants des grands corps de l'État et délégués des mouvements résistants, il n'avait pas alors cité l'épuration parmi les tâches fondatrices de la reconstruction du pays. Tout au contraire, grâce à un usage contrôlé de la première personne du pluriel, s'était-il attaché à unir dans l'action la minorité résistante, parvenue au pouvoir, et le marais plus ambivalent, en soulignant combien »il s'[était] formé dans notre peuple, au milieu des épreuves, une extraordinaire unanimité nationale«. Le châtiment exemplaire des quelques mauvais bergers, affaire de l'État et de lui seul, ne devait pas entamer cette unanimité.

Nécessaire donc pour que la reconstruction de la France se fasse sur des bases saines, l'épuration, dont le gouvernement entendait contrôler les modalités, devait être précise et rapide.

C'est le contraire qui se produisit: certains des tribunaux pénaux chargés de l'épuration – chambres civiques, cours de justice, Haute Cour – restèrent saisis jusqu'au début des années 1950, et le nombre de dossiers ouverts, toutes épurations confondues, s'élève à environ 300 000. S'agissant des épurations professionnelles, les opérations se révélèrent lentes et difficiles. Mais finalement, cette épuration fut à la fois massive et approfondie, même si les critères alors mis en œuvre furent différents de ceux à l'aune desquels notre époque entend réexaminer ce passé.

Parce qu'elle touche aux questions de justice et de maintien de l'ordre public, piliers régaliens de l'État, l'épuration constitue d'abord un enjeu proprement politique. Dès le 25 juillet 1944, au cœur donc de cette phase de libération du territoire qui vit se mettre en œuvre l'épuration la moins contrôlée qui fût, le général de Gaulle exposait devant l'assemblée consultative provisoire d'Alger ce qui serait la première priorité du gouvernement provisoire de la France libérée: »L'établissement de l'autorité publique, du haut au bas de l'État, est d'autant plus urgent et indispensable que nous allons nous trouver soudain devant des problèmes très graves et très compliqués en ce qui concerne la vie même de la nation«.

Il s'agissait en effet d'abord, pour des équipes qui s'étaient construites dans l'exil, de conduire les opérations de guerre visant à l'écrasement de l'ennemi et d'assurer la vie matérielle du pays, par le rétablissement des voies de

---

[1] Charles DE GAULLE, message du 14 octobre 1944, dans: Discours et messages, t. 1: Pendant la guerre (juin 1940–janvier 1946), Paris 1970, p. 455.

communication et l'organisation du ravitaillement. Le gouvernement était conscient de la nécessité de ne pas différer pour autant ces réformes de structure indispensables qu'étaient le retour à la légalité républicaine, la mise en œuvre du programme économique et social de la Résistance, et l'épuration. Cette dernière apparaissait comme un point de passage obligé, nécessaire à la fois pour purger le pays de son besoin de justice, ou de vengeance, et pour s'assurer que les élites, étatiques et économiques, avec lesquelles bâtir la reconstruction seraient indiscutables et indiscutées.

Cette double dimension était perçue dès l'origine, lorsqu'il avait été décidé, au printemps 1943 à Londres, »d'écarter des postes gouvernementaux ou administratifs [ceux qui] n'ont pris aucun risque dans la résistance française«. Elle se concrétisa par les processus menés en parallèle d'épuration pénale, inaugurée sans compromis avec le sort réservé en mars 1944 à Pierre Pucheu, et d'épuration administrative, en Afrique du Nord d'abord, puis dans la Corse libérée, laboratoire *sui generis* des difficultés que rencontrerait une épuration entendant rester dans un cadre légal[2].

Les principes restaient ceux qui avaient été posés à Londres, qu'avait transformés en droit positif l'ordonnance prise le 18 août 1943 à Alger chargeant une commission d'épuration de »provoquer les sanctions adéquates contre tous les élus, fonctionnaires et agents publics qui, depuis le 16 juin 1940, ont, par leurs actes, leurs écrits ou leur attitude personnelle, soit favorisé les entreprises de l'ennemi, soit nui à l'action des Nations unies et des Français résistants, soit porté atteinte aux institutions constitutionnelles ou aux libertés publiques fondamentales«.

Tout le personnel des services publics ayant travaillé sous les ordres du gouvernement de Vichy relevait de l'ordonnance du 18 août, mais le texte distinguait entre ceux qui s'étaient bornés à exécuter des ordres et les instigateurs de la collaboration.

Il y avait là plus qu'une nuance, que reprendra le texte fondateur de l'épuration administrative dans la métropole libérée, l'ordonnance du 26 juin 1944, en ne faisant de l'obéissance aux ordres de Vichy motif à sanction qu'à l'encontre des seuls agents »détenant des postes de direction ou de commandement [et ayant eu] la faculté de se soustraire à leur exécution par [leur] initiative personnelle«.

L'idée était bien d'exclure du champ de l'épuration les subalternes qui s'étaient contentés d'exécuter les ordres reçus. L'ampleur de la protection que cette disposition offrait, notamment au personnel des forces de l'ordre, provoqua un tel malaise qu'en deux étapes, les 14 septembre et 28 novembre 1944, la périphrase »détenant des postes de direction ou de commandement«

---

2 Sur les difficultés rencontrées, en matière d'épuration en Corse, voir Jean-Éric CALLON, La libération de la Corse: André Philip et le rétablissement de la légalité, dans: Le rétablissement de la légalité républicaine (1944), éd. par la Fondation Charles-de-Gaulle, Bruxelles 1996, p. 55–64.

disparut, la nouvelle rédaction élargissant sensiblement le champ de l'épuration administrative au moment même où celle-ci se mettait en œuvre.

En même temps que se mettait en place, dans toutes les professions, un processus visant à en exclure les quelques »misérables« qui avaient cru pouvoir tirer des avantages, personnels ou idéologiques, du malheur dans lequel était tombé le pays[3], une nouvelle peine, l'indignité nationale, était créée, qu'a fort bien analysée – dans un ouvrage que j'ai dirigé – une de nos collègues, Anne Simonin, que je me permets de citer:

Certains des actes commis par les Français durant l'Occupation sont, à un moment donné de la guerre, qualifiés ›crime‹ par les juristes de la Résistance alors qu'ils ne l'étaient pas auparavant: quels sont ces actes et quel ›état fort et défini de la conscience collective‹ ont-ils offensé? Considérer en elle-même la ›dégradation nationale‹ fait apparaître la nature singulière de cette peine, qualifiée d'›infamante‹. La ›dégradation nationale‹ est la seule peine créée en droit français depuis la Révolution. Entre l'oubli, le pardon, les punitions traditionnelles (la mort ou la prison), la Résistance explore une autre voie, la peine infamante. Ce type de peine, hérité de l'Ancien Régime, porte atteinte à l'honneur et à la considération dont jouit la personne, amoindrit ses droits en la frappant de déchéances, mais ne touche ni à sa vie ni à sa liberté. Comme le remarquait déjà Jeremy Bentham, ›le moyen le plus puissant, pour affecter l'honneur jusqu'à produire l'infamie, consiste dans l'application de peines qui, par une influence sur l'imagination des hommes, ont un effet flétrissant‹. Aux yeux de la Résistance, la collaboration n'est pas seulement une erreur, aux conséquences tragiques, c'est une honte[4].

Avec cette nouvelle peine, comme plus généralement avec l'ensemble des procès qui se déroulèrent devant des tribunaux *ad hoc* – Haute Cour de justice pour les membres du gouvernement de Vichy et les hauts dignitaires du régime, cours de justice dans les autres cas – sur le fondement des articles du Code pénal réprimant la trahison et l'intelligence avec l'ennemi, on est bien en présence d'une justice politique, revendiquée comme telle par la Résistance.

Il n'en reste pas moins que ceux qui étaient chargés de mettre en œuvre cette justice politique – ou cette politique de justice, si on préfère – firent le dos rond: les corps de magistrats, administratifs et judiciaires, refusèrent en effet d'en endosser la paternité. On vit ainsi les premiers, membres du Conseil d'État, suivre le chemin rassurant tracé par le commissaire du gouvernement Odent, qui leur proposait de rejeter l'idée de responsabilité collective que les Alliés étaient en train de mettre en œuvre à Nuremberg, en posant qu'était punissable le seul fait d'avoir appartenu à l'une des organisations nazies, dont la liste était fixée, considérées comme criminelles.

---

[3]   On reconnaît là une rhétorique classique des discours d'épuration.

[4]   Anne SIMONIN, L'indignité nationale. Un châtiment républicain, dans: Marc Olivier BARUCH (dir.), Une poignée de misérables. L'épuration de la société française après la Seconde Guerre mondiale, Paris 2003, p. 37–60, ici p. 38–39.

Si donc, en France, l'imputation des faits reprochés devait être individuelle, le Conseil d'État reconnut aux ministres la faculté de sanctionner des fonctionnaires – en l'occurrence des hauts fonctionnaires, l'espèce jugée concernant un préfet – au vu d'une attitude générale, en l'absence donc de griefs précis. La justice pénale était plus exigeante, qui entendait écarter le spectre du délit d'opinion, et en était donc réduite à incriminer des faits qui pouvaient paraître mineurs en comparaison de tout un comportement politique: en 1953, au cœur du débat opposant entre eux d'anciens résistants sur l'opportunité d'une vaste amnistie en faveur des collaborateurs en 1953, Jean Cassou s'élevait contre le fait qu'on avait »condamné Maurras pour avoir, dans un de ses derniers articles, dénoncé un voisin du coin«, ajoutant que »les jugements des tribunaux n'ont été, en général, que simagrées, qui obscurcissaient un débat simple et ne l'atteignaient jamais au fond«[5].

Sans doute. Pourtant, en matière d'épuration tant pénale qu'administrative, allaient intervenir des effets de fond, dont les conséquences seraient durables. Le principal réside sans doute dans le fait qu'un tabou fut brisé, celui du devoir d'obéissance à l'ordre donné. On l'a vu dans le monde industriel, et le cas des hauts fonctionnaires d'autorité, des militaires et des policiers le montre avec plus de force encore, qui vit des subordonnés condamnés, parfois lourdement, pour avoir suivi les instructions de leurs chefs légitimes.

Ce n'est certes pas un effet du hasard si le Conseil d'État fut conduit à poser, en novembre 1944, en pleine épuration donc, les bases d'un devoir de désobéissance du fonctionnaire à l'ordre manifestement illégal, surtout si celui-ci risquait de mettre en cause la continuité du service public. Sans doute avait-il fallu le séisme provoqué par la coexistence de deux légitimités, celle de Vichy et celle de la France libre, pour en arriver là. Dans un domaine tout aussi régalien, celui de la justice, une transgression du même ordre intervint avec la décision prise par la commission centrale d'épuration de la magistrature de lever, dans des cas particulièrement graves, le secret des délibérés, principe essentiel destiné à protéger les juges du siège[6].

À ces ruptures nettes dans le cours ordinaire de la chose administrative et judiciaire allaient s'ajouter des effets de longue durée. On a déjà souligné à quel point; à l'opposé des prétentions initiales du gouvernement provisoire et du général de Gaulle, qui voulaient voir rapidement châtiée la »poignée de misérables et d'indignes« afin que soit refermée le plus tôt possible une parenthèse dont ils prévoyaient le caractère traumatisant, l'épuration fut un phénomène rampant, lent, à rebondissements.

Il ne s'agit pas là d'une ironie de l'histoire, mais des conséquences inévitables de la contradiction initiale des objectifs, qui posaient le principe d'une épuration rapide et précise. Or, compte tenu des masses de dossiers ouverts,

5 Jean CASSOU, La Mémoire courte, Paris 1954, réédition Paris 2001, p. 26.
6 Voir Georges LAVAU, De quelques principes en matière d'épuration administrative, JCP 1947, 584, § 37–39.

ce que l'on gagnerait en précision, on le perdrait en rapidité, et réciproquement. Pour se limiter au seul domaine de la fonction publique, civile et militaire, il est clair que des vagues d'épuration qui ne disaient pas leur nom intervinrent dans les années qui suivirent la fin des opérations d'épuration *stricto sensu*, que ce soit par le biais de lois de dégagement des cadres ou, phénomène moins visible, par des ralentissements de carrière. Mais le processus fut à double sens, les amnisties de 1951 et 1953 se chargeant au contraire de réintégrer des agents exclus au titre de l'épuration administrative.

Pensée comme un tout, c'est-à-dire en intégrant les grâces, les recours et les amnisties, l'épuration apparaît comme un phénomène transitoire, ayant moins cherché à exclure durablement qu'à apaiser les passions violentes qui auraient risqué de freiner le retour de la France dans le concert des nations victorieuses. Analyste perspicace de l'état politique du pays, Raymond Aron résumait la situation par deux formules paradoxales. »L'impatience de la Résistance, écrivait-il, venait se briser vainement sur la prudence résolue du gouvernement« en matière d'épuration, présentée comme »un acte révolutionnaire mis en forme légale, condamné par définition à ne satisfaire ni les révolutionnaires ni les légalistes«[7]. Révolution légale, résolution prudente, telles furent en effet les caractéristiques de cette épuration dont on a vu, au moins pour son aspect professionnel, combien elle fut massive et poussée. Sans doute, comme toutes les formes de justice de transition qui se sont présentées depuis 1945, fut-elle imparfaite, insatisfaisante, voire insuffisante. Elle n'en présente pas moins l'immense mérite d'être passée.

Le parti communiste n'avait pas été pour rien dans cette réorientation, qui répondait à son souhait de ne pas laisser impunie la très sévère répression dont ses militants avaient fait l'objet de la part des forces de maintien de l'ordre de Vichy. Il se faisait ainsi l'écho des attentes de l'opinion, souvent demandeuse de vengeance autant que de justice. Les tontes de femmes accusées de collaboration[8], mais aussi des actes plus sanglants, tel le lynchage par la foule de prévenus ou de condamnés graciés, témoignaient de la nécessité de canaliser des formes de violence populaire exacerbées par la dureté, en plusieurs points du territoire, des derniers mois d'occupation[9]. La maîtrise par l'État des opérations d'épuration, et leur stricte inscription dans un cadre légalement établi, était donc pour le gouvernement une nécessité politique

---

[7] Les désillusions de la liberté, dans: Les Temps modernes 1 (1945), p. 79, 81.

[8] Voir Fabrice VIRGILI, La France »virile«: les femmes tondues à la Libération, Paris 2000.

[9] Sur un cas particulier d'épuration non maîtrisé par les pouvoirs publics, et les représentations du passé et de l'avenir dont il est porteur, on se reportera à Pierre LABORIE, Entre histoire et mémoire, un épisode de l'épuration en Ariège: le tribunal du peuple de Pamiers, 18–31 août 1944, dans: ID., Les Français des années troubles, Paris 2001, p. 215–235.

absolue, d'autant qu'il entendait fermement ne pas laisser les Alliés s'y impliquer, comme ils avaient pu en avoir un moment l'intention.

Ce contrôle des processus d'épuration était donc partie prenante de l'objectif politique plus large consistant à éliminer tout risque de dualisme des pouvoirs, entre un appareil d'État blanchi par son enrôlement au service du nouveau pouvoir et les organismes nés de la Résistance. Le double dispositif transitoire – l'un éphémère, l'autre plus durable – qui se mit en place au fur et à mesure de la libération du territoire, montra son ingéniosité et son efficacité.

Confiant à des résistants incontestés les premiers rangs, et les pleins pouvoirs, dans les administrations centrales (avec les secrétaires généraux provisoires) et dans les régions (avec les commissaires régionaux de la République), il faisait entrer la Résistance dans l'État, non à côté de lui. Le prix à payer fut certes une fragmentation de l'autorité de l'État – au demeurant inévitable face à l'ampleur des transitions à réaliser, et que l'énergique ministre de l'Intérieur, le socialiste Adrien Tixier, s'employa avec autorité à résorber – mais non sa dilution. Le général de Gaulle trouva de fait un allié en la personne de Maurice Thorez, qui rappela les comités de libération à leur vocation d'auxiliaires, et en aucun cas de concurrents, des pouvoirs publics étatiques, en soulignant que leur tâche n'était »pas d'administrer, mais d'aider ceux qui administrent«[10].

Il en allait effectivement ainsi en juillet 1945, lorsque Thorez prononçait ces paroles devant le dixième congrès du PCF. La situation n'avait pourtant pas été toujours aussi simple. Si les représentants de l'État finirent partout par s'imposer, de sorte qu'il n'y eut en conséquence pas de dualité de pouvoirs entre eux et les organismes nés de la Résistance, on ne saurait pour autant minimiser la part prise dans la mise en œuvre de l'épuration, en plusieurs régions, par ces derniers. Pourtant ces organismes ne parvinrent pas à institutionnaliser le pouvoir qu'ils s'étaient à un moment donné en la matière. S'ils purent se croire des acteurs effectifs de l'épuration, ce ne fut que de manière transitoire.

Le rôle moteur, en matière d'épuration, fut dévolu à l'État, dont l'appareil politique, judiciaire et administratif maîtrisa la question non seulement dans ses orientations générales, mais aussi jusqu'à ses modalités les plus ponctuelles. La centralisation, tôt intervenue, au profit du seul chef du gouvernement provisoire de la politique des grâces, le contrôle ensuite par les instances ministérielles de la gestion des carrières des fonctionnaires, la longue procédure enfin de réexamen des sanctions réalisée devant la juridiction administrative permirent aux diverses autorités publiques d'assurer un réglage fin et continu de l'épuration.

10 Rapport au Xe congrès national du PCF, Paris, 26–30 juin 1945, dans: Maurice THOREZ, Une politique de grandeur française, Paris 1945, p. 342–343.

Il ne s'agissait certes pas d'un plan préétabli, d'autant que les premiers temps se révélèrent plutôt chaotiques: face aux situations d'urgence, les commissaires de la République eurent tendance à répondre parfois de manière inédite à la demande de vengeance émanant de la population, en improvisant s'il le fallait sanctions ou procédures. Mais, dans la moyenne durée, les processus tendirent à se mouler dans la problématique posée dès l'origine par le général de Gaulle, certes soucieux de concilier justice et reprise de l'activité politique et économique, afin que la France retrouve rapidement son rang dans le concert des nations, mais soucieux aussi de la restauration de l'État, objet de tous ses soins.

Or cet État fut bel et bien restauré, il ne fut pas repensé. Des réformes de structure intervinrent certes dans la foulée de la Libération, avec la création de l'ENA, la »nationalisation« de l'École libre des sciences politiques, la promulgation en octobre 1946 d'un statut des fonctionnaires remplaçant celui qui avait été décrété en septembre 1941 par Vichy. Mais, soit qu'elles n'aient pas produit les effets escomptés, soit qu'elles ne se soient en fait pas attaquées à la racine du mal, elles ne conduisirent pas à une rénovation effective de l'État. Celui-ci fut sans conteste épuré, mais sans que les changements d'hommes intervenus à sa tête n'aient abouti à remettre en cause son organisation en castes, ni les principes sur lesquels il était fondé.

Au-delà de la maîtrise par des structures étatiques de la répression de la collaboration, au-delà aussi du mode de fonctionnement de l'État, questions politiques par essence, l'épuration touchait au cœur même de la constitution identitaire de la nation. Exposer pour les juger, au prétoire ou dans le huis-clos des commissions d'épuration, les mille et un accrocs aux règles morales et sociales du vivre ensemble occasionnés par l'Occupation posait, par un effet de miroir grossissant, la question de l'identité nationale. Passant par l'exclusion d'une minorité sur la définition de laquelle une quasi unanimité pouvait se faire, l'épuration avait aussi pour fonction de resserrer le lien social distendu par les événements des années récentes. Chaque groupe local pouvait ainsi définir sa »poignée de misérables«, dont la mise à l'écart contribuerait à ressouder sa propre communauté de destin.

Les grands procès, devant la Haute Cour, auraient pu jouer un rôle cathartique du même ordre au niveau national, mais ils générèrent surtout la désillusion: revenant, quelques années après la fin de l'épuration judiciaire, sur le procès Pétain, Jean Cassou pouvait déplorer que »le pays n'a[it] pas pris conscience; or c'[était] de cela qu'il s'agi[ssai]t, non de châtiments ou de vengeances«[11].

Le culte, progressivement construit, des héros de la Résistance eut pour fonction de retisser l'unité nationale, en masquant les tendances dissensuelles qui s'étaient étalées au grand jour à la Libération. Luttant contre la fragmen-

---

[11] La Mémoire courte (voir n. 5).

tation des premiers processus d'épuration, le pouvoir d'État s'était d'abord efforcé de réduire la tension entre le niveau central et les niveaux périphériques – régional, départemental et local. Le retour au cadre géographique traditionnel, après les tentatives de régionalisation de Vichy, se caractérisa par l'abandon, au printemps de 1946, de l'institution, qui avait pourtant fait la preuve de son utilité en période exceptionnelle, des commissaires de la République. Sans doute fallait-il en finir, nominalement au moins, avec l'»exceptionnalité« des temps.

Très vite pourtant, avant même que des mesures de grâce ou d'amnistie aient facilité la réinsertion des collaborateurs, petits ou grands, dans la vie sociale, l'opinion ressentit confusément que l'épuration était ratée. Sans doute parce qu'elle n'avait pas clairement défini ses objectifs: s'agissait-il simplement de chasser, provisoirement, quelques mauvais bergers ou, ambition plus vaste, d'ouvrir la voie à une rénovation effective de la société française?

Pensée comme un tout, l'épuration apparaît comme un phénomène transitoire, générateur de lourdes ambiguïtés: il s'agissait moins d'exclure durablement que d'apaiser les passions violentes qui auraient risqué de freiner le retour de la France dans le concert des nations victorieuses. Une partie de l'opinion, encline à l'apaisement, partagea cette position implicite des autorités publiques, désireuses de ne pas créer une catégorie de parias destinés à rester de manière perpétuelle à l'écart de la société française.

Le jeu, tôt commencé, des grâces, des recours et des amnisties venait conforter ce principe du droit pénal selon lequel le fait même d'avoir purgé sa peine valait au condamné droit à réintégration dans la communauté dont il avait été provisoirement exclu. Mais la fraction de l'opinion la plus proche de la Résistance fut au contraire choquée par la rapidité de certaines réintégrations, et par l'ampleur du pardon qui semblait promis à ceux qu'elle continuait à considérer comme des traîtres à la cause nationale. Le bilan de l'épuration ne pouvait être, aux yeux de cette part du pays, que porteur de frustrations.

Sans aucun doute, les Français de 1940–1944 – et notre mémoire est héritière de leurs ambiguïtés – ont vécu la guerre entre deux idées de la France. Celle des droits de l'homme et de la liberté parut longtemps la plus faible: les élites françaises se sont accommodées – au point de le servir sans états d'âme aussi longtemps qu'il lui parut légitime – de l'autoritarisme extrême que Vichy entendit imposer à la France. Aux franges de la tentation totalitaire, mais en plein dans le discours autoritaire et d'exclusion, l'État français de Vichy passa par tous les stades de l'étouffement de la liberté d'expression, de l'ordre moral, de la répression, d'une tentative de cléricalisation de la société aussi. Par effet de balancier, sa fin réhabilita la démocratie jusque dans les excès du parlementarisme et l'impuissance dans laquelle sombra la Quatrième République.

Où en est-on aujourd'hui, alors que s'effacent les repères de l'après-guerre? L'indispensable réconciliation de la France avec cette part de son histoire passe par une reconnaissance – difficile mais salutaire – de la réalité des intentions et des comportements des Français entre 1940 et 1944. De nos connaissances accrues sur la période devrait pouvoir naître une vision claire des responsabilités passées, sortant le débat du byzantinisme sémantique opposant la France légale de Pétain à la France légitime de de Gaulle. Reconnaître que ceux qui appliquèrent les lois d'exclusion, et prêtèrent le concours de la police française à la répression et à la persécution étaient des Français travaillant aux ordres du gouvernement français est devenu indispensable pour sortir des ambiguïtés inconscientes que traduisirent l'étrange formule du président Pompidou, décrivant en 1972 la période de l'Occupation comme une »époque où les Français ne s'aimaient pas« – citation empruntée à Maurras – ou la décision de François Mitterrand, vingt ans plus tard, de faire déposer par le préfet de Vendée une gerbe sur la tombe du maréchal Pétain à l'île d'Yeu.

Peu de mois se passent sans que, de livre en colloque et d'épisode judiciaire en nécrologie, le régime de Vichy ne revienne sur le devant de la scène. Alors que plus de soixante ans se sont écoulés depuis la fin de l'État français, que des milliers d'ouvrages semblent avoir traité de tous les protagonistes et avoir épuisé toutes les problématiques de ces quelque cinquante mois qui séparèrent la fin de la Troisième République de la Libération, l'unanimité est loin de se faire sur le bilan du régime placé sous la figure emblématique du maréchal Pétain.

S'il est ainsi beaucoup plus étudié qu'il y a trente ou quarante ans, ce régime fait, de manière paradoxale – et quelque peu amère pour ceux qui croyaient que la connaissance toujours plus précise de cette époque permettrait d'en éloigner à jamais le spectre – l'objet de réappréciations tournant parfois à la réhabilitation.

Des circonstances partout constatées l'expliquent: les derniers témoins disparaissent, les actuels chefs d'État sont trop jeunes pour avoir vécu comme adultes la Seconde Guerre mondiale, et l'évolution de la carte de l'Europe montre que la page de Yalta est désormais tournée. Ces constantes expliquent la résurgence d'un débat de mémoire qui n'est pas seulement français, mais qu'ont réactualisé d'autres évolutions récentes propres à notre pays.

L'appréciation portée sur le seul des régimes récents où l'extrême-droite était associée au pouvoir reste donc un enjeu politique étonnamment vif. Il est aussi un enjeu de mémoire, faute de reconnaissance claire des responsabilités assumées par les autorités de l'État français entre 1940 et 1944. Il fallut attendre juillet 1995 pour qu'un président de la République reprenne officiellement à son compte la thèse, historiquement indiscutable, de l'appui volontairement apporté par l'appareil de l'État français aux rafles de Juifs de l'été 1942. Son successeur, dès la campagne électorale et à intervalles réguliers après son installation à l'Élysée, n'a eu de cesse de dénoncer la politique officielle de repentance, symbole à ses yeux d'une forme de masochisme national. Je lui ai répondu dans les colonnes du »Monde«, le 12 mai 2007, quelques jours donc avant les rencontres dont les actes sont ici rapportés. Le lecteur me pardonnera cette un peu longue autocitation, qui me semble nécessaire à ce point du débat:

La Seconde Guerre mondiale ne fut pas autre chose que le combat de deux France, qu'il est légitime à chacun, fort de ses convictions, d'opposer; il est même légitime de haïr l'une des deux. La repentance alors, loin d'être un acte masochiste, n'est-elle pas au contraire un acte de lucidité, de respect aussi devant le courage de ceux qui, de cette haine envers une certaine France, tirèrent la force de se battre contre elle et contre l'idéologie qu'elle servait, la force aussi de mourir, parfois de manière atroce?

La repentance – celle des évêques de France en 1997 comme celle voulue deux ans plus tôt, au nom de la France, par celui qui en était le président – entendait simplement rappeler qu'il arrive que les institutions fassent, au nom de la raison d'État ou par erreur de jugement, des erreurs, dont les conséquences peuvent être terribles. Comme le disait un des principaux adeptes de la ›mode exécrable‹ qu'il va être de bon ton désormais de dénoncer dans les palais de la République, ›reconnaître les fléchissements d'hier est un acte de loyauté et de courage qui nous [...] fait percevoir les tentations et les difficultés d'aujourd'hui et nous prépare à les affronter‹[12].

L'homme qui a publiquement fait, en 1994, cette déclaration s'appelait Jean-Paul II.

Notre époque, prompte à désacraliser l'État et à douter du politique, s'interroge sur la responsabilité de ceux qui détiennent le pouvoir. L'accent se porte alors naturellement sur la passivité, voire la complicité, dont firent preuve les élites d'alors face aux dérives antirépublicaines du régime. Dans la continuité des questions posées, voici plus de quarante ans, par Hannah Arendt, la dimension éthique du débat historique se concentre sur la question du »mal ordinaire«. Entre l'Allemagne et la France existe un passé tragique, que tant d'efforts politiques et culturels depuis plus d'un demi-siècle avaient contribué à comprendre pour être en mesure de vivre avec le poids de son souvenir. Pour autant, à tout instant peuvent se rouvrir des plaies qui ne demandent qu'à saigner. Le premier devoir d'un pouvoir digne de sa responsabilité sociale et morale est d'œuvrer à sa pacification, non de l'instrumentaliser, au nom d'une vision autoproclamée de l'histoire française, à des fins politiques ou personnelles.

---

12 JEAN-PAUL II, Lettre Apostolique Tertio Millennio Adveniente, § 33, dans: Documentation catholique 2105, 4 décembre 1994, p. 1025.

WALTHER L. BERNECKER

VERGANGENHEITSDISKURSE IN SPANIEN
ZWISCHEN VERDRÄNGUNG UND POLARISIERUNG

Erinnerungen haben nicht nur individuelle Funktionen. Im Anschluss an
Maurice Halbwachs[1] und Jan Assmann[2] lässt sich vielmehr sagen, dass
(kollektive) Erinnerungen vor allem eine soziale Funktion haben, insofern sie
Gruppen zu einer Gemeinschaft machen können und Identitäten stiften. Vor
allem Maurice Halbwachs hat darauf hingewiesen, dass eine Gesellschaft nie
nur eine (kollektive) Erinnerung an die Vergangenheit hat: Die Erinnerung
derer, die bestimmte Ereignisse miterlebten, unterscheidet sich von der Erinnerung jener Zeitgenossen, die diese Ereignisse erst später »erfahren«
haben. Und selbst die Zeitzeugen haben, je nach ideologischem und lebens-
weltlichem Standpunkt, ganz unterschiedliche Erinnerungen an ein und
dasselbe Ereignis. Somit kann man nicht von einer Erinnerung sprechen; die
Rede muss vielmehr von Erinnerungen (im Plural) sein.

Auch in der spanischen Gesellschaft gibt es Platz für viele Erinnerungen.
Dies gilt insbesondere für den Bürgerkrieg (1936–1939), seine Gründe und
die Verantwortung für den Konflikt – unabhängig davon, dass sich nach Ende
der franquistischen Diktatur (1975) die Deutung des Krieges als gesellschaft-
licher Zusammenbruch, als brudermörderischer Krieg und nationale
Tragödie, weitgehend durchsetzte. Wollte man nach 1975 zu einer nationalen
Versöhnung kommen, dann lag es nahe, die problematischen Aspekte der
Vergangenheit, über die keine übereinstimmende Meinung in der Gesellschaft
herbeigeführt werden konnte, aus dem politischen Diskurs auszusparen.
Schon in der Spätphase des Franquismus – dies haben repräsentative Um-
fragen ergeben – war eine Mehrheit der Spanier für einen Wandel hin zur
Demokratie; wahrscheinlich war es dieselbe Mehrheit, die nach dem Tod des
Diktators für ein Ausblenden der Vergangenheit aus dem politischen Diskurs
plädierte und sich für einen politisch-gesellschaftlichen Neuanfang ohne
gegenseitige Schuldaufrechnungen aussprach[3].

Während eine Deutung den Mentalitätswandel in den 1960er und 1970er
Jahren, der die Transition erst ermöglichte, mit der traumatischen Erinnerung
an den Bürgerkrieg und dem weit verbreiteten Wunsch erklärt, eine Wieder-

---

[1] Maurice HALBWACHS, La mémoire collective, Paris 1997.
[2] Jan ASSMANN, Das kulturelle Gedächtnis. Schrift, Erinnerung und politische Identität in frühen Hochkulturen, München 1997.
[3] Zu dieser Deutung vgl. Manuel PÉREZ LEDESMA, Memoria de la guerra, olvido del
franquismo, in: Letra Internacional 67 (2000), S. 34–39.

holung derartiger Erfahrungen zu vermeiden und daher Kompromissbereit-
schaft zu zeigen, verweist eine andere Interpretation auf einen angeblichen
»Pakt des Schweigens« über Bürgerkrieg und Franquismus, der die zahl-
reichen Elemente der Kontinuität in der Transition erst ermöglichte. Erstere
Deutung stellt eine überaus positive Sicht des Übergangsprozesses in die
Demokratie dar, in dem die richtigen Lehren aus der Geschichte gezogen
worden seien; letztere Interpretation führt den politischen Wandel auf jene
Verschwörung des Schweigens der führenden Minderheiten zurück, die eine
Verstümmelung des historischen Gedächtnisses und die bis heute andauernde
Schwäche der demokratischen Kultur der Spanier zur Folge hatte[4].

Seit einigen Jahren nun, somit rund 30 Jahre nach der Transition, findet in
Spanien eine polarisierte und polarisierende Debatte über die Aufarbeitung der
jüngeren Vergangenheit von Bürgerkrieg und repressiver Diktatur statt. Um die
Schärfe und bissige Polemik der politisch-ideologischen Positionskämpfe zu
verstehen, bedarf es eines Blickes zurück, in die Zeit des Franquismus und die
Anfangsjahre des Demokratisierungsprozesses nach Francos Tod[5]. Denn der
spanische Fall unterscheidet sich in mehrfacher Hinsicht von anderen
europäischen Beispielen. Der Krieg, der den Kernbestand der zur Diskussion
stehenden Erinnerungskultur darstellt, war in erster Linie ein Bürgerkrieg. Er
wurde zwar von Anfang an internationalisiert, in seinem Ursprung und seiner

---

[4] Die positive Deutung etwa (neben vielen anderen) bei Paloma AGUILAR, Memoria y
olvido de la guerra civil española, Madrid 1996; die kritische bei Nicolás SARTORIUS,
Javier ALFAYA, La memoria insumisa. Sobre la dictadura de Franco, Madrid 1999, oder
bei Alberto Reig Tapia, Memoria de la guerra civil. Los mitos de la tribu, Madrid 1999.
Unabhängig von diesen beiden Interpretationsrichtungen lässt sich wohl zweifelsfrei sagen,
dass unmittelbar nach 1975 die Angst vor einem möglichen neuen Bürgerkrieg weit verbreitet war und sicherlich zu der allgemein akzeptierten Einstellung beitrug, Krieg und
Repression nicht als politische Argumente einzusetzen, diese problematischen Phasen
spanischer Geschichte vielmehr aus der öffentlichen Auseinandersetzung fern zu halten.
Vgl. zu diesem Zusammenhang Alberto Reig TAPIA, Cultura política y memoria histórica.
El caso español, in: Werner ALTMANN, Ursula VENCES (Hg.), Por España y el mundo
hispánico, Berlin 2007, S. 143–165, bes. S. 148–154 (vgl. dort auch weiterführende Überlegungen zum Zusammenhang von – fehlender – Vergangenheitsaufarbeitung und
politischer Kultur in Spanien).
[5] Zum Wandel der kollektiven Erinnerung an die Opfer des Bürgerkriegs über die
Generationen der Kriegsteilnehmer, der »Kinder des Krieges« und der »Enkel des
Krieges« vgl. José Luis LEDESMA, Javier RODRIGO, Caídos por España, mártires de la
libertad. Víctimas y conmemoración de la Guerra Civil en la España posbélica (1939–
2006), in: Ayer 63 (2006), S. 233–255. Die Autoren heben die unterschiedlichen
Intensitäten der Erinnerung an die Opfer hervor: Während des Franquismus waren die
»für Spanien Gefallenen«, somit die »nationalen« Opfer, im öffentlichen Raum omni-
präsent, während die republikanischen Opfer dem Zwangsvergessen anheim gegeben
wurden; in der postdiktatorischen Demokratisierungsphase lässt sich von »Unsicht-
barkeit« der Opfer beider Seiten sprechen; in den letzten Jahren seit der Jahrtausendwende und der Öffnung der anonymen Massengräber beherrscht der Opferdiskurs der
im Bürgerkrieg Unterlegenen (»Märtyrer der Freiheit«) die öffentlichen Debatten.

historischen Bedeutung war er aber ein primär innerspanischer Konflikt[6]. Dies ist bei jeder Betrachtung des Spanischen Bürgerkriegs (1936–1939) zu berücksichtigen. Auf den Krieg folgte sodann kein politisches System, das die Aufarbeitung dieses Krieges ermöglicht oder gar gefördert hätte. Ganz im Gegenteil: Es folgte eine jahrzehntelange Diktatur (1939–1975), die eine brutale Repression ausübte und nur eine höchst einseitige Beschäftigung mit dem Krieg zuließ[7]. Toleriert wurde ausschließlich die Perspektive der Sieger. Als schließlich, nach dem Tod des Diktators (1975) und dem allmählichen Übergang in die Demokratie, die Sicht der Unterlegenen zum Tragen kommen konnte, ging die Erinnerung an den Krieg einher mit der Erinnerung an Diktatur und Unterdrückung. Diese Aspekte ließen und lassen sich nicht trennen[8].

Franco-Regime und Erinnerungspolitik

Bevor im Folgenden auf die Geschichtspolitik und die Erinnerungsansprüche in der spanischen Demokratie eingegangen wird, soll einleitend kurz die Erinnerungsgeschichte des Bürgerkriegs in den knapp vierzig Jahren franquistischer Diktatur angesprochen werden, die oftmals eher einer Geschichte ihrer politischen Instrumentalisierung glich. Vergangenheit ist schon immer für politische Zwecke der Gegenwart in die Pflicht genommen worden. Erinnerung und die öffentliche Inszenierung von Erinnerung waren und sind somit eminent politisch. Die vollständige Niederlage der Republikaner 1939 führte zu einer ebenso totalen erinnerungspolitischen Neuorientierung. Traditionspflege hatte fortan aus der Sicht der Sieger zu erfolgen.

Erinnerungspolitik betrieben die Franquisten vom ersten Tag des Bürgerkrieges an. Sie bemächtigten sich sofort des öffentlichen Raums, eliminierten demokratische Symbole, änderten Straßen- und Ortsnamen, richteten Feierlichkeiten und Kundgebungen aus. Sie unternahmen vielfältige Anstrengungen, um durch symbolische Politik ihre Herrschaft zu legitimieren und das entstehende Regime zu stabilisieren. Von Anfang an und dann während der gesamten Franco-Ära versuchte das Regime durch *damnatio historiae*, jegliche historische Erinnerung, die sich nicht in die Tradition des Aufstandes

[6] Vgl. Walther L. BERNECKER, Krieg in Spanien 1936–1939, Darmstadt 2005.

[7] Zu den traumatischen Folgen des Bürgerkrieges und dem Terror der Nachkriegszeit vgl. (aus psychologisch-psychiatrischer Sicht) José María RUIZ-VARGAS, Trauma y memoria de la Guerra Civil y de la dictadura franquista, in: Hispania Nova. Revista de Historia Contemporánea 6 (2006) (http://hispanianova.rediris.es).

[8] Vgl. hierzu den letzten Überblick zur Bürgerkriegshistoriographie seit den 1940er Jahren bis heute bei Juan Andrés BLANCO RODRIGUEZ, La historiografía de la Guerra Civil Española, in: Hispania Nova. Revista de Historia Contemporánea 7 (2007) (http://hispanianova.rediris.es).

vom 17./18. Juli 1936 einreihen ließ, auszuschalten: physisch durch Er-
mordung aller exponierten Kräfte der republikanischen Seite, politisch durch
kompromisslose Machtaufteilung unter den Siegern, intellektuell durch Zensur und Verbote, propagandistisch durch einseitige Indoktrinierungen,
kulturell durch Eliminierung der Symbole jenes angeblichen »Anti-Spanien«,
das in zermürbender Langsamkeit drei Jahre lang bis zur bedingungslosen
Kapitulation bekämpft worden war. Es ging den Siegern immer darum – mal
direkt und brutal, mal vermittelt und subtil –, ihre Herrschaft in die Tradition
einer weit zurückreichenden, glorreichen Vergangenheit einzuordnen und sich
selbst in der historischen Kontinuität imperialer Großmachtpolitik zu
präsentieren[9].

Die Erinnerungspolitik umfasste Zeit und Raum gleichermaßen. Was die
Zeit betrifft, begann das »nationale« Lager sogar eine neue Zeitrechnung:
1936 hieß »Erstes Triumphjahr« (*Primer Año Triunfal*), 1939 »Siegesjahr«
(*Año de la Victoria*). Im Übrigen wurde ausführlich aus der Geschichte ge-
schöpft, vor allem aus den Epochen, die als die Glanzzeit Spaniens gedeutet
wurden: das ausgehende 15. Jahrhundert unter der Herrschaft der
Katholischen Könige, sodann das imperiale 16. Jahrhundert mit Karl V. und
Philipp II. als dominierenden Monarchen. Die folgenden Jahrhunderte der
Dekadenz, vor allem auch das 19. Jahrhundert als Zeitalter des negativ ge-
deuteten Liberalismus, wurden weitgehend ausgeblendet.

Was den Raum betrifft, so ergriffen die neuen Machthaber von der Topo-
graphie symbolisch Besitz, indem die Namen von Orten, Straßen, Gebäuden,
Institutionen geändert und mit neuen historisch-politischen Assoziationen versehen wurden. Der traditionelle Dom der Schutzheiligen Spaniens, der Virgen
del Pilar in Saragossa, wurde zum »Heiligtum der Rasse«; die meisten Haupt-
straßen erhielten die Namen *Avenida del Generalísimo* oder *Avenida de José
Antonio Primo de Rivera*. Bei der Ritualisierung der politischen Erinnerung
spielte die Kirche viele Jahre hindurch eine wichtige Rolle.

Die franquistische Erinnerungspolitik diente einem einzigen Zweck: das
eigene Regime zu legitimieren, es als quasi selbstverständliche Konsequenz
der Entwicklung in der Tradition der glorreichen spanischen Geschichte zu
verankern, zugleich die Erinnerung an die Gegenseite – die Liberalen und die
Demokraten, Sozialisten und Kommunisten, Freimaurer und Juden... – aus-
zulöschen.

---

[9] Vgl. hierzu Walther L. BERNECKER, Sören BRINKMANN, Kampf der Erinnerungen.
Der Spanische Bürgerkrieg in Politik und Gesellschaft 1936–2006, Nettersheim 2006,
S. 151–227. Zur Instrumentalisierung der »glorreichen Vergangenheit« und zur
»Nostalgie des Reiches« im frühen Franquismus vgl. José Manuel RODRÍGUEZ,
Historia a la carta. El »glorioso pasado« en apoyo del régimen, in: ALTMANN, VENCES
(Hg.), Por España y el mundo hispánico (wie Anm. 4), S. 111–125.

Die Verdrängung der Geschichtserinnerung

Nach dem Ende der Franco-Ära konnte das Land erstaunlich schnell den Übergang in die Demokratie bewältigen. Während des Franquismus und danach war der Bürgerkrieg im politischen und historischen Diskurs stets obligater Bezugspunkt; kaum jemand versäumte es, auf den Ursprung des Franco-Regimes im Krieg hinzuweisen. Und der nach 1975 einsetzende Boom an Bürgerkriegsliteratur entsprach einem verbreiteten Bedürfnis in weiten Bevölkerungskreisen nach Information und Aufklärung, nachdem in den Jahrzehnten zuvor die Geschichtsschreibung vielfach zur Legitimation des Siegerregimes instrumentalisiert worden war[10].

Es stand zu erwarten, dass im demokratischen Spanien an den Jahrestagen des Bürgerkrieges verstärkte Aktivitäten stattfinden würden, um dem Informations- und Aufklärungsbedürfnis der Bürger nachzukommen. Die Jahrestage 1976/1979 fielen allerdings voll in die politisch aufgewühlte Transitionsphase; sowohl die Politiker als auch die Zivilgesellschaft mussten all ihre Energien auf die Bewältigung des Übergangs von der Diktatur in die Demokratie konzentrieren. Als diese Gratwanderung erfolgreich abgeschlossen war und seit 1982 die Sozialistische Partei unangefochten regierte, bot der Jahrestag 1986 zum ersten Mal im redemokratisierten Spanien die Gelegenheit, ohne staatlich verordnete ideologische Vorgaben des Bürgerkriegsbeginns vor 50 Jahren zu gedenken. Zweifellos gab es 1986 auch öffentliche Veranstaltungen, die an den Bürgerkriegsbeginn erinnerten (während der Jahrestag des Kriegsendes 1989 praktisch unbeachtet verstrich); aber gemessen an der überragenden Bedeutung, die dieser Krieg für das Spanien der Gegenwart hat, hielten sich die Rückblicke eher in Grenzen. Die meisten Veranstaltungen waren ohnehin in die eher »entschärfte« Domäne der Historiker übergegangen. Denn darin waren sich nahezu alle politisch und wissenschaftlich Verantwortlichen einig: Keine erneuten Rechtfertigungen, sondern Erklärungen waren gefragt; nicht die ältere Generation, die den Krieg geführt hatte, sondern die jungen Akademiker, die ihn nur über Quellen und Literatur kannten, waren die Protagonisten der Veranstaltungen. Und auf diesen selbst wurde immer wieder mahnend dazu aufgefordert, »objektiv« und »historisch distanziert« zu argumentieren, da man doch über ein längst vergangenes Ereignis spreche, das seit langem schon Teil der »Geschichte« sei.

Ergebnis dieser Tagungen und Kongresse waren mehrere Sammelbände, die ein weitgehend ausgewogenes Bild des Bürgerkrieges präsentierten; verbreitete historische Zeitschriften (etwa »Historia 16«) und Tageszeitungen mit hohen Auflagen (»El País« u.a.) brachten vielfältige Bürgerkriegsbei-

---

10 Zur Transition vgl. Walther L. BERNECKER, Spaniens Geschichte seit dem Bürgerkrieg, München 1997, S. 213–232.

träge. Im Gegensatz zu diesen historiographischen Beiträgen ließ sich das
»offizielle« Spanien so gut wie nicht vernehmen. Im Juni 1986, wenige
Wochen vor dem eigentlichen Jahrestag des Bürgerkriegsbeginns, standen
Parlamentswahlen auf der politischen Tagesordnung, bei denen es für die
regierende Sozialistische Partei um den Erhalt ihrer absoluten Mehrheit ging,
und in dieser politisch heiklen Situation durften Wähler der Mitte und der
gemäßigten Rechten nicht verunsichert oder gar verschreckt werden, indem
öffentlich und über Massenmedien auf die Spaltung der spanischen Gesellschaft in den dreißiger Jahren hingewiesen wurde. Damals war ja die
Sozialistische Partei eindeutig auf dem linken Spektrum des politischen
Lebens angesiedelt gewesen.

Die einzige Verlautbarung aus dem Moncloa-Palast – Ministerpräsident
Felipe González verkündete sie als Regierungschef aller Spanier, nicht als
Generalsekretär der Sozialistischen Partei – besagte, der Bürgerkrieg sei
»kein Ereignis, dessen man gedenken sollte, auch wenn er für die, die ihn
erlebten und erlitten, eine entscheidende Episode in ihrem Leben darstellte«.
Inzwischen sei der Krieg jedoch »endgültig Geschichte, Teil der Erinnerung
und der kollektiven Erfahrung der Spanier«; er sei »nicht mehr lebendig und
präsent in der Realität eines Landes, dessen moralisches Gewissen letztlich
auf den Prinzipien der Freiheit und der Toleranz basiert«[11].

Sicherlich sind derartige Äußerungen in Zusammenhang mit dem demo-
kratischen Neuaufbau nach 1975 und dem Schlüsselwort beim Abbau der
Diktatur zu sehen: *consenso*, Zusammenwirken aller. Die traumatische Er-
fahrung von Bürgerkrieg, brutalster Gewaltausübung und gesellschaftlicher
Spaltung dürfte unausgesprochen den Hintergrund vieler Haltungen und
Maßnahmen in der Übergangsphase zur Demokratie gebildet haben: für die
Akzeptierung der Monarchie durch die republikanischen Sozialisten, für die
gemäßigten Positionen der Kommunisten, für das Amnestiegesetz[12] von
Oktober 1977, für das Zusammenwirken aller politischen Kräfte bei der Aus-
arbeitung der neuen Verfassung. Die neue Demokratie sollte nicht von einem
Teil gegen den Willen des anderen, sondern möglichst unter Mitwirkung aller

---

[11] »Una guerra civil no es un acontecimiento conmemorable«, afirma el Gobierno, in:
El País vom 18.7.1986, S. 17.
[12] Zur Entstehung und Bedeutung des Amnestiegesetzes von Oktober 1977 vgl.
ausführlich Santos JULIÁ, Memoria, historia y política de un pasado de guerra y dictadura, in: DERS. (Hg.), Memoria de la guerra y del franquismo, Madrid 2006, S. 27–77;
zur Kritik am Amnestiegesetz als »Verhinderung« der »Weiterentwicklung Spaniens
zu einer fortschrittlichen Demokratie« vgl. die Stellungnahme des Präsidenten des
Foro por la Memoria, José María PEDREÑO, Recuperar la memoria es luchar por la III
República, in: http://www.nodo50.org/ foroporlamemoria. Zum Gesamtzusammen-
hang vgl. neuerdings Sören BRINKMANN, Die Wiedergewinnung der »historischen
Erinnerung«. Zwischen staatlicher Nichterfüllung und politischer Instrumentalisierung. Ende des Schweigens – Ende der Versöhnung?, in: ALTMANN, VENCES (Hg.),
Por España y el mundo hispánico (wie Anm. 4), S. 175–192.

politischen Lager aufgebaut werden. Voraussetzung hierfür aber war die Wiederversöhnung aller ehemals verfeindeten Lager. Nicht alte, noch ausstehende Rechnungen sollten beglichen, sondern ein endgültiger Schlussstrich unter die Kämpfe und Feindschaften der Vergangenheit gezogen werden. Dieser Wunsch nach Aussöhnung und die Angst davor, alt-neue, nicht verheilte Wunden wieder aufzureißen, mögen die regierenden Sozialisten – die zu den Hauptverlierern des Bürgerkrieges gehörten! – mitbewogen haben, den Jahrestag 1986 offiziell nicht zur Kenntnis zu nehmen, ja: zu verdrängen, und außerdem politisches Verständnis für die ehemals gegnerische Seite zu zeigen. Weiter heißt es nämlich in der Moncloa-Erklärung, die Regierung wolle »die Erinnerung an all jene ehren und hochhalten, die jederzeit mit ihrer Anstrengung – und viele mit ihrem Leben – zur Verteidigung der Freiheit und der Demokratie in Spanien beigetragen haben«; zugleich gedenke sie »respektvoll jener, die – von anderen Positionen aus als denen des demokratischen Spanien – für eine andere Gesellschaft kämpften, für die viele auch ihr Leben opferten«. Die Regierung hoffe, dass »aus keinem Grund und keinem Anlass das Gespenst des Krieges und des Hasses jemals wieder unser Land heimsuche, unser Bewusstsein verdunkle und unsere Freiheit zerstöre. Deshalb äußert die Regierung auch ihren Wunsch, dass der 50. Jahrestag des Bürgerkrieges endgültig die Wiederversöhnung der Spanier besiegle«.

Die bis 1996 regierenden Sozialisten griffen auf die Erblast der Angst als Folge des Krieges zurück, um ihre politische Vorsicht abzusichern, um keine radikalen Veränderungen vorzunehmen, die möglicherweise die Stabilität des Systems gefährden könnten. Die in Spanien nach 1975 relativ schnell erreichte Stabilität hatte ihren politischen und moralischen Preis, der soziopolitische Friede musste erkauft werden[13]. Das Überleben des franquistischen Symbolsystems erinnerte daran, dass die politische Reform aus einem Pakt hervorgegangen war, der innerhalb der autoritären Institutionen ausgearbeitet wurde und schließlich zur Transition führte.

Die Tatsache, dass es keinen klaren demokratischen Bruch mit der franquistischen Diktatur gab, hat einen Schatten auf jene Bereiche der Vergangenheit geworfen, die von Pierre Nora »Orte des Gedächtnisses« genannt werden[14]. Die *transición* stellte eine Art Ehrenabkommen dar, durch das die Kompensation der Franquisten für die Übergabe der Macht in der Praktizierung einer kollektiven Amnesie erfolgte. Dies gilt nicht nur für die konservativen Übergangsregierungen der Jahre 1977–1982; dies ist nicht weniger gültig für den Partido Socialista Obrero Español (PSOE): Mit ihrer Geschichtslosigkeit setzte die spanische Sozialdemokratie den in der Franco-Zeit erzwungenen Gedächt-

---

13 Vgl. Gregorio MORÁN, El precio de la transición, Barcelona 1991.
14 Vgl. Pierre NORA (Hg.), Les lieux de mémoire, Paris 1984.

nisverlust des Volkes fort. In beiden Fällen diente die Marginalisierung und Verdrängung von Geschichte der Stabilisierung bestehender Machtverhältnisse. Ein weiterer wichtiger Grund für die offizielle Verdrängung des Bürgerkrieges dürfte in dem ideologischen Konsens gelegen haben, der in den Jahren der Transition und des darauf folgenden ökonomischen Aufschwungs die spanische Gesellschaft bestimmte und der auf die Begriffe Modernisierung und Europäisierung gebracht werden kann. Hintergrund der Fortschrittsgläubigkeit, des extrovertierten Konsumrausches und der ungezügelten Europa-Euphorie jener Phase war ein tief sitzender Minderwertigkeitskomplex gerade in Bezug auf diesen Fortschritt und dieses Europa, von dem das Franco-Regime sich zuerst bewusst abgekoppelt hatte (»Spanien ist anders«) und von dem es zuletzt aus politischen und ökonomischen Gründen fern gehalten worden war. Philosophen, Schriftsteller und Politiker haben sich immer wieder die Frage nach den Gründen für Spaniens »Rückständigkeit« gestellt. Der Bürgerkrieg gilt in dieser Debatte als das historische Ereignis, durch das die Rückständigkeit der Spanier am klarsten zum Ausdruck kam, der Schlusspunkt in einer ganzen Reihe fehlgeschlagener Modernisierungsversuche.

Die Folge des Bürgerkrieges, die Installierung des Franco-Regimes, führte nach 1945 zum Ausschluss Spaniens aus der internationalen Staatengemeinschaft, zur Ächtung und zum wirtschaftlichen Boykott. Minderwertigkeit, Isolierung und Spaltung in Sieger und Besiegte wurden in Spanien mit dem Bürgerkrieg und seinen Folgen assoziiert. Die Öffnung des Landes zur Demokratie, zu Fortschritt und zu Europa war eine bewusste Abkoppelung von dieser unerwünschten Vergangenheit.

In nahezu allen Kommentaren über das Bewusstsein der spanischen Bevölkerung in Bezug auf den Bürgerkrieg wurde in den achtziger Jahren auf die Indifferenz vor allem der Jugend gegenüber der jüngsten Vergangenheit hingewiesen. Amtliche Stellen zeigten ein auffälliges Desinteresse, diesen Zustand zu ändern: König und Regierung sprachen vor allem von Wiederversöhnung, staatliche Instanzen predigten unaufhörlich das Thema Europa. Im Jahr 1986 beging Spanien nicht nur den 50. Jahrestag des Bürgerkriegsbeginns; es war auch das Jahr, in dem das Land Vollmitglied der Europäischen Gemeinschaften wurde und sich endgültig für den Verbleib in der NATO entschied. Hatte der Bürgerkrieg den (erneuten) Beginn eines historischen »Sonderwegs« markiert, so stellte spätestens das Jahr 1986 die Rückkehr Spaniens zur europäischen »Normalität« dar.

Sicher hing die Geschichtslosigkeit der jüngeren Generationen auch mit der jahrzehntelangen Instrumentalisierung von Geschichte im Franquismus zusammen, die im Nach-Franquismus in Gleichgültigkeit oder sogar in Ablehnung umschlug. In diesem Zusammenhang verdienen die Überlegungen des Philosophen José Luis L. Aranguren referiert zu werden, der davon sprach, dass die nachfranquistische Gesellschaft Spaniens eine neue Beziehung zu ihrer Geschichte eingegangen sei, dass sie keine Dogmen mehr übernommen habe, sich von der Vergangenheit distanziere (im Gegensatz zur früheren Identifizierung) und in ihrer kollektiven Erinnerung eine Wende vollzogen habe[15]. Diese »historische Mutation« hänge damit zusammen, dass die Spanier früher vom Gewicht eines »Volkes mit Universalgeschichte« erdrückt worden seien.

Die vorherrschende spanische Kultur war zu Beginn der Neuzeit, im literarisch glänzenden *Siglo de Oro*, eine Kultur der Gegenreformation, später dann eine Kultur der Antimodernität. Der Franquismus kann als letzter Versuch betrachtet werden, zumindest in seiner Frühphase sich in diese Tradition der Antimodernität einzureihen. Die »prämodernen« Kulturelemente gingen in der Spätphase des Franquismus, seit dem Wirtschaftsboom der sechziger Jahre, rapide verloren. Der Verlust erzeugte nicht so sehr einen expliziten Anti-Franquismus als vielmehr einen Nicht-Franquismus, eine Skepsis gegenüber der Politik, die zwar in den ersten Jahren nach 1975 einem bewussten Engagement wich, sehr schnell jedoch wieder zur distanzierten Skepsis wurde, als die Hauptziele des friedlichen Wandlungsprozesses – die Sicherung der Demokratie und eine Übertragung der Macht an die linke Mitte – erreicht zu sein schienen.

Auf der Grundlage derartiger Überlegungen könnte es für das offizielle Verdrängen des Bürgerkrieges und das äußerst laxe Umgehen mit den franquistischen Symbolen im Übergangsprozess in die Demokratie somit auch eine weit einfachere als die politisch-ideologische Erklärung geben: Es stellt sich die Frage, ob die vom Franquismus propagierten Werte in der spanischen Gesellschaft überhaupt je Fuß gefasst haben, ob die Symbole und die Ästhetik des Regimes mehr als resigniert-unbeachtet hingenommene Oberflächensymptome waren. Die Ideologie des Regimes – wenn es sie denn je gegeben hat – war spätestens seit dem Ende der fünfziger Jahre einem steten Auflösungsprozess unterworfen gewesen; in den Schlussjahren der Diktatur war sie praktisch inexistent. Eine gewaltsame Auseinandersetzung mit dieser Ideologie, mit den Symbolen und den äußeron Merkmalen des franquistischen Regimes war nach 1975 deshalb nicht nötig; es handelte sich ohnehin nur noch um inhaltsleere Hüllen, die kaum jemand mehr ernst nahm. Auch das erklärt die Art, wie die spanische Gesellschaft lange Zeit mit ihrer diktatorischen Vergangenheit umging. Sie betrachtete sie als überlebt und gab sie dem Vergessen anheim.

Über den Bürgerkrieg, noch mehr sogar über die ersten Jahre der Franco-Ära, legte sich zumindest im politischen Diskurs für längere Zeit eine Decke des gesellschaftlichen Schweigens; wahrscheinlich erachteten es die Demokratisierungs-Generationen nicht für ratsam, auf eine derart konflikt-

---

[15] José Luis L. ARANGUREN, Por qué nunca más, in: Ramón TAMAMES (Hg.), La guerra civil española. Una reflexión moral 50 años después, Barcelona 1986, S. 171–184.

beladene Epoche zurückzublicken. Auf dem Altar der Ausgleichsmentalität wurden auch jene Gedenkveranstaltungen geopfert, die viele von der Regierung 1986 bzw. 1989 oder auch 1996 erwartet hatten. Stattdessen lautete die offizielle, nach beiden Seiten hin gleichermaßen abgesicherte Parole:»Nie wieder!« Der Bürgerkrieg wurde als»Tragödie« bewertet, als Krise, die den Zusammenbruch aller Werte des Zusammenlebens heraufbeschwor; nicht von den Gründen und Verantwortlichkeiten für diese Tragödie war die Rede, sondern von den Folgen der»tragischen Krise«.

Zwischen Erinnern und Vergessen: Das Spanien der Republik

Nach dem Tod des Diktators war die Amnestiefrage rasch zu einem Hauptanliegen der Opposition und deren Lösung zugleich zur politischen Bewährungsprobe für das Regierungslager geworden. Die Forderung nach einer umfassenden Amnestie wurde gleichsam zum Kristallisationspunkt für alle Veränderungswünsche. Da die Amnestie sich auf die Taten beider Seiten erstreckte und deren symbolische Bedeutung als Hauptakt der nationalen Versöhnung nicht gefährdet werden sollte, durften keine einseitigen Schuldzuweisungen erfolgen. Das gesamte politische Spektrum bekannte sich zu einer»Amnestie aller für alle« – so der baskische Nationalist Xavier Arzallus –, die ein besonders leidvolles Kapitel der spanischen Geschichte besiegeln und die Grundlage für einen Neuanfang legen sollte.[16]

Bilanziert man diesen vergangenheitspolitischen Schlussstrich im Lichte der Bürgerkriegskategorien, so kann die Versöhnungsrhetorik nicht darüber hinwegtäuschen, dass das Lager der»Verlierer« insgesamt einen deutlich höheren Preis für die Wiedergewinnung der Demokratie zu zahlen hatte. Denn zur Niederlage im Krieg und deren unmittelbaren Folgen gesellte sich in der Regel die politische und sozialökonomische Diskriminierung von knapp 40 Jahren Diktatur.

Die offizielle Anerkennung der einstigen Verlierer als gleichberechtigter Teil der Gesellschaft war jedoch nicht allein mit juristischen Mitteln zu bewerkstelligen. Vielmehr galt es auch, das einst unterlegene Spanien in seiner Identität ernst zu nehmen und dessen besondere Geschichte als einen integralen Bestandteil der, wenn man so will,»nationalgeschichtlichen« Erfahrung zu begreifen. Die Wiederaufnahme der Republikaner in den Schoß der postfranquistischen Gesellschaft stand somit offenkundig unter der Bedingung, die Kämpfe von gestern und selbst die Erinnerung daran im Exil zu lassen. Und wer hierzu nicht bereit war, blieb letztlich außerhalb des politischen Konsenses.

---

16 Zur Amnestie nach 1975 vgl. AGUILAR, Memoria y olvido (wie Anm. 4).

Über diesen Verzicht auf Erinnerung wird bis heute spekuliert, und manche Kritiker sehen hier anstelle von kluger Zurückhaltung im Interesse von Freiheit und Demokratie eher die verbreitete Furcht der Opposition vor dem alten Establishment am Werke. Nicht zufällig ist daher in der Rückschau oftmals von einem »Pakt des Schweigens« der Eliten, gar von »kollektiver Amnesie« die Rede gewesen. Dagegen hat der Historiker Santos Juliá klargestellt, dass die Vergessensrhetorik der Transition keineswegs mit einem praktizierten Beschweigen der Vergangenheit gleichgesetzt werden kann. Denn die politische Öffentlichkeit redete und erinnerte sich tatsächlich unermüdlich, wenn auch die Art dieser Erinnerungsrhetorik vor allem darauf abzielte, den Bürgerkrieg und seine Folgen von der politischen Debatte fern zu halten[17]. Was heute wie ein Verzicht auf Erinnerung erscheinen mag, war der letztlich erfolgreiche Versuch, die explosive Wirkungsmacht der Vergangenheit rhetorisch zu neutralisieren.

Charakteristisch hierfür waren Distanzierungsstrategien, mit denen die traumatische Erfahrung der dreißiger Jahre in möglichst weite Ferne zur Gegenwart geschoben wurde. Der erste Schritt mentaler Distanzierung war bereits mit der Anerkennung des Krieges als »Bruderkrieg« und »nationale Tragödie« erfolgt. Die Kollektivschuldthese verhinderte nicht nur die späte Aufrechnung politischer Verbrechen, sondern auch die öffentliche Anerkennung der Tatsache, dass die politische Repression auf franquistischer Seite bedeutend mehr Opfer gefordert hatte. Politischer Mord, Unterdrückung, Exil und Zwangsarbeit, kurzum, die Leidensgeschichte des republikanischen Lagers verwandelte sich so in einen hochsensiblen Sperrbereich des öffentlichen Diskurses, der nur selten betreten wurde.

Zur Repolitisierung der Vergangenheit in der Regierungszeit der Konservativen

Auf die lange Regierungszeit der Sozialisten folgte 1996 der Wahlsieg des konservativen Partido Popular, dessen Vorsitzender José María Aznar vier

---

[17] Vgl. Santos JULIÁ, Echar al olvido. Memoria y amnistía en la transición, in: Claves de razón práctica 129 (2002), S. 21f. Vgl. auch DERS. (Hg.), Memoria de la Guerra y del Franquismo, Madrid 2006. Die Haltung von Santos Juliá, der seit Jahren die These eines »Pakts des Schweigens« bestreitet und immer wieder behauptet, seit der Transition sei ausführlich über alle Aspekte des Bürgerkriegs (einschließlich der massiven Repression im Krieg und in der Nachkriegszeit) debattiert und geschrieben worden, wird heftig kritisiert von Francisco ESPINOSA MAESTRE, De salvaciones y olvidos. Reflexiones en torno a un pasado que no puede pasar, in: Hispania Nova. Revista de Historia Contemporánea 7 (2007) (http://hispanianova.rediris.es), der mit Nachdruck die Geschichtsvergessenheit der Transition und die fehlende Aufarbeitung der repressiven Vergangenheit hervorhebt.

Jahre lang einer Minderheitsregierung vorstehen und weitere vier Jahre mit absoluter Mehrheit regieren sollte. Das neue Selbstbewusstsein der Rechten, das proportional zur Krise der Sozialisten im Verlauf der neunziger Jahre gestiegen war, sollte nicht ohne Folgen für die Geschichtspolitik insgesamt und den Blick auf die jüngste Vergangenheit im Besonderen bleiben. Sichtbar wurde dies allerdings erst mittelfristig. Als neu erwiesen sich zunächst der Nachdruck und die Lautstärke, mit der eine ultrakonservativ aufgeladene Vergangenheitsdeutung zu dieser Zeit in die politische Öffentlichkeit drängte. Dabei ging es nicht nur um Teilaspekte, sondern letztlich um die Deutungshoheit über den Bürgerkrieg insgesamt.

Getarnt als Kampf gegen die vermeintliche Usurpation der Geschichte des Bürgerkrieges durch die Linke, zielte eine revisionistische, neo-franquistische Rechte mit ihren Arbeiten praktisch auf die Gesamtheit der universitär verankerten kritischen Gesellschaftsgeschichte. Als Antwort auf das von zahllosen Einzelstudien geformte fachhistorische Bild des Bürgerkrieges warteten die Revisionisten mit mehreren Titeln auf, deren generelle Tendenz in der Minimierung der Verantwortlichkeiten der Aufständischen lag, während die Handlungen des gegnerischen Lagers regelmäßig zu einem apokalyptischen Schreckbild gesteigert wurden[18]. Zentraler Fluchtpunkt war hierbei stets die so genannte Oktoberrevolution von 1934, jener Aufstandsversuch, der wie kein anderes Ereignis der kurzen republikanischen Phase die mangelnde Republiktreue der Linken belegen sollte. Und indem man den Ausbruch des Bürgerkrieges gleichsam auf diese Ereignisse vordatierte, avancierte der 18. Juli 1936 zu einer Aktion konterrevolutionärer Selbstverteidigung[19].

Hatte der 50. Jahrestag noch ganz im Zeichen fachhistorischer Eintracht gestanden, so kündigte sich also zehn Jahre später das Wiederaufleben ideologisch verzerrter Vergangenheitsdeutungen und damit auch das Ende der in der Transition geübten geschichtspolitischen Zurückhaltung an.

1999 legten die damaligen Oppositionsparteien einen gemeinsamen Gesetzesentwurf vor, mit dem 60 Jahre nach Kriegsende das Andenken der Bürgerkriegs-

---

[18] Der bekannteste dieser Revisionisten ist Pío Moa, dessen zahlreiche Werke über den Bürgerkrieg zu Bestsellern wurden. Vgl. (als kleine Auswahl) Pío MOA, Contra la mentira. Guerra civil, izquierda, nacionalistas y jacobinismo, Madrid 2003; DERS., Los crímenes de la guerra civil y otras polémicas, Madrid 2004; DERS., Una historia chocante. Los nacionalismos vasco y catalán en la Historia Contemporánea de España, Madrid 2004; DERS., Los mitos de la guerra civil, Madrid 2003. Eine radikale Abrechnung mit Moa ist Alberto REIG TAPIA, Anti Moa, Barcelona 2006; vgl. auch, als Decouvrierung zahlreicher Mythen der Rechten zum Bürgerkrieg, DERS., La Cruzada de 1936. Mito y memoria, Madrid 2006. Eine kritische Einordnung des historiographischen »Revisionismus« und insbesondere des Werkes von Pío Moa findet sich bei Javier RODRIGO, Los mitos de la derecha historiográfica. Sobre la memoria de la guerra civil y el revisionismo a la española, in: Historia del Presente 3 (2004), S. 185–195.

[19] Als Beispiel für viele vgl. Pío MOA, 1934: Comienza la guerra civil. El PSOE y la Ezquerra emprenden la contienda, Madrid 2004.

exilanten geehrt und Gelder für Entschädigungszahlungen bereitgestellt werden sollten. Neben dieser Würdigung des Exils zielte der Gesetzesentwurf aber auch auf eine »offizielle« Neubewertung der Kriegsschuldfrage, insofern diese erstmals auf die Verantwortlichen jenes »faschistischen Militärputsches gegen die republikanische Legalität« zugespitzt wurde. Damit aber verabschiedete sich der Text von der bis dahin gültigen Sprachregelung des offiziellen Spanien, die eine auf beide Lager gleichmäßig verteilte Kollektivschuld unterstellte. Im Regierungslager war man keineswegs bereit, sich der neuen Sicht der Dinge anzuschließen. Zwar erklärten sich die Konservativen mit einem eigenen Vorschlag bereit, die Ehrung der »Opfer« zu unterstützen. Bürgerkrieg und Diktatur aber seien »überwundene Perioden«, deren Ursachen nicht zur politischen Debatte stehen dürften[20].

In ihrer zweiten Legislaturperiode sahen die Konservativen sich sodann mit zahlreichen Anträgen und Initiativen der linken Opposition konfrontiert. Diese »entdeckte« in der Frage der Vergangenheitspolitik plötzlich eine neue politische Arena: In regelmäßigen Abständen legten Sozialisten und »Vereinigte Linke« von nun an Gesetzesinitiativen vor, die mit der Forderung nach Rehabilitation und Entschädigung nacheinander die verschiedenen Opfergruppen der Franco-Diktatur ins Spiel brachten. Mehr als der Sache selbst diente diese als Feldzug »gegen das Vergessen« deklarierte Kampagne aber wohl dazu, den moralischen Druck auf die Regierung zu erhöhen und diese zum Schwur zu zwingen[21].

Die Aussichten auf eine staatliche Unterstützung der zivilgesellschaftlichen Aktivitäten blieben zunächst gering, zumal alle Umfragen für die im März 2004 anstehenden Parlamentswahlen eine Bestätigung der Konservativen im Amt voraussagten. Bekanntlich waren es dann aber die Madrider Terroranschläge vom 11. März, in deren Folge das politische Meinungsbild im Lande in kürzester Zeit umstürzte und die oppositionellen Sozialisten unverhofft den Sieg davontragen konnten. Dieses unerwartete Ergebnis weckte auf Seiten der Bürgerinitiativen berechtigte Hoffnungen, denn nach dem parlamentarischen Engagement in Sachen Vergangenheit in den vorangegangenen Monaten stand der PSOE nun moralisch in der Pflicht.

---

[20] Carsten HUMLEBÆK, Usos políticos del pasado reciente durante los años de gobierno del PP, in: Historia del Presente 3 (2004), S. 161.
[21] Zu den parlamentarischen Initiativen und zivilgesellschaftlichen Aktivitäten um die Jahrtausendwende vgl. Sören BRINKMANN, Die Wiedergewinnung der »historischen Erinnerung«. Zwischen staatlicher Nichterfüllung und politischer Instrumentalisierung. Ende des Schweigens – Ende der Versöhnung?, in: ALTMANN, VENCES (Hg.), Por España y el mundo hispánico (wie Anm. 4), S. 175–192.

Die Mobilisierung kollektiver Erinnerung um die Jahrtausendwende

Im Spanien der Jahrtausendwende war die zeitliche Parallelität eines plötzlich wachsenden gesellschaftlichen Engagements zu beobachten, das im Zusammenspiel mit verschiedenen politischen Akteuren den öffentlichen Umgang mit der Bürgerkriegserinnerung nachhaltig verändert hat. Sucht man auf zivilgesellschaftlicher Ebene nach einem Ausgangspunkt, so fällt der Blick rasch auf den aus León stammenden Lokalreporter Emilio Silva. Anfang 2000 hatte sich dieser auf die Suche nach den sterblichen Überresten seines im Bürgerkrieg verschollenen Großvaters begeben und damit ganz unverhofft einen Stein ins Rollen gebracht[22]. Ein Artikel zu seinem Vorhaben, publiziert in einer Lokalzeitung, löste unerwartete Hilfsbereitschaft aus. Zeitzeugen meldeten sich zu Wort, und Archäologen und Gerichtsmediziner boten ihre Hilfe an. Rasch formierte sich eine lokale Bürgerinitiative, die unter dem Namen Asociación para la recuperación de la memoria histórica (Verein zur Rückgewinnung der historischen Erinnerung) bald darauf zur Tat schritt. Noch im Herbst desselben Jahres kam es so – nach einer Unterbrechung von rund zwanzig Jahren – im leonesischen Priaranza del Bierzo im Nordwesten Spaniens zur Öffnung erster Bürgerkriegsgräber.

Die Exhumierungen von León hatten für das ganze Land eine überraschende Signalwirkung: 25 Jahre nach dem Tod des Diktators rückte plötzlich die Frage nach den *desaparecidos*, den Verschwundenen des Krieges, ins öffentliche Bewusstsein. Wie selbstverständlich wurde eines der düstersten Kapitel der Zeitgeschichte aufgeschlagen, namentlich jenes der teils spontanen, teils systematischen Gewaltexzesse und Hinrichtungen, die zu Kriegsbeginn und danach auf beiden Seiten der Front durch Städte und Dörfer fegten[23]. Ein jahrelang verborgenes Wissen um die in Straßengräben sowie auf Äckern und Feldern verscharrten Opfer des »nationalen« Lagers brach sich Bahn, und rasch machte die Zahl von 30 000 nicht identifizierten Toten die Runde. Von León ausgehend breitete sich die Bewegung mittels

---

[22] Vgl. Emilio Silva, Santiago Macías, Las fosas de Franco. Los republicanos que el dictador dejó en las cunetas, Madrid 2003.

[23] Zu den unkontrollierten Morden auf beiden Seiten zu Beginn des Bürgerkriegs und zu der unterschiedlichen »Qualität« der Verbrechen vgl. Francisco Espinosa Maestre, La memoria de la represión y la lucha por su reconocimiento. (En torno a la creación de la Comisión Interministerial), in: Hispania Nova. Revista de Historia Contemporánea 6 (2006) (http://hispanianova.rediris.es). Obwohl in den letzten beiden Jahrzehnten vor allem über den franquistischen Terror geforscht und publiziert worden ist, hat auch die Repression in der republikanischen Zone viel Literatur hervorgebracht, die zumeist die republikanische mit der »nationalistischen« Gewalt vergleicht. Zur historischen Einordnung und Bewertung dieser Geschichtswerke vgl. José Luis Ledesma, El 1936 más opaco: las violencias en la zona republicana durante la guerra civil y sus narrativas, in: Historia Social 58 (2007), S. 151–168 (dort auch ausführliche bibliographische Hinweise auf Literatur zum »republikanischen Terror«).

zahlreicher lokaler Initiativen über das ganze Land aus. So zählt die Asociación para la recuperación de la memoria histórica mittlerweile neun regionale Arbeitsgruppen. Darüber hinaus ist eine kaum mehr überschaubare Anzahl weiterer, lokal oder regional verankerter Vereine und Bürgerinitiativen auf den Plan getreten, die – zumeist über das Internet vermittelt – die Interessen von Opfern und Angehörigen vertreten und sich an der Suche nach den Verschwundenen beteiligen. Schon bald folgten daher auch in anderen Regionen Exhumierungen[24]. Die Vergangenheit drängte auch über andere Kanäle in die Öffentlichkeit. Eine geradezu modische Begeisterung entfaltete sich in der Fachwissenschaft, wo man den inhaltlichen Fokus um all jene Bereiche der republikanischen Geschichte erweiterte, die bisher nur geringe Aufmerksamkeit erhalten hatten. Das größte Interesse aber erregt nach wie vor die franquistische Repression, deren Grausamkeit und Systematik seither bis in die letzten Winkel hinein ausgeleuchtet wird[25].

Noch in einem anderen Sinne spielte die Erinnerungskultur eine herausragende, öffentliche Rolle. Denn zur Jahrtausendwende waren die metallenen Zeugnisse der Führerverehrung nach wie vor präsent. In Gestalt großer Reiterstandbilder sowie mehrerer Statuen und Bronzebüsten war der Caudillo zu diesem Zeitpunkt auf einigen städtischen Plätzen und Straßen noch immer gegenwärtig. Weniger auffällig, aber noch deutlich weiter verbreitet ist außerdem der Namenskanon von Mitstreitern und Kriegsschauplätzen aus dem Bürgerkrieg, der bis heute das Straßenregister unzähliger Städte und Ortschaften schmückt. Eine quantitative Erhebung zur franquistischen Straßennomenklatur ergab, dass in 79 Prozent der Provinzhauptstädte auch nach mehr als 25 Jahren in Sachen franquistischer Symbolik die Kontinuität vor dem Wandel stand.

Es mag dahingestellt bleiben, inwieweit von all dem heute noch eine politisch infektiöse Wirkung ausgeht. Eine Tatsache ist aber, dass – mit Ausnahme von Katalonien und dem Baskenland – praktisch im ganzen Land der politische Wille zur Eliminierung derartiger Relikte bisher gefehlt hat. Weniger eindeutig als dieser Befund sind im Einzelfall die zugrunde liegenden Motive. Einzelne Ortschaften waren bekannt für konservative Mehrheiten im Stadtrat, für die der Erhalt franquistischer Symbole offenbar lange Zeit eine Herzensangelegenheit darstellte. Der statistische Vergleich

---

[24] Zu lokalen und regionalen Wiedergutmachungsinitiativen vgl. Angeles EGIDO LEÓN, La historia y la gestión de la memoria. Apuntes para un balance, in: Hispania Nova. Revista de Historia Contemporánea 6 (2006) (http://hispanianova.rediris.es).
[25] Zur neueren Literatur vgl. die Sammelrezension von Walther L. BERNECKER, Entre la historia y la memoria: Segunda República, Guerra Civil española y primer franquismo, in: Iberoamericana 11 (2003), S. 227–238; DERS., Represión y terror en el primer franquismo, in: Iberoamericana 25 (2007), S. 217–228. Zum neueren Stand der Forschung über die Bürgerkriegsopfer vgl. Santos JULIÁ (Hg.), Víctimas de la guerra civil, Madrid 1999.

zeigt jedoch, dass auch Städte mit wechselnden oder stabil sozialistischen Mehrheiten nach nunmehr sieben Wahlperioden nicht notwendigerweise ein anderes Bild bieten.

Der lange Fortbestand franquistischer Herrschaftszeichen erscheint symptomatisch für die spanische Vergangenheitspolitik nach 1975. Allerdings hat die neue vergangenheitspolitische Sensibilität unterdessen auch diesen Bereich unbewältigter Zeitgeschichte in den Blick gerückt. Seither haben landesweit ganz unterschiedliche Initiativen die Forderung aufgegriffen und die Zerstörung franquistischer Symbole bisweilen sogar in die eigenen Hände genommen.

Während aber nach Jahrzehnten der Tatenlosigkeit wenigstens die Sozialisten endlich Handlungsbedarf erkannten, entschlossen sich die Konservativen im gereizten Klima ihrer zweiten Amtsperiode nun erst recht zu systematischer Blockadepolitik. Und so geriet auch die nach allen Maßstäben demokratischer Kultur längst überfällige Demontage der franquistischen Regimesymbolik zum Gegenstand neuer Streitereien und zu einem weiteren vergangenheitspolitischen Auftrag an die seit Frühjahr 2004 amtierende Regierung Rodríguez Zapatero.

Während vielerorts die Rede davon ist, dass all diese Initiativen der letzten Jahre endlich die »Diktatur des Schweigens« und die »kollektive Amnesie« beendet hätten, betont Santos Juliá, dass die Aktionen und gesellschaftlichen Debatten nicht ein Ende des »Schweigens« oder weit verbreiteter »Amnesie« bedeuteten, sondern »die Absicht [darstellten], die aus dem Dienst Entlassenen, die Eingekerkerten und die Erschossenen zu rehabilitieren«[26]. Von »Schweigen« oder »Amnesie« könne man für die Phase der Transition nämlich nicht sprechen. Was in jenen entscheidenden Jahren zwischen 1975 und 1978 in Spanien geschah, umschreibt der Madrider Historiker folgendermaßen: »Die Vergangenheit zu amnestieren und sie im Allgemeinen nicht als Argument in der *politischen* Debatte zu verwenden, entfernt sie deshalb nicht aus dem *öffentlichen* Diskurs, aus der Arbeit der Historiker, ebenso wenig wie aus den Berichten der Journalisten oder aus den meinungsbildenden Zeitungsartikeln«[27].

---

[26] Santos Juliá, Presentación, in: Ders. (Hg.), Memoria de la guerra y del franquismo, Madrid 2006, S. 21. Vgl. den guten Überblick über die verschiedenen Phasen der (fehlenden) Vergangenheitspolitik in der Demokratie von Sergio Gálvez Biesca, El proceso de la recuperación de la ›memoria histórica‹ en España: Una aproximación a los movimientos sociales por la memoria, in: International Journal of Iberian Studies 19/1 (2006), S. 25–51, der für die letzten Jahre im Einzelnen auf die Vereine »zur Wiedergewinnung der Geschichte«, auf die Historiographie (zur franquistischen Repression) und auf die interkulturellen Initiativen (Regierung, Autonomien) eingeht.
[27] Santos Juliá, Memoria, historia y política de un pasado de guerra y dictadura, in: Ders. (Hg.), Memoria de la guerra y del franquismo, Madrid 2006, S. 57 (Kursivsetzungen von S. Juliá).

Die Polemik um das Memoria-Gesetz

Das wiederholt angekündigte »Gesetz zur moralischen Rehabilitierung der Opfer von Bürgerkrieg und Diktatur«, das umgangssprachlich nur »Gesetz der historischen Erinnerung« (*ley de memoria histórica*) genannt wird, wurde nach mehreren Verschiebungen und Verzögerungen im Sommer 2006 endlich vom Ministerrat verabschiedet. Der Gesetzesentwurf sah vor, dass das spanische Parlament mit einer Dreifünftelmehrheit ein fünfköpfiges Expertengremium einsetzen sollte, das ein Jahr lang über Anträge zu befinden gehabt hätte, als Opfer des Franco-Regimes anerkannt zu werden und finanzielle Wiedergutmachung zugesprochen zu bekommen. Die moralische Rehabilitierung sollte somit auf Einzelantrag entschieden werden. Bei den bestehenden Mehrheitsverhältnissen im Parlament konnte dieses Gremium nur mit Zustimmung der konservativen Volkspartei ernannt werden; die Volkspartei gab Anfang 2007 allerdings zu verstehen, dass sie die Einsetzung eines derartigen Gremiums definitiv ablehnte. Damit aber hatte das »Herzstück« des Gesetzes keine Aussicht auf Realisierung. Der Gesetzesentwurf kam auch der Forderung vieler zivilgesellschaftlicher Organisationen nicht nach, die Urteile der franquistischen Militär- und Sondergerichte pauschal zu »Unrechtsurteilen« zu erklären; Ministerpräsident Zapatero erklärte, der spanischen Regierung sei es nicht möglich, die Urteile der Franco-Justiz *in toto* aufzuheben, da ein derartiger Akt einen »Bruch der Rechtsordnung« bedeuten würde. Diese Interpretation wurde von namhaften Juristen (bisher erfolglos) zurückgewiesen. Weiter sah das Gesetz vor, den Kreis der Pensions- und Entschädigungsberechtigten wegen franquistischer Urteile zu erweitern. Schließlich sollten von allen staatlichen Gebäuden jene Symbole entfernt werden, die einseitig eine der beiden Bürgerkriegsparteien glorifizierten.

Im Herbst 2006 begann die parlamentarische Debatte. Bald war abzusehen, dass der Gesetzesentwurf in der vorgelegten Form keine parlamentarische Mehrheit finden würde. Die Konservativen lehnten das gesamte Projekt ab, da es angeblich die Gräben der Vergangenheit wieder aufriss. Die links von den Sozialisten angesiedelten Parteien und die zivilgesellschaftlichen Organisationen kritisierten den Entwurf, da er ihnen nicht weit genug ging. Es war keine Aufhebung der franquistischen Unrechtsurteile vorgesehen, die finanzielle Unterstützung der Exhumierungsarbeiten hielt sich in engen Grenzen. Das Gesetz bewegte sich im Wesentlichen im symbolischen Bereich. Da die Sozialisten im Parlament über keine Mehrheit verfügten, war mit substanziellen Veränderungen des Gesetzesentwurfs zu rechnen, bevor er schließlich die Zustimmung einer Mehrheit finden konnte.

Amnesty International verglich das Gesetzesprojekt mit einem »Schlusspunktgesetz« (wie das argentinische, das die Verfolgung zahlreicher Menschenrechtsverletzungen unmöglich machte) und kritisierte insbesondere,

dass die Namen der Denunzianten und Henker anonym bleiben sollten; stattdessen forderte die Menschenrechtsorganisation die Einrichtung einer Wahrheitskommission und die Eliminierung der Mechanismen, die Straflosigkeit
der Verantwortlichen zur Folge hatten. Im Februar 2007 wurde auf regionaler
Ebene – in Valencia – eine erste Wahrheitskommission eingerichtet, deren
Aufgabe in der Untersuchung der franquistischen Repression zwischen 1939
und 1953 bestand[28].

Ende 2006 rückte der PSOE allmählich von seinem Gesetzesentwurf ab
und kündigte eine gründliche Überarbeitung an, um doch noch eine parlamentarische Mehrheit für sein Vorhaben zu erhalten. Zu den polemischen
Aspekten des Gesetzesprojektes hatte die Regierungsabsicht gehört, die Gerichtsurteile des Franquismus »aus Gründen der Rechtssicherheit« nicht zu
annullieren. Trotz massiver Kritik seitens der Linken beharrte die Regierung
auf ihrer Haltung, erklärte sich nunmehr aber bereit, die »Ungerechtigkeit«
der Verurteilungen und Strafen anzuerkennen und die Sondertribunale als
»illegitim« zu bezeichnen[29]. Wirtschaftliche Entschädigungsfolgen sollte das
Gesetz allerdings nicht haben.

Gewissermaßen als »Antwort« auf das Gesetzesprojekt kündigte die
Katholische Kirche an, dass im Herbst 2007 weitere 498 »Märtyrer« des
Spanischen Bürgerkriegs in Rom selig gesprochen werden sollten (*Conferencia
episcopal española, 2007*). Damit erhöhte sich die Zahl der im 20. Jahrhundert
selig gesprochenen Spanier auf rund 10 000.

Die gesellschaftliche und politische Debatte über die *ley de memoria
histórica* zeitigte im Jahr 2006 einen bizarren Nebeneffekt. In den großen
Tageszeitungen erschienen Hunderte von Todesanzeigen, in denen Freunde
und Angehörige von während des Bürgerkrieges und danach Hingerichteten
das Schicksal der Opfer in den dreißiger und vierziger Jahren des
20. Jahrhunderts in drastischen Formulierungen schilderten. In den Todesanzeigen der republikanischen Seite war die Rede von den »mörderischen
Handlungen der franquistischen Horden«, von den »Verfolgungen, Ein-
kerkerungen und Erschießungen wegen Treue zur Republik«, von den
»Opfern des franquistischen Terrorismus«; auch ein hoher General wie der
Aufständische Gonzalo Queipo de Llano, der in Sevilla Hunderte von Erschießungen angeordnet hatte, wurde nun öffentlich »Mörder« genannt. Die
Franquisten sprachen in ihren Todesanzeigen von den »Morden der roten
Horden«, von dem »Martyrium in einer Tscheka«, von den »grausamen Hin-
richtungen durch hemmungslose Marxisten«[30]. Den Anfang dieses To-

---

[28] Valencia lanza una Comisión de la Verdad sobre el franquismo, in: El País,
10.2.2007, S. 25.
[29] Vgl. El proyecto de Ley de Memoria Histórica divide al Congreso, in: El País,
14.12.2006, S. 30f. Vgl. auch den Wortlaut des Gesetzesentwurfs in El País,
20.4.2007, S. 18.
[30] Vgl. Esquelas de las dos Españas, in: El País, 10.9.2006, S. 28f.

desanzeigen-Krieges hatten enttäuschte Republikaner gemacht, die mit der Aufarbeitung der Vergangenheit in den 30 Jahren seit dem Tod des Diktators unzufrieden waren und endlich ihrer Wut und Trauer öffentlich Ausdruck verleihen wollten; auf diese ersten Anzeigen reagierte die neofranquistische Seite, die merkte, dass sie in der öffentlichen Meinung einen Krieg verlor, den sie 1939 gewonnen zu haben glaubte. Fortan sollte es kein Tabu mehr bei der Schilderung der Grausamkeiten auf beiden Seiten geben.

Im Sommer 2007 sprach alles dafür, dass das Gesetz scheitern würde. Zwischen der Regierung und ihren parlamentarischen Verhandlungspartnern war es zu einer Kommunikationsblockade gekommen, da sie sich in zentralen Fragen – etwa dem Problem der Illegalität der franquistischen Standgerichtsurteile – nicht einigen konnten. Buchstäblich in letzter Minute kam dann doch noch ein Übereinkommen zustande, wobei vor allem die Regierung einige Konzessionen machen musste. Auf Antrag der katalanisch-nationalistischen Partei Convergència i Unió wurde auch die antiklerikale Gewalt im Bürgerkrieg auf Seiten der Republik verurteilt. Und die franquistischen Standgerichtsurteile wurden endgültig (und pauschal) als »illegitim« gebrandmarkt, was in konkreten Einzelfällen den Weg für Verfahrensrevisionen öffnete. Am 31. Oktober erhielt das Gesetz schließlich die erforderliche Mehrheit im Parlament; nur der konservative Partido Popular und die katalanischen Linksnationalisten von Esquerra Republicana de Catalunya lehnten das Projekt weiterhin entschieden ab. Im außerparlamentarischen Bereich kritisierten etliche Bürgerinitiativen und Menschenrechtsorganisationen auch fortan das Gesetz, da sie in ihm allenfalls eine graduelle Verbesserung der Situation der Opfer erkennen konnten.

Die wichtigsten Bestimmungen des Gesetzes sind folgende: Der Franquismus wird explizit verurteilt. Die Gerichtshöfe, die während des Bürgerkrieges Urteile aus politischen, ideologischen oder religiösen Gründen fällten, werden als »illegitim« bezeichnet, ebenso die Gerichtsurteile während der Diktatur, die in diese Kategorie fallen. Die Normen, die im Franquismus unter Verletzung der Grundrechte verabschiedet wurden, sind juristisch ungültig. Unmittelbare juristische oder wirtschaftliche Folgen hat das Gesetz nicht, wenn auch die Illegitimität der Gerichtsurteile bei einer beantragten Revision oder Aufhebung derselben ein wichtiges Argument sein wird. Der Staat verpflichtet sich, bei der Öffnung der Massengräber von Hingerichteten und der Exhumierung von Leichen zu helfen. Außerdem müssen von allen öffentlichen Gebäuden die Symbole, die das franquistische System verherrlichen, entfernt werden; dies gilt auch für entsprechende Straßenbezeichnungen. Falls die Kirche sich weigert, die Inschriften der so genannten »Märtyrer für Gott und Spanien« zu entfernen, kann ihr die ihr ansonsten zustehende finanzielle Unterstützung seitens des Staates entzogen werden. Das Tal der Gefallenen, wo Francisco Franco und der Falangegründer José

172 Walther L. Bernecker

Antonio Primo de Rivera ruhen, darf nicht mehr zu politischen Demonstrationen genutzt werden.

Ausblick

Im ersten Jahr der zweiten Regierungszeit von Rodríguez Zapatero bleibt in der Frage der offiziellen Erinnerungskultur ein ambivalenter Eindruck zurück. In den Jahren der ersten Legislaturperiode war in dieser Frage sehr wenig geschehen. Ab Sommer 2006 erlangte sodann die Gesetzesinitiative eine gewisse Dynamik, und zwischen Sommer und Herbst 2007 konnte das Projekt schließlich so weit vorangetrieben werden, dass das Gesetz im Parlament zur Verabschiedung kam, allerdings mit etlichen Veränderungen gegenüber dem ursprünglichen Entwurf. Trotz aller nach wie vor von zivilgesellschaftlichen Organisationen geübten Kritik muss jedoch betont werden, dass die *ley de memoria histórica* im Vergleich zu den vorhergehenden Jahrzehnten geradezu einen Meilenstein im offiziellen Umgang mit der jüngeren Vergangenheit bedeutet:

Während der langen Franco-Diktatur war eine kritische Auseinandersetzung mit Bürgerkrieg und terroristischer Nachkriegsphase nicht möglich gewesen. Am Anfang der neuen Demokratie stand dann ein Generalkonsens aller relevanten politischen Lager, demzufolge alle Seiten auf eine allzu explizite Verurteilung der jüngsten Vergangenheit verzichteten[31]. Als gegen Ende des 20. Jahrhunderts eine neue, deutlich jüngere Generation von Spaniern der Erinnerungskultur neue Popularität verschaffte, wurde schnell deutlich, dass das Gedenken an Krieg und Diktatur keineswegs auf einem Erinnerungskonsens beruhte, der zu einem Ausgleich der politischen Lager führen würde, sondern – ganz im Gegenteil – zu einer Vertiefung der gesellschaftlichen Spaltung. Offenbar ist in Spanien eine kritische Aufarbeitung der Geschichte nur um den Preis verschärfter politischer Konfrontationen und einer Art Lagerbildung zu haben. Diese Erkenntnis bestätigt nachträglich die politische Klugheit des viel geschmähten »Schweigepaktes« der Transition, denn eine derart polarisierende gesellschaftliche Debatte, wie sie Spanien in den letzten Jahren geführt hat, hätte die erst im Entstehen begriffene Demokratie kaum verkraften können. Gute dreißig Jahre später sieht die Situation anders aus. Es ist ja weitgehend unstrittig, dass von Vergangenheitsarbeit überwiegend positive Impulse für die demokratische Konsolidierung eines Gemeinwesens zu erwarten sind, da sie Vertrauen in die Institutionen des Rechts-

---

[31] Einen guten Überblick über die (fehlenden) Vergangenheitspolitiken seit der Transition bis heute liefert Javier RODRIGO, La Guerra Civil: »Memoria«, »Olvido«, »Recuperación« e Instrumentalización, in: Hispania Nova. Revista de Historia Contemporánea 6 (2006) (http://hispanianova.rediris.es).

staats schafft. So bleibt auch im spanischen Fall zu hoffen, dass der mühsam erarbeitete Gesetzeskompromiss nach den Verwerfungen der letzten Jahre die Grundlage für einen längerfristig offenen, vorurteilslosen Umgang mit der Geschichte gelegt hat.

Im Sommer 2008 kam es allerdings abermals zu einer erbitterten Polemik. Damals forderte der Ermittlungsrichter am Nationalen Gerichtshof Spaniens, Baltasar Garzón, von verschiedenen staatlichen, kommunalen und kirchlichen Institutionen eine Übersicht über deren Kenntnisse zu anonymen Massengräbern, in denen die während des Bürgerkrieges willkürlich Hingerichteten verscharrt worden waren. Historiker schätzten die Zahl dieser irgendwo am Wegesrand, im Wald oder in einem abgelegenen Feld Begrabenen auf 20 000 bis 40 000 Personen.

Außerdem gibt es noch eine andere Gruppe menschlicher Überreste: die der Republikaner, die von Franquisten erschossen worden waren und viele Jahre später auf Geheiß staatlicher Behörden wieder ausgegraben und häufig ohne Kenntnis oder gar Einwilligung der Angehörigen ins Mausoleum des »Tals der Gefallenen« verbracht worden waren. Das imposante Mausoleum war ursprünglich nur für »Helden und Märtyrer« der franquistischen Seite konzipiert worden. Nachdem sich aber viele nationalistische Familienangehörige dagegen ausgesprochen hatten, die sterblichen Überreste ihrer Verwandten ins »Tal der Gefallenen« transportieren zu lassen, musste Franco seine Meinung revidieren und auch Gebeine von Republikanern aufnehmen, um die großen Hohlräume überhaupt füllen zu können. Nachdem durch die Initiative des Richters Garzón Bewegung in diese Angelegenheit gekommen war, stellten im Laufe des Sommers 2008 immer mehr Personen den Antrag, die Reste ihrer Familienangehörigen aus dem franquistischen Mausoleum entfernen und in einem Familiengrab beerdigen zu dürfen. Der Gedanke war für sie unerträglich, dass ihre Verwandten in unmittelbarer Nähe zu ihrem Henker liegen mussten.

Die Initiative Garzóns hatte einen schweren Konflikt im Justizwesen zur Folge. Die Staatsanwaltschaft beim Nationalen Gerichtshof vertrat nämlich die Meinung, die Garzón gemeldeten Todesfälle seien Folge »gemeiner Verbrechen« gewesen, über die der Gerichtshof keinerlei Zuständigkeit habe; zuständig seien örtliche Behörden und Gerichte. Daher empfehle er die Archivierung des Falles. Die politische Rechte wiederum, insbesondere der Partido Popular, wandte sich entschieden gegen die richterliche Initiative, da sie »gesellschaftliche Gräben« aufreiße. Andere Richter zogen die Zuständigkeit Garzóns in Frage und sprachen sie ausschließlich der Exekutive zu. Viele meinten, der Richter verhalte sich nicht wie ein Untersuchungsrichter in einer Strafsache, sondern wie der Verfechter einer Wahrheitskommission. Garzón argumentierte, es habe sich um Fälle von Verbrechen gegen die Menschlichkeit gehandelt, für die der Nationale Gerichtshof durchaus zuständig sei; indem er das Verfahren an sich ziehe, wolle er den Staat zum Handeln zwingen. (Dieser hatte im »Gesetz über die Historische Erinnerung« von Ende 2007 das Auffinden und Exhumieren der Leichen nicht dem Staat übertragen, sondern den zivilgesellschaftlichen Organisationen.)

Seit vor über acht Jahren Emilio Silva mit der Suche nach den Überresten seines Großvaters begann, sind bis heute (Dezember 2008) über 4000 Skelette aus rund 170 Massengräbern ausgegraben und an anderer Stelle wieder begraben worden. Die Aktionen werden fortgeführt; allerdings wurde im Spätherbst 2008 Richter Garzón vom Strafsenat des Nationalen Gerichtshofs endgültig die Zuständigkeit für eine mögliche strafrechtliche Verfolgung des Franco-Regimes und für die justizielle Überwachung der Exhumierungen entzogen. Die vergangenheitspolitische Polemik war damit aber nicht zu Ende, sie ging nur in eine neue Runde über.

ALFRED GROSSER

CONCLUSION

J'avoue que je trouve le sujet du colloque un peu imprécis dans ses deux termes, qui demandent l'un et l'autre à être clarifiés. »Le pardon«. Il s'agit du pardon de qui, à qui, pour quoi? Le pardon n'appartient qu'à ceux qui ont été les victimes des actes coupables. Je veux bien que le confesseur absolve le pénitent de ses péchés et le réconcilie ainsi avec Dieu. Mais il s'agit de miséricorde divine et non du pardon accordé par des hommes non concernés par la faute.

À qui pardonne-t-on, si pardon il y a? À des individus, non à des collectivités. Même le Tribunal de Nuremberg a rejeté la notion de culpabilité collective. Faire partie d'une association criminelle (SS, Gestapo, etc.) entraînait une mise en accusation personnelle, non une culpabilité qu'il appartenait à la justice de prouver. Seule la France, par la lex Oradour de 1948, avait renversé la charge de la preuve. La loi a été abolie en toute hâte pendant le procès de Bordeaux en 1951, lorsqu'on a découvert la présence d'Alsaciens parmi les Waffen-SS assassins. »Les« Allemands n'existent pas, pas plus que »les« Français, »les« Arabes ou »les« Juifs. Je n'aime pas l'expression »réconciliation franco-allemande«. Lorsque, en 1947, voici exactement soixante ans, je suis retourné pour la première fois depuis 1933 dans ma ville natale de Francfort, j'ai eu un entretien avec le maire, Walter Kolb. Il sortait de Buchenwald. Je n'avais pas à me »réconcilier« avec un résistant au nazisme. Je n'avais rien à lui pardonner. Le pire, c'est lorsque la faute à pardonner éventuellement serait héréditaire. Ce péché contre l'esprit a pu être commis par un philosophe de valeur, tel Vladimir Jankélévitch. Je n'ai jamais compris que tant de Juifs, membres d'un peuple considéré pendant tant de siècles comme »déicide« et horriblement persécuté en tant que tel, puissent à leur tour considérer tous les Allemands, à travers les générations successives de l'après-guerre, comme coupables de »judéocide«. Cela n'empêche aucun débat sur la *Haftung*, la *liability* (le mot manque en français; disons »la responsabilité sans faute«). Et je déplore que parmi toutes les lacunes du manuel d'histoire franco-allemand figure l'absence totale de réflexion sur la *Schuldfrage*, ne serait-ce qu'à partir de Karl Jaspers ou de l'agenouillement de Willy Brandt devant le monument du ghetto de Varsovie.

De quoi est coupable celui qui pourrait recevoir un pardon? Günter Grass n'est coupable que de son silence. Lors de la visite de Reagan et Kohl au cimetière militaire de Bitburg, il aurait dû dire: »Ma tombe pourrait se trouver ici, parmi les quelques jeunes Waffen-SS qui sont enterrés en ce lieu«.

L'appartenance aux Waffen-SS – dont seuls les hauts gradés étaient des SS –
n'avait pas été choisie par les jeunes soldats affectés à ces unités. Pas seulement par les »malgré-nous« alsaciens. Mais il est vrai que ceux-ci ont vécu
une tragédie particulière, comme l'a magnifiquement montré la série d'Arte
(devenue roman en livre de poche) »Les Alsaciens ou les deux Mathilde«.
Les neuf *Pimpfe* fanatisés que Hitler décore à la fin du film »La Chute«
n'étaient pas »coupables« de la continuation désespérée d'une guerre criminelle. Les récupérer pour une démocratie pluraliste était notre coresponsabili-
té franco-allemande de l'immédiat après-guerre.

Le pardon accordé par ceux qui ont souffert devrait être précédé de la com-
préhension – qui n'est pas absolution. Qu'il se soit agi des jeunes Allemands
ou, de 1960 à 1962, des révoltés d'Alger, il fallait d'abord vaincre, mais ensuite comprendre tantôt pour excuser, tantôt pour refuser l'excuse.

L'oubli

Ici une remarque préliminaire. Au risque de heurter Pierre Nora et Étienne
François, pour lesquels j'ai par ailleurs beaucoup d'admiration, je m'insurge
contre la notion de »mémoire collective«. Cette mémoire n'existe pas. Je ne
peux pas me souvenir de la bataille de Verdun: je n'étais pas né. Aucun ly-
céen, aucun étudiant d'aujourd'hui ne peut avoir la mémoire de la guerre
d'Algérie. Ce qu'on appelle mémoire collective est un transmis qui devient
un acquis. Transmis par les livres d'histoire, les médias, la famille, le milieu,
c'est-à-dire les divers groupes d'appartenance. Et qui aurait pu être transmis
autrement. Longtemps la »mémoire« des anciens élèves de l'enseignement
catholique différait fortement de celle des anciens de l'enseignement public.
La très belle exposition sur les Francs organisée à Mannheim (puis venue,
hélas réduite, à Paris) présentait à l'entrée, en face-à-face, Vercingétorix et
Arminius, l'un et l'autre affublés des citations les plus bêtement chauvines et
déformantes des historiens ou auteurs de manuels de chaque pays. Je me suis
fait une spécialité de la démythification de monuments allemands: la »Germania« du Niederwalddenkmal, le monument du »Kyffhäuser«, enfin celui
de la »Bataille des nations« à Leipzig. Et j'ai vainement plaidé, pendant des
années, pour que le prix de la Paix des éditeurs allemands soit décerné à
l'Institut international du livre scolaire à Braunschweig. Il peut heureusement
exister des changements de signification de la »mémoire collective«. Lorsque
pour le quarantième anniversaire du traité de l'Élysée les deux parlements se
sont réunis à Versailles, on surmontait ensemble la mémoire de l'humiliation
de chacun, la France humiliée de 1870, l'Allemagne humiliée de 1919. Et
qu'est aujourd'hui en France le 11 novembre ou encore Verdun? Moins la

mémoire de la victoire que celle de la paix retrouvée, et la fin des horribles souffrances parallèles dans des tranchées semblables.

L'historien et la mémoire

L'historien n'est pas »neutre«. Il doit sans cesse se mettre à distance de lui-même pour découvrir dans quelle mesure l'objet de sa recherche et la façon de la mener, ne serait-ce que pour les questions posées, ne sont pas influencés par ses appartenances. Dans quelle mesure aussi il ne confond pas *sa* mémoire des hommes, des évènements, des structures avec les réalités que d'autres historiens qualifieraient ou délimiteraient à partir de leurs appartenances temporelles, sociales, géographiques, idéologiques. Personnellement, même mes livres en principe »scientifiques« ont été écrits avec la préoccupation éthique de la *Aufklärung* selon Kant. Aider le lecteur à dissiper ses ignorances ou, plus encore, ses préjugés et, pour cela, analyser la matière avec un maximum d'objectivité, donc de distance par rapport à soi. Ma devise de pédagogue (et on est toujours pédagogue quand on écrit et surtout quand on enseigne), c'est »libérer sans désinsérer«. Je ne demande pas au lecteur français de ne plus être français, mais de laisser de côté la »mémoire collective«, qui le conduit à poser les questions d'une façon prédéterminée.

À un colloque à Heidelberg sur Karl Jaspers, chacun devait se présenter comme philosophe ou historien ou sociologue, etc. On m'a dit qu'on était curieux de ce que je dirai de moi. J'ai dit *Moralpädagoge*. Et j'ose affirmer immodestement que des sujets comme le pardon et la mémoire nécessitent cette attitude-là!

NAMENSREGISTER

ORTS- UND SACHREGISTER

184

Orts- und Sachregister

Heilige Allianz/Sainte-Alliance 136
Hessen/Hesse 60
Hugenotten/huguenots 76f., 84[30]
Hundertjähriger Krieg/guerre de Cent
Ans 11f., 27, 55
Hundert Tage/Cent-Jours 13, 113,
117

Île d'Yeu 150
Irland/Irlande 104
Istrien/Istrie 126
Italien/Italie 13, 125, 127–129, 131–
139

Jalta/Yalta 150
Jerusalem/Jérusalem 71
Jesuiten/jésuites 83
Juden/Juifs 150, 156, 175
Juli-Edikt/édit de juillet 74
Julirevolution/révolution de Juillet
113, 135

Kalender/calendrier 75, 77, 80
Kanzlei/chancellerie 29–32, 35, 44,
54
Katalonien/Catalogne 167
Kathedrale von Reims/cathédrale de
Reims 113
Katholiken/catholiques 13, 57f., 61f.,
68, 76, 80–83, 86, 90, 94f., 103f.,
106, 108
Katholizismus/catholicisme 94, 104,
108, 117
Kirchenstaat/États de l'Église 133,
135–137
Kollaboration/collaboration 144, 148
Kollektive Schuld/culpabilité collec-
tive 111, 163, 165, 175
Kommunismus/communisme 7, 10,
18, 22
Konferenz von Hampton Court/confé-
rence de Hampton Court 100
Konferenz von Nérac/conférence de
Nérac 74, 86
Konferenz von Westminster/confé-
rence à Westminster 99
Konfessionalisierung, Konfessions-
bildung/confessionnalisation 94
Konfessionen/confessions 57, 64, 69,
71, 80, 87, 94, 109

Kongresse in Troppau und Laibach
137
Konstantinopel/Constantinople 78
Konterrevolution/contre-révolution
112, 117
Konzil von Konstanz/Concile de
Constance 78
Konzil von Trient/concile de Trente
80
Korsika/Corse 143[+2]
Kosovo 72
KPF (Kommunistische Partei Frank-
reichs)/PCF (Parti communiste
français) 147

Languedoc 37, 47, 50, 52
Lateinamerika/Amérique latine 8, 22
Latium 126
Leimbach 69
León 166
lieux de mémoire/Erinnerungsorte 9,
70
Liga/Ligue 74, 90f.
loi sur la mémoire 18
loi sur la tolérance 106
Lombardei/Lombardie 126f., 129–
134, 136f.
London/Londres 78, 143
Luthertum/luthéranisme 62, 65
Luxeuil 47[82]
Lyon 75, 76[10], 85, 89

Madrider Terroranschläge/attentats de
Madrid 165
Mailand/Milan 126, 134
Mailänder Aufstand/insurrection de
Milan (April/avril 1814) 127
Majestätsbeleidigung/lèse-majesté
47f.[+90], 51, 97
Managua 72
Mans 81[20]
Mantes 50–53
Marken (Zentralitalien)/région des
Marches (Italie centrale) 126
Märtyrer/martyrs 139f., 154[5], 170f.,
173
Medusa (französisches Kriegs-
schiff/navire de guerre français)
119
Methodisten/méthodistes 94

AUTORINNEN UND AUTOREN

Marc Olivier BARUCH, directeur d'études à l'École des hautes études en sciences sociales (EHESS) Paris

Walther L. BERNECKER, Professor für Auslandswissenschaft an der Universität Erlangen-Nürnberg

Olivier CHRISTIN, professeur d'histoire moderne à l'université de Lyon II. Directeur d'études à l'École pratique des hautes études (EPHE) Paris

Bernard COTTRET, professeur de civilisation des îles Britanniques et de l'Amérique coloniale à l'université de Versailles-Saint-Quentin

Étienne FRANÇOIS, Professor em. für Geschichte am Frankreich-Zentrum der Freien Universität Berlin

Claire GANTET, maître de conférence d'histoire moderne à l'université Paris I – Panthéon Sorbonne; Privat-Dozentin an der Freien Universität Berlin

Claude GAUVARD, professeur d'histoire du Moyen Âge à l'université Paris I – Panthéon-Sorbonne

Alfred GROSSER, professeur ém. de science politique à Institut d'études politiques de Paris

Reiner MARCOWITZ, professeur de civilisation allemande à l'université Paul-Verlaine Metz

Werner PARAVICINI, Honorarprofessor für Mittelalterliche Geschichte an der Universität Kiel; ehemaliger Direktor des Deutschen Historischen Instituts Paris

Volker SELLIN, Professor em. für Neuere Geschichte an der Universität Heidelberg